大專用書

國際貿易

陳正順著

三民書局 印行

國立中央圖書館出版品預行編目資料

國際貿易／陳正順著 .--再版 .--臺北
市：三民，民85
　　面；　　公分
參考書目：面
含索引
ISBN 957-14-1970-2（平裝）

1.貿易

558　　　　　　　　　　　82006881

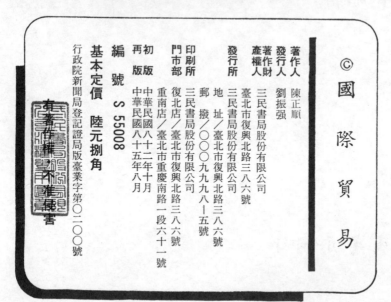

© 國 際 貿 易

著　作　人　陳正順
發　行　人　劉振強
產權人財
著作　三民書局股份有限公司
發　行　所　三民書局股份有限公司
　　　　　　地址／臺北市復興北路三八六號
　　　　　　郵撥／○○○九九九八一五號
印　刷　所　三民書局股份有限公司
　　　　　　臺北市復興北路三八六號
門　市　部　復北店／臺北市復興北路三八六號
　　　　　　重南店／臺北市重慶南路一段六十一號
初　版　中華民國八十二年十月
再　版　中華民國八十五年八月
編　　號　S 55008
基本定價　陸元捌角
行政院新聞局登記證局版臺業字第○二○○號

有著作權‧不准侵害

ISBN 957-14-1970-2（平裝）

序

　　本書是我十餘年來講授國際經濟學及國際貿易之經驗與心得，係將國際貿易理論及國際貿易政策之授課筆記與講義，做一有系統的整理，並加以增補編寫而成。其主要目的在闡明國際貿易的基本觀念及原理，對各種貿易模型之分析與應用以容易理解之方法加以說明或證明。因此，本書是國際貿易或國際經濟學的入門書籍，可做為大專院校修習這兩門課程同學的教科書或參考書。

　　本書特點是以圖形作為主要分析工具，希冀透過圖形幫助讀者瞭解理論模型之內涵。雖然，本書某些部分亦利用簡單的數學分析，惟讀者只要具備基礎數學及商用數學的知識，即可明瞭書中大意。另外，在經濟學方面，最好修過一年之經濟學。在取材上，本書貿易理論部分係在下述兩個重要假設下進行：第一、生產因素在國際間不能移動，但在國內各產業部門間可完全自由移動；第二、市場為完全競爭。因此，特殊生產因素模型、不完全競爭與貿易、及海外直接投資理論等課題，在本書中略而不談。

　　本書之完成承蒙多位同事朋友之協助。其中，柳漢宗先生幫我整理全部文稿，顏吉利教授費神讀校初稿並提供許多寶貴的意見，盛情可感。施敏雄教授審閱所有文稿並提供許多寶貴的建議，廖振元教授幫助整理第二章至第四章初稿，使本書生色不少。林美菊小姐協助編製名詞索引，謹此申謝。三民書局劉董事長振強先生，十多年來，不斷給予鞭策與支持，使本書得以順利出版，謹此致上由

衷的謝意。另外,三民書局編輯部同仁幫我編製索引外,從本書之排版、印刷、校對到出書,無不全力協助,謹此一併申謝。最後,書中缺失疏漏之處在所難免,敬請讀者惠予指正。

陳 正 順

1993年8月1日

於臺灣大學經濟學系

國 際 貿 易

目 次

第一章　緒論

一、國際貿易理論與國際經濟學

國際經濟學就如同一般經濟學是由二個主要部分所構成。我們通常將經濟理論分為個體經濟理論（Microeconomic Theory）與總體經濟理論（Macroeconomic Theory）二部分來研究。同樣地，我們也將國際經濟學分成國際貿易理論（International Trade Theory）與國際金融（International Finance）二部分來探討。國際貿易理論（包括純理論、貿易政策及貿易與成長關係之探討等）在研究方法上主要以個體經濟分析為基本工具，而從事實物面（Real Side）的研究，它假定這是一個物物交易的世界，因此不受貨幣因素的影響。另一方面，國際金融理論與政策（包括外匯理論與政策、國際收支調整理論與政策及國際貨幣制度等）是屬於貨幣面（Money Side）的分析，以總體經濟分析或所得分析為其主要工具。因此國際金融理論也有學者稱之為國際貨幣經濟學（International Monetary Economics）或開放經濟的總體經濟學（Open Economy Macroeconomics）。

現將國際經濟學的主要內容列示如下：

```
                        ┌ 國際貿易純理論
              國際貿易 ┤ 國際貿易政策
                        └ 國際貿易與經濟成長
國際經濟學 ┤
                        ┌ 外匯市場與匯率 ── 理論與政策
              國際金融 ┤ 國際收支調整理論與政策
                        └ 國際貨幣制度
```

二、國際貿易理論之研究目的與內容

　　基本貿易理論主要在說明：進行貿易之國家間的商品與勞務的流通關係，並說明各國之間發生貿易的原因與從事貿易之利益及此貿易利益的分配問題。因而，它主要的探討對象爲貿易的動機、貿易方向及貿易結構的決定因素，國際市場的均衡以及貿易對各國生產、消費與福利的影響。

　　而貿易政策理論，則在說明一國在產業發展初期，對於外來競爭如何採取保護措施，以促進國內產業的發展。其中包括傳統保護主義下的關稅政策，研究的主題包括關稅的影響及相關的問題（如最適關稅、有效保護率等），以及新保護主義下的非關稅貿易障礙（如配額、補助金、自動出口設限等）。另外，亦涵蓋了第二次世界大戰後才出現的經濟結合的問題。

　　有關貿易與成長理論，在本書則只就一國經濟發生成長時，不同的成長型態對於國際貿易的影響試加說明。至於貿易對於一國經濟成長的影響以及其他與貿易及成長有關之問題，則因篇幅所限，無法在本書詳加介紹，有興趣者可自行參閱相關書籍。

三、國際貿易之重要性

　　在現今資訊發達、交通便捷的世界，沒有一個國家能夠閉關自守（Autarky），拒絕與外面世界從事以有易無的活動。所有國家皆為開放式經濟體系（Open Economy）。因而，國際貿易對於任何國家都有相當程度的影響。

　　工業國家利用國際貿易的進行以銷售產品，增加該國產品市場的有效需求，以擴大產品的生產規模；此外，工業國家亦可利用國際貿易獲取其生產上所需要的原料。至於落後國家（未開發或開發中國家）則利用國際貿易來促進其經濟的成長，即以國際市場的需求來刺激國內產業的成長；而且，落後國家也可以透過初級產品的輸出賺取外匯，購進為加速本國經濟發展所需的資本財。

　　而貿易對於某一國家的重要性，則可由「貿易依存度」（貿易總額除以國民生產毛額，即（輸出＋輸入）／國民生產毛額）的大小來決定。貿易依存度說明對外貿易部門（出口及進口）佔該國整個經濟活動的比重，依存度愈高，表示該國經濟愈容易受到世界經濟變動的影響，更無法置身於世界經濟體系之外。

四、國際貿易理論之特點

　　與一般經濟學的研究方法相同，國際貿易理論在分析上亦可區分為實證分析與規範分析二種。前者係針對某一與貿易有關現象，提供理論分析之基礎；後者則係就某一與貿易有關之現象作成價值判斷，即論斷其好壞。

　　一般就研究對象言，國際貿易理論有以下三項特點；第一，國際貿

易理論在分析上會涉及二種或二種以上不同的貨幣制度；第二，貿易中的物品與勞務（生產因素）的移動，常會受到相當的阻礙，包括天然與人為的阻礙；第三，研究主體往往是具有不同政治文化背景的國家。

　　一般經濟理論主要是以一個廠商或家計單位為基本單位，研究個體間的經濟關係，通常其經濟行為主體背後並無政治文化背景的差異，而且多在一國之內進行，商品與生產因素的移動較為自由，較無人為或天然的阻礙。此外，一般經濟理論多是利用局部均衡分析，而國際貿易理論則多以一般均衡方式進行。

五、國際貿易理論之基本假設

　　為避免分析的複雜性，國際貿易理論的研究係在一套嚴謹的假設下進行，其基本假設包括了：

㈠經濟體系中，實質變數與貨幣變數係各自獨立，互不相關，即假定「貨幣為中性」。

㈡商品價格可以自由變動，而且是在完全競爭市場中決定。

㈢在生產方面，假定所有生產因素數量在任何國家之中皆固定不變，且各種產品之生產函數在任何國家中皆相同。

㈣生產因素無法在國際間移動，但可在國內各產業間自由移動。

㈤同種商品的生產技術水準完全相同，沒有專利權或其他阻礙因素存在。

㈥在需要方面，假定消費者之嗜好為已知，且保持不變。

㈦一國之所得分配型態為已知，且保持固定不變。

㈧無貿易障礙，不考慮運輸成本。

㈨經濟體系中，一切資源均已充分利用，達到充分就業的境界，而

且永遠維持在均衡狀態。

六、國際貿易理論之演進

國際貿易理論最早是由 Adam Smith 所提出的絕對優勢理論，認爲要兩個國家進行貿易，兩國之中任何一個國家必有一種商品在生產上優於另一國家。而且，根據勞動價值理論，商品價格完全由生產時所投入的勞動量來決定。

而其後 D. Ricardo 則提出比較優勢理論，認爲一國在各種產品的生產上，即使成本皆高於他國，但只要在投入量上有所不同，則亦可進行貿易。Adam Smith 與 D. Ricardo 皆假定只有一種生產因素——勞動，因而，只要比較投入勞動量便可決定比較利益之所在，進而決定貿易的方向。到1930年代，機會成本的概念出現後，學者才以比較機會成本理論取代勞動生產成本理論。

至此，貿易理論仍集中在供給面的分析，忽略需要面的影響，直到 J. S. Mill 提出「相互需要理論」（Reciprocal Demand Theory），將相互需要方程式帶入 Ricardo 的比較利益模型中，才正式將需要面的分析納入國際貿易理論之中。A. Marshall 更進而繪出「相互需要曲線」。

G. Haberler 則是在國際貿易理論的生產面上，加入了其他生產因素，成爲新古典的比較成本理論，亦因而使研究邁入了更爲科學化的境界，包括 A. P. Lerner 的等產量曲線與 W. W. Leontief 的社會無異曲線。新古典貿易理論最後由劍橋學派的 J. E. Meade 集大成（主要著作爲 *A Geometry of International Trade*）。

在新古典理論之後，則進入 E. Heckscher 與 B. Ohlin 所發展的「因素稟賦理論」（Factor Endowment Theory）的階段，他們認爲貿易發

生的原因在二國的因素秉賦不同。因爲因素秉賦的不同而影響商品之生產成本，進而產生比較利益，終而發生貿易；透過貿易的進行，將使貿易國間之因素價格經由商品價格的均等而達到均等化。

到了1960年代以後，隨著經濟環境的轉變，國際貿易理論亦進入了另一新階段，貿易之發生已非單由「因素秉賦」或「比較成本理論」所能解釋。學者乃嘗試尋找形成貿易的其他可能原因，進而促成新貿易理論的發展，包括了：研究與發展理論（Research and Development Theory）、技術差距理論（Technological Gap Theory）、重複需要理論（Overlapping Demand Theory）、產品循環理論（Product Life Cycle Theory）與剩餘出口理論（Vent for Surplus Theory）等。

本書第一章爲緒論，第二章說明貿易發生的可能成因及伴隨貿易而來的貿易利益，第三、四章分別介紹「比較利益」與「機會成本」觀點下的貿易理論，第五章則從生產面、消費面論述生產條件、消費需求與國際貿易間之關係，至於合併生產面與消費面之一般均衡分析則留待第六章與第七章再行討論。黑克夏－歐林（Heckscher-Ohlin）的因素秉賦理論在第八、九章中說明，貿易理論的新發展則在第十章中加以討論。接下來，於第十一章到第十四章，介紹政府的貿易政策對貿易型態、貿易利益以及國內產業結構的影響。最後，第十五章探討各種不同類型的經濟成長與國際貿易之關係。

第二章　貿易起源與貿易利益

一、貿易發生之緣由

在自給自足的國度裡，一個完全競爭的自由市場，其市場的均衡價格與均衡數量是由其需要和供給條件決定；而就存有國際貿易的開放經濟論，國內市場的均衡將會受到國際市場價格的影響。如圖2-1(a)在自給自足時，市場均衡點在E，均衡價格為OP_1，均衡數量為OQ_1；而現若開放貿易，且假定國內的供需變化對國際價格無影響，亦即為價格之接受者。若國際價格為OP_1，則無貿易發生，國內自給自足，而當國

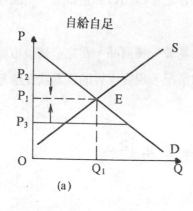

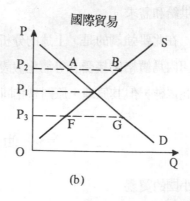

圖2-1

際價格爲OP₂之時，國內之供給量將增加，而需求量減少，產生了如圖2-1(b)中AB的超額供給，則AB爲該國的輸出。反之，若國際價格降爲OP₃，則將產生FG的超額需求，亦即必須有FG的輸入來滿足國內的需求。在不同的國際價格下，我們可以由國內市場的需求和供給所產生之超額供給、超額需求來導出貿易曲線，如圖2-2：

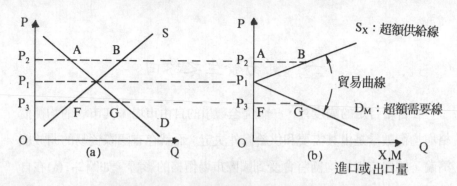

圖2-2

由圖2-2中可以了解，當一個國家有超額供給時，將會輸出產品；而在有超額需求時，則將輸入國外產品。換言之，以出口和進口來平衡國內的供給和需求。

在此要強調的是，上述的分析，是基於一種商品，在完全競爭市場且國內爲價格的接受者等簡化假設下的情況。現實世界的貿易狀況雖非如此單純，但其原理、原則是相同的。

二、貿易曲線與貿易均衡

㈠小國的貿易

在此所謂小國，是指小型的開放經濟，其在國際市場上對價格沒有

影響力,而爲價格的接受者,國際價格不會因其行爲而有所變動,但與其領土之大小、人口之多寡無關。因而,小國只需按國際價格輸出或輸入,不必考慮其輸出、入可能對價格的影響;反之,若對國際價格有影響力,則爲大國。

因爲小國爲價格的接受者,因而其所面對的世界市場之供需曲線爲水平線,如圖2-3所示:

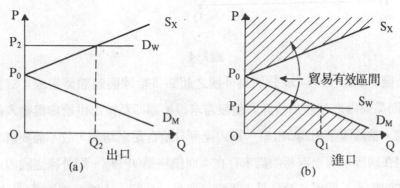

圖2-3

S_X爲國內之超額供給線,D_M爲國內之超額需求線,國內自給自足時之均衡價格爲OP_0。因此,當國際市場的價格爲OP_2時,該國會有OQ_2之出口,國內均衡價格將上升至OP_2(如圖2-3(a));但若國際市場之價格爲OP_1時,該國則將會有OQ_1之進口,而國內價格亦爲OP_1。因此,由S_X,D_M和縱軸圍成之範圍(如圖2-3(b)之斜線部分)爲貿易之有效區間。

㈡大國的貿易

所謂大國是指其輸出入行爲對於國際市場的價格具有影響力。因此,該國所面對的世界供需曲線不再是水平線,而是如圖2-4所表示之斜線。

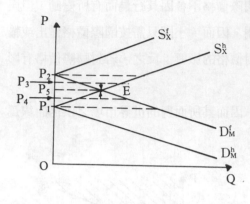

h： 代表本國
f： 代表外國

貿易區間：P_1P_2E

國際貿易價格之上下限：
$$OP_2 \leq P_W \leq OP_1$$

圖2-4

　　圖2-4中之S_X^f，D_M^f分別爲外國之超額供給線與超額需求線；S_X^h與D_M^h則爲國內之超額供給線與超額需求線，亦即爲輸出供給線與輸入需求線。當國際價格爲OP_1時，國內達到自給自足之均衡，故不需要貿易，但在國際市場上有超額需求存在；而價格爲OP_2時，則外國之國內市場達到均衡，即可自給自足，不需要貿易；此時，本國在價格爲OP_2時，則存在著超額供給。在透過價格的調整之後，國際市場的均衡將落在E點，國際市場的均衡價格爲OP_5，本國的輸出將等於外國的輸入而達成均衡。

三、國際貿易之利益

　　爲分析上的簡便起見，仍假定一種商品、二個國家之簡單貿易模型的分析。

㈠小國之貿易利益

　　圖2-5表示，在自給自足時，國內市場的均衡點在F，均衡價格爲OP_0，市場交易量爲OQ_0，社會福利爲△AFB（消費者剩餘加生產者

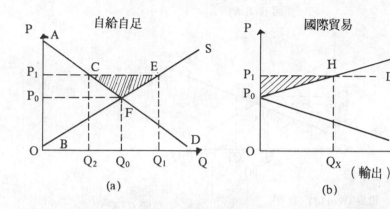

圖2-5

剩餘）。現在，假定可以進行自由貿易，國際市場之均衡價格爲OP_1，D_w爲國際市場之需求曲線，則該國將會有OQ_x的輸出，亦即貿易後，在OP_1的國際價格下，國內生產OQ_1、消費OQ_2，剩餘之$Q_1Q_2 = OQ_x$則供輸出。國內經濟福利的變化爲：消費者減少了　P_1CFP_0的剩餘，但生產者增加了　P_1EFP_0的剩餘，合計增加了$\triangle CEF$（即$\triangle P_1HP_0$）的福利。即貿易利益$= \triangle CEF$或$\triangle P_0P_1H$

　　小國進行貿易時，若有輸出則利益由生產者享受；若發生輸入，則利益歸消費者享有。

㈡大國之貿易利益

　　假定有美國(USA) 與英國(UK) 兩個國家。美、英兩國內之供給曲線與需求曲線分別爲S^{USA}，D^{USA}與S^{UK}，D^{UK}；其貿易曲線則分別爲S_X^{USA}、D_M^{USA}與S_X^{UK}、D_X^{UK}。美國國內市場之均衡價格爲OP_1；英國國內的均衡價格則爲OP_2，$OP_1 < OP_2$。現發生貿易（如圖2-6(b)），世界的均衡價格將是S_X^{USA}與D_M^{UK}之交點E所對應的OP_3，貿易量爲$X_{USA} = Q_3Q_4 = Q_1Q_2 = M_{UK}$，即美國的輸出$Q_3Q_4$等於英國的輸入$Q_1Q_2$。

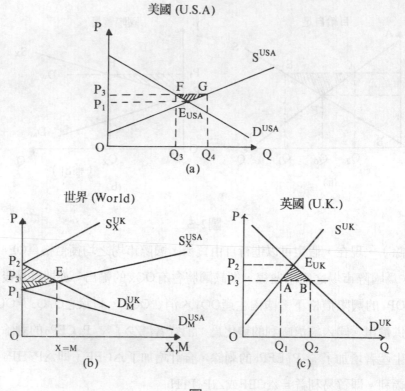

圖2-6

就福利效果而言，USA的貿易利益爲生產者享有之△FGE$_{USA}$即
△P$_3$EP$_1$；而UK的貿易利益則歸消費者所有，爲△ABE$_{UK}$，即△P$_2$
EP$_3$。而兩國享有之貿易總利益則爲前述兩項之和，即△P$_1$EP。因而，
若國際價格一旦決定，貿易利益也隨之確定。但二國之貿易利益是否相
同，則端視國際價格而定。當國內自給自足的均衡價格與貿易後之均衡
價格相差愈大，其貿易利益也愈大。即P$_1$P$_3$愈大，美國的貿易利益愈
大；P$_2$P$_3$愈大，英國的貿易利益愈大。

兩個國家間貿易之所以發生，其原因在於價格差異，而產生價格差
異的原因，主要是源於生產成本的差異或對產品需求之不同。

㈢價格差異與貿易利益

　　假定美國（USA）與英國（UK）之需要條件相同而供給條件不同（其餘狀況可類推得之），二國的供需曲線分別為S_{USA}，D_{USA}與S_{UK}，D_{UK}，如圖2-7：

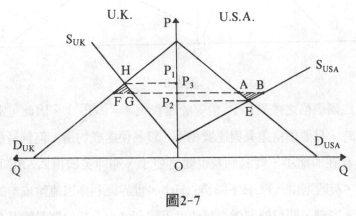

圖2-7

　　在自由貿易時，商品由價格低的國家輸向價格高的國家。以圖2-7而言，英國（UK）將輸入美國（USA）之商品，而在價格（P）為OP_3（$P=OP_3$）時達成均衡。英國輸入FG數量的商品，等於美國輸出數量AB（$\overline{AB}=\overline{FG}$）。就福利效果而言，美國增加▱$P_2 P_3 BE$的生產者剩餘，減少◺$P_2 P_3 AE$的消費者剩餘，英國消費者則多了▱$P_1 P_3 FH$之剩餘，但減少了▱$P_1 P_3 GH$的生產者剩餘。合併美國之淨貿易利益△ABE與英國之淨貿易利益△FGH，即為國際貿易的世界福利效果：亦即增加了△ABE與△FGH之世界福利。

　　如果二國間存在著貿易障礙，如運費、關稅等因素，則對貿易將有何種影響？此處先假定二國間的商品貿易必需支付相當之「運費」來進行分析，至於其他狀況可自行類推，或待以後章節再行說明。

　　圖2-8中，假設美國與英國間存在著運費t（$t=\overline{P_4 P_5}$），當均衡達

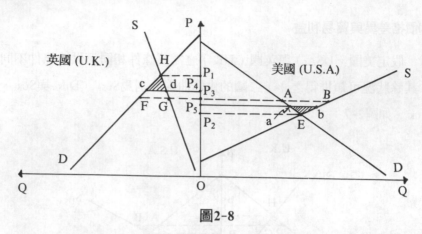

圖2-8

成時，二國價格之差異$\overline{P_4 P_5}$恰等於運費t（t＝$\overline{P_4 P_5}$）。因此，當有運費存在時，只要價格差異與運費相等，貿易便達成均衡，但貿易量將因運費的存在而縮小，貿易利益也隨之變小，亦即美國由△ABE下降爲△abE，英國則由△FGH下降爲△Hcd，世界福利亦因運輸成本的存在而下降。同理，關稅的課徵亦將使世界福利減少；其他貿易障礙亦同。所以，自由貿易時，世界之貿易利益達到最大。反之，當存有貿易障礙時，將導致貿易利益下降及貿易量縮小之不利後果。

第三章　古典學派之比較成本理論與相互需要理論

　　對於國際貿易發生的原因與影響，古典學派學者根據勞動價值說，由供給面的觀點，提出了絕對優勢或絕對利益（Absolute Advantage）與比較優勢或比較利益（Comparative Advantage）來說明國際貿易發生的原因及其影響，此即爲本章所要說明的重點。

　　所謂勞動價值說，其主要的理論內容爲：假定勞動是唯一的生產要素，則在生產函數爲規模報酬不變以及所有的勞動均是同質之前提下，勞動的生產力決定了生產成本的高低。同時產品的價值亦取決於生產時所投入的勞動量。

一、絕對利益

　　亞當史密斯（Adam Smith）認爲貿易之所以發生，其基礎在於生產成本上有絕對差異或絕對利益（Absolute Cost Advantage）的存在。古典學派的學者認爲物品的總價值均由生產成本決定，而物品的生產成本則由生產時所投入的勞動量來表示。因此使用較多勞動所生產出來的物品較爲昂貴，而生產時使用較少勞動就能生產出來的物品必較便宜。所以一國將輸出其在生產上投入較少勞動就能生產出來的商品，而輸入其在生產上必須投入較多勞動才能生產出來的商品。

表 3-1　英、美二國生產布與麥之勞動生產成本

國家＼商品	布(1單位)	麥(1單位)	交 換 比 率
英　國	10	20	2布 ＝ 1麥
美　國	20	10	1布 ＝ 2麥

　　絕對利益的說明，如表3-1所示，在英國生產1單位的布需要投入10單位的勞動，生產1單位的麥需要投入20單位的勞動，但在美國則生產1單位布需要使用20單位勞動，生產1單位麥需要使用10單位的勞動。由此可知英國生產布投入的勞動只須美國的二分之一，因此英國在布的生產上佔有絕對利益；而美國生產麥投入的勞動量只有英國的二分之一，因此美國在麥的生產上佔有絕對利益。在此情況下，英美兩國可進行國際分工與國際貿易，即英國專業生產布而進口麥，美國專業生產麥而進口布。

　　現在假定英、美二國各以20單位的勞動來生產布與麥二種商品，其產量如表3-2(a)所示。在貿易前，英國生產布與麥的勞動生產力之比為2：1，因此在英國布與麥的交換比率為2：1，即二單位的布可換取一單位的麥。在美國生產布與麥的勞動生產力之比為1：2，因此布與麥的交換比率為1：2，即一單位的布可換二單位的麥。進行貿易後，英國專業生產布，原來生產麥的勞動（20單位）可用來生產二單位的布輸到美國，在美國二單位的布可換到四單位的麥，因此英國的貿易利益為三單位的麥。對美國而言，進行貿易後專業生產麥，原來生產布的勞動（20單位）可用來生產二單位的麥輸到英國可換得四單位的布，因此美國的貿易利益為三單位的布。依據絕對利益理論，從事專業生產而後進行貿易，必然可提高全世界及各國的福利水準。

表 3-2　英、美二國布與麥之生產量

(a) 貿易前之產量	布	麥
英　國	2	1
美　國	1	2
世　界	3	3

(b) 貿易後之產量	布	麥
英　國	4	0
美　國	0	4
世　界	4	4

從表3-2(a)、(b)比較世界在貿易前及貿易後的生產量，可知在貿易後布與麥的產量都比貿易前增加1單位，因此國際貿易確可提高世界的福利水準。

二、比較利益

㈠比較利益（比較優勢）之意義

比較利益是以實質概念表示，它不受貨幣工資、物價水準與匯率變動等因素的影響。

比較利益模型是建立在古典學派的勞動價值論上，而必須在下列幾點基本假設下方能成立：

①生產因素只有勞動一種。

②所有勞動在一國之中其素質與生產力完全相同。

③勞動生產力是決定成本的唯一因素。

④勞動在一國之中各產業間可自由移動，但在國際間不能移動。

⑤市場爲完全競爭，因此價格等於成本。

⑥規模報酬不變。

⑦不考慮運輸成本（運費等於零）。

比較利益原本是指比較二個國家生產二種商品時所投入的勞動量（生產成本）之相對比例，用以判定二國在生產上比較優勢（利益）之所在，說明二國發生貿易的原因及貿易方向的決定。因而，比較利益也稱爲比較成本理論（Comparative Cost Theory）。它是以二種商品的相對勞動生產成本決定該二種商品的相對價格。

我們知道，一國之中的相對價格是不受匯率及物價水準變動之影響，因此，這種相對價格或相對生產成本才能眞正地表示比較利益之所在。當一個國家二種商品的相對價格（價格比）與另一國家不同的時候，例如（$\frac{Px}{Py}$）usa ＜（$\frac{Px}{Py}$）uk 時，則美國生產X商品享有比較利益，而生產Y商品就處於比較不利的地位。相反地，英國生產Y商品就享有比較利益，生產X比較不利。

因此，我們研究比較利益時，必須注意下列三點：

①比較利益是由於各國間任何二種商品的相對成本或相對價格之不同而產生的，它與貨幣工資、物價水準及匯率等因素無關。

②如果一個國家生產某種商品(X)享有比較利益，則他對於生產另一種商品(Y)就比較不利，而另一國家對生產此種商品(Y)便享有比較利益。

③比較利益與比較成本通常都被認爲是同義語。但嚴格說來，比較成本是比較利益中的一個特殊經濟模型，在這裡比較利益是基於各種不同的勞動成本與勞動生產力的假設而成立。此外，比較利益也可能是由於因素秉賦的不同而產生，也可能是由於需要條件的差異而產生。

㈡比較利益決定國際分工與貿易

依據李嘉圖（David Ricardo）的比較利益理論，只要兩個國家在二種商品的生產上，其相對生產成本不相等，兩國便有比較利益之存在，便可進行貿易，這樣對二國都有利。從表3-3可看出，美國在布與麥的生產都較英國具有絕對優勢，但生產麥的比較利益較大（其勞動生產成本只有英國的三分之一），生產布的比較利益較小（其勞動成本爲英國之二分之一），所以美國生產麥享有比較利益，而生產布就處於比較不利。對英國而言，雖然對麥與布的生產都處於絕對不利的地位，但生產麥的不利較大（其成本爲美國之三倍），生產布的不利較小（其成本爲美國之二倍），因此英國生產布便享有比較利益。由此，美國應專業生產且出口比較利益大的產品（麥），而進口比較利益小的產品（布）；反之，英國則應專業生產且出口比較不利小的產品（布），而進口比較不利大的產品（麥）。

表 3-3　比較利益與勞動生產成本

國家　　　商品	布(C)	麥(W)	交換比例	價格比(Pc/Pw)
英　　國	2	3	1.5布 ＝ 1麥	$\frac{2}{3} = 0.67$
美　　國	1	1	1布 ＝ 1麥	$\frac{1}{1} = 1$

依據比較利益理論可決定貿易方向，而是否具有比較利益可以下列二種方式判斷：

1. 相對生產成本或相對價格的比較：

若　$\dfrac{P_C^{UK}}{P_W^{UK}} = \dfrac{2}{3} < \dfrac{P_C^{USA}}{P_W^{USA}} = \dfrac{1}{1}$　則英國的布價（ P_C^{UK} ）要比美國之

布價（P_C^{USA}）相對便宜，而美國之麥價（P_W^{USA}）要比英國之麥價（P_W^{UK}）相對便宜，因此英國對布，美國對麥各具比較利益，亦即美國應生產麥，英國應生產布。

2.相對生產力比較：

若　$\dfrac{Q_C^{UK}}{Q_W^{UK}} = \dfrac{3}{2} > \dfrac{Q_C^{USA}}{Q_W^{USA}} = \dfrac{1}{1}$　則表示英國生產布的生產力較美國高，而美國生產麥的生產力也相對地較英國高，因此英國生產布，美國生產麥，各享有比較利益。

Q_C^{UK}，Q_W^{UK}，Q_C^{USA}，Q_W^{USA} 代表二國投入單位勞動的產出量，P_C^{UK}，P_W^{UK}，P_C^{USA}，P_W^{USA} 則代表二國商品之價格。只要兩國的生產成本比率或生產力的比率不相等，就有比較利益存在，便可進行國際貿易。如果兩國的生產成本或價格之比相等（$\dfrac{P_C^{UK}}{P_W^{UK}} = \dfrac{P_C^{USA}}{P_W^{USA}}$），即表示在國內進行二種產品的交換與對國外交換一樣，因此就沒有進行國際貿易的必要。

假設貿易前，英國與美國的產出量如表3-4所示：根據比較利益理論，英國生產布具比較利益，美國則應專業生產麥，兩國進行貿易後，英國不產麥，則三單位的麥可改生產二單位布輸到美國以交換四單位的麥，如此英國的貿易利益是一單位的麥。對美國而言，不生產布，則一單位的布可改產二單位的麥，輸到英國交換4/3單位的布，美國的貿易利益是 1/3單位的布。因此從事專業生產而進行貿易，其產量較貿易前爲多，因而兩國可消費的物品均增加。可見貿易對二國而言均有好處。

表 3-4　英、美二國布與麥的產出量

(a) 貿易前：

產品＼國別	英國	美國
布	1	1
麥	3	2

(b) 貿易後：

產品＼國別	英國	美國
布	2	0→$\dfrac{4}{3}$
麥	0→4	2

㈢貿易條件與貿易利益

表 3-5　每單位產出所需之第動量

產品＼國別	英　　國	美　　國
布	10	20
麥	20	25
交 換 比 率	1 布 ＝ 0.5 麥	1 布 ＝ 0.8 麥

　　由表3-5可以了解，英國在布的生產上具有比較利益，而美國則在麥的生產上具有比較利益。另若以一定之勞動量（如一單位勞動）表示則如表3-6所示。

表 3-6　每單位勞動之產出

產品＼國別	英　　國	美　　國
布	$\dfrac{1}{10}$	$\dfrac{1}{20}$
麥	$\dfrac{1}{20}$	$\dfrac{1}{25}$

　　依據前面的假設，英美二國的生產可能線為一直線，而

$$\frac{P_C}{P_W} = \frac{Q_W}{Q_C}$$

$$\frac{P_C^{UK}}{P_W^{UK}} = \frac{1}{2} \ < \ \frac{P_C^{USA}}{P_W^{USA}} = \frac{4}{5}$$

　　所以，英國布價相對於美國便宜，而美國麥價相對於英國便宜。
　　若以圖形分析，則如圖3-1所示。

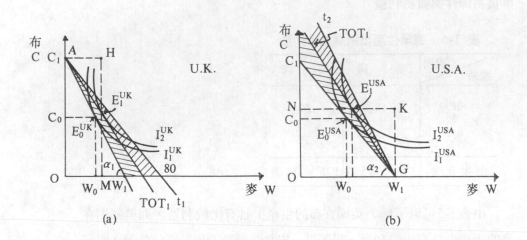

圖3-1

$$|\alpha_1| = \frac{P_W^{UK}}{P_C^{UK}} = 2 \quad ; \quad |\alpha_2| = \frac{P_W^{USA}}{P_C^{USA}} = \frac{5}{4}$$

令 t_1 之斜率 $= \alpha_2$，t_2 之斜率 $= \alpha_1$，且 $\alpha_2 \leq TOT \leq \alpha_1$。則貿易後，英國會在A點生產，美國會在G點生產，兩國均達完全專業化。就二國之消費而言，英國在 E_1^{UK} 點而美國則在 E_1^{USA} 點。貿易條件將介於5/4與2/1之間（ $5/4 \leq TOT \leq 2/1$ ）。貿易三角形，在英國為 $\triangle AHE_1^{UK}$，而美國則是 $\triangle GKE_1^{USA}$。當貿易均衡時，$\triangle AHE_1^{UK} = \triangle GKE_1^{USA}$，英國輸出 HE_1^{UK} 的布，等於美國輸入KG的布；英國輸入AH的麥等於美國輸出 $E_1^{USA}K$ 的麥。此時，均衡貿易條件 TOT^* 將使兩國貿易三角形相等。

就貿易利益而言，英國在 E_0^{UK} 點生產，也在 E_0^{UK} 點消費，效用水準為 I_1^{UK}。透過貿易，英國將專業化生產布，即在A點生產，而在 E_1^{UK} 點上消費，其效用水準上升至 I_2^{UK}，福利增加了。同理，美國的效用水準也由 I_1^{USA} 上升為 I_2^{USA}，福利也因貿易而增加。

　　由於古典模型中，只就供給面探討，不考慮需求面，所以均衡貿易條件無法確定，因此只能由設定的貿易條件來決定兩國之間貿易利益的分配。前面已提及貿易條件是介於二國國內價格比之間，如果貿易條件等於英國國內的價格比，則貿易利益全由美國享有，英國的福利水準與貿易前一樣，但並無損失；反之，如果貿易條件等於美國國內的價格比，則貿易利益全由英國享有。國際貿易可使全世界及兩國的福利水準提高，而各國的福利水準提高多少，則視貿易條件而定。貿易條件與本國貿易前的價格比愈接近，貿易利益愈小；與對手國貿易前國內價格比愈接近，本國的貿易利益愈大。

㈣世界的生產可能曲線（World Production Possibility Curve）

　　假設只有英、美二國，生產布與麥二種商品，總合圖3-1(a)、(b)可得如圖3-2之世界生產可能曲線。

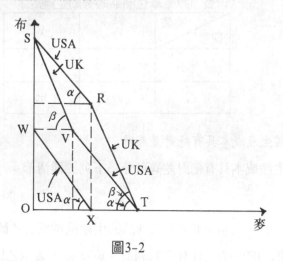

圖3-2

SR(WX)為美國的生產可能線，RT(SV)為英國的生產可能線，加總SR和RT得到SRT，此即為世界之生產可能曲線。線上之扭折點R為李嘉圖點（Ricardian Point），表示英、美二國依比較利益從事國際分工，

而使其生產達到完全專業化。但若英、美二國各自專業化於不具比較利益商品之生產，則世界之生產可能曲線爲SVT，爲世界福利之極小（在V點）。

至於世界市場的均衡價格及數量，因比較利益理論未加入需求面，因而尚無法決定。

㈤比較利益的數學説明

以下以簡單的代數方法來說明比較利益理論。假設有甲、乙二個國家生產A、B二種商品，如表3-7所示，a_1、b_1是甲國生產 A、B二種商品的勞動生產成本；a_2、b_2則是乙國生產A、B二種商品的勞動生產成本。利用$\frac{a_1}{a_2} \gtrless 1$及$\frac{b_1}{b_2} \gtrless 1$的關係說明甲、乙二國生產成本的絕對、同等及比較差異，再由比較利益來決定貿易的方向。

表 3-7　單位商品的勞動生產成本

商品 國家	A	B
甲	a_1	b_1
乙	a_2	b_2

1.二國生產成本具有絕對差異時

二國生產成本具有絕對差異可分爲下列二種情形：

(1)$\frac{a_1}{a_2} < 1 < \frac{b_1}{b_2}$

　$a_1 < a_2$，表示甲國生產A物品的生產成本低於乙國，因此甲國在A物品的生產上具有絕對利益。$b_1 > b_2$，表示乙國生產B物品的成本低於甲國，因此乙國在B物品的生產上具有絕對利益。甲、乙二國的生產成本具有絕對的差異，因此甲、乙二國可以進行貿易，甲國輸出A物品輸入B物品，而乙國則輸出B物品輸入A物品。

$(2)\dfrac{a_1}{a_2} > 1 > \dfrac{b_1}{b_2}$

$a_1 > a_2$，表示乙國在A物品的生產上具絕對利益。$b_1 < b_2$，表示甲國在B物品的生產上具有絕對利益。甲、乙二國的生產成本具有絕對的差異，因此甲、乙二國可以進行貿易，甲國輸出B物品輸入A物品，而乙國則輸出A物品輸入B物品。

2.二國生產成本具有同等差異時

二國生產成本具有同等差異可分爲下列三種情形：

$(1)\dfrac{a_1}{a_2} = \dfrac{b_1}{b_2} = 1$

$a_1 = a_2$，$b_1 = b_2$，$\dfrac{a_1}{a_2} = \dfrac{b_1}{b_2}$，因此二國間沒有絕對利益及比較利益的存在，即二國的生產成本絕對相同，故二國間沒有進行貿易的必要。

$(2)\dfrac{a_1}{a_2} = \dfrac{b_1}{b_2} < 1$

$a_1 < a_2$，$b_1 < b_2$，$\dfrac{a_1}{a_2} = \dfrac{b_1}{b_2}$，甲國在A、B二種物品上都享有絕對利益，故甲、乙二國無絕對差異存在；而甲、乙二國的交換比率相等，故無比較利益存在。既無絕對差異，又無比較差異，因此不能進行貿易。若甲、乙二國要進行貿易，則乙國可以用黃金與甲國進行貿易，甲國因黃金流入，而造成物價工資的上漲，乙國則因輸出黃金，使得物價工資下跌，二國工資趨於相等後，停止貿易。

$(3)\dfrac{a_1}{a_2} = \dfrac{b_1}{b_2} > 1$

$a_1 > a_2$，$b_1 > b_2$，$\dfrac{a_1}{a_2} = \dfrac{b_1}{b_2}$，乙國在A、B二種物品上都享有絕對利益，其分析與(2)同，亦無進行貿易之必要。

3.二國生產成本具有比較差異時

二國生產成本具有比較差異可分爲下列四種情形：

(1)$\dfrac{a_1}{a_2} > \dfrac{b_1}{b_2} > 1$

$a_1 > a_2$，$b_1 > b_2$，$\dfrac{a_1}{a_2} > \dfrac{b_1}{b_2}$，乙國在A、B的生產上皆享有絕對利益，但生產A物品的利益較B物品更大，故有比較利益存在。甲在A、B的生產上生產成本都比乙國高，但生產B物品的成本略小，故有比較利益存在，二國可以進行貿易，即甲國輸出B物品輸入A物品，乙國則輸出A物品輸入B物品。

(2)$\dfrac{b_1}{b_2} > \dfrac{a_1}{a_2} > 1$

在此情形下，$b_1 > b_2$，$a_1 > a_2$，$\dfrac{b_1}{b_2} > \dfrac{a_1}{a_2}$，分析如同(1)，甲國在A物品的生產上享有比較利益，乙國則在B物品的生產上享有比較利益，所以二國可以進行貿易，甲國輸出A物品輸入B物品，乙國則輸出B物品輸入A物品。

(3)$\dfrac{a_1}{a_2} < \dfrac{b_1}{b_2} < 1$

$a_1 < a_2$，$b_1 < b_2$，$\dfrac{a_1}{a_2} < \dfrac{b_1}{b_2}$，甲國在A、B二物品的生產上享有絕對利益，但生產A物品的利益較B物品更大，故在A物品的生產上具比較利益；乙國在A，B二物品的生產上生產成本都比甲國高，但生產B物品的成本略小，故有比較利益存在。二國可以進行貿易，甲國輸出A物品輸入B物品，乙國則輸出B物品輸入A物品。

(4)$\dfrac{b_1}{b_2} < \dfrac{a_1}{a_2} < 1$

$a_1 < a_2$，$b_1 < b_2$，$\dfrac{a_1}{a_2} > \dfrac{b_1}{b_2}$，分析如同(3)，甲國在B物品的生產上享有比較利益，乙國在A物品的生產上享有比較利益，所以二國可以進行貿易，甲國輸出B物品輸入A物品，乙國則輸出A物品輸入B物品。

三、多種商品之分析

哈伯樂（G. Haberler）應用比較利益理論以分析多種商品的貿易情形。現假設有甲、乙二個國家，各可生產A，B，C，…，I，J等十種商品，各種商品生產所需要的勞動單位數如表3-8所示：

表 3-8　各項商品生產所需之勞動量

國家＼商品	A	B	C	D	E	F	G	H	I	J
甲	a_1	b_1	c_1	d_1	e_1	f_1	g_1	h_1	i_1	j_1
乙	a_2	b_2	c_2	d_2	e_2	f_2	g_2	h_2	i_2	j_2

甲國各項商品的供給價格分別爲P_{a1}，P_{b1}，P_{c1}，…，P_{j1}。乙國各項商品的供給價格分別爲P_{a2}，P_{b2}，P_{c2}，…，P_{j2}。甲國的貨幣工資爲W_1，乙國的貨幣工資爲W_2，而甲、乙二國的匯率R＝乙國貨幣／甲國貨幣。則各項商品的供給價格等於生產所需的勞動單位數乘上貨幣工資。

$$P_{a1} = a_1 \cdot W_1 \text{，} P_{b1} = b_1 \cdot W_1 \text{，} \cdots \text{，} P_{j1} = j_1 \cdot W_1 \text{，}$$

$$P_{a2} = a_2 \cdot W_2 \text{，} P_{b2} = b_2 \cdot W_2 \text{，} \cdots \text{，} P_{j2} = j_2 \cdot W_2 \text{，}$$

而各項商品的價格比爲其勞動生產成本比。

$$P_{a1} : P_{b1} : P_{c1} : \cdots : P_{j1} = a_1 W_1 : b_1 W_1 : c_1 W_1 : \cdots : j_1 W_1$$

$$= a_1 : b_1 : c_1 : \cdots : j_1$$

現在爲比較甲、乙二國之商品價格，則必須將甲國物價用乙國貨幣來表示，即乘以匯率R，當$a_1 W_1 R < a_2 W_2$時，即$P_{a1} < P_{a2}$，A物品在甲國較便宜在乙國較貴，因此A物品在甲國爲輸出品，在乙國爲輸入品。同理當$b_1 W_1 R > b_2 W_2$時，即$P_{b1} > P_{b2}$，B物品在乙國較便宜在甲國較貴，因此B物品在乙國爲輸出品，在甲國爲輸入品。

$$由\begin{cases} a_1 W_1 R < a_2 W_2 \\ b_1 W_1 R > b_2 W_2 \end{cases} \Rightarrow \begin{cases} \dfrac{a_1}{a_2} < \dfrac{W_2}{W_1 R} \\ \dfrac{b_1}{b_2} > \dfrac{W_2}{W_1 R} \end{cases} 可得 \quad \dfrac{a_1}{a_2} < \dfrac{W_2}{W_1 R} < \dfrac{b_1}{b_2} \cdots \cdots ①$$

由①式可判斷十種商品中，何者爲出口品，何者爲進口品。生產所需勞動單位數的比率若小於二國工資的比率 $\dfrac{W_2}{W_1 R}$，則此物品爲甲國之輸出品，乙國之輸入品；若生產所需勞動單位數的比率大於二國工資的比率 $\dfrac{W_2}{W_1 R}$，則此物品爲A國之輸入品，B國之輸出品。假設表3-8中各項商品生產所需的勞動單位數之比率大小如下：

$$\dfrac{a_1}{a_2} < \dfrac{b_1}{b_2} < \dfrac{c_1}{c_2} < \dfrac{d_1}{d_2} < \dfrac{e_1}{e_2} \cdots < \dfrac{j_1}{j_2} \cdots \cdots ②$$

由此關係可將商品劃分爲二類：②式中左邊的前幾項爲甲國的輸出品，乙國的輸入品；②式中右邊的前幾項爲甲國的輸入品，乙國的輸出品，但是此關係式只能給予概略的劃分，至於確實的結果，則必須知道二國的工資及貿易後國際收支是否平衡，才能確實劃分輸出品及輸入品。

　　以下將以表3-9來說明工資差異對劃分輸出入品的影響，在前面已說明各項商品的價格比等於其勞動生產成本之比，由表3-9可知各項商品價格比的關係式爲 $\dfrac{a_1}{a_2} < \dfrac{b_1}{b_2} < \dfrac{c_1}{c_2} < \dfrac{d_1}{d_2} < \dfrac{e_1}{e_2} < \dfrac{f_1}{f_2} < \dfrac{g_1}{g_2} < \dfrac{h_1}{h_2} < \dfrac{i_1}{i_2} < \dfrac{j_1}{j_2}$，若價格比大於1，則此商品爲甲國之輸入品，乙國之輸出品。若價格比小於1，則此商品爲甲國之輸出品，乙國之輸入品。若價格比爲1，則此商品爲邊界產品。

表 3-9　各項商品生產所需的勞動單位數

國家＼商品	A	B	C	D	E	F	G	H	I	J
甲	20	20	20	20	20	20	20	20	20	20
乙	40	36	32	30	25	20	18	16	14	13

接著考慮工資差異的影響，假設甲、乙二國的工資相等，即 W_1R $=W_2$，則 $\frac{W_2}{W_1R}=1$，甲國輸出A，B，C，D，E五項商品，輸入G，H ，I，J四項商品；乙國則輸出G，H，I，J四項商品，輸入A，B，C， D，E五項商品；至於F商品爲自給自足的邊界產品。如果甲國的工資 比乙國低10％，則 $W_1R=W_2-10\%W_2=0.9W_2$，且 $f_1=f_2$，$P_{f1}=f_1\cdot$ $W_1R=f_2\cdot0.9W_2=0.9f_2W_2=0.9P_{f2}$，所以 $P_{f1}<P_{f2}$，F商品在甲國較便 宜，可從甲國輸往乙國。而 $P_{g1}=g_1\cdot W_1R=\frac{10}{9}g_2\cdot0.9W_2=g_2W_2=$ P_{g2}，$(\frac{g_1}{g_2}=\frac{20}{18}=\frac{10}{9}$，$g_1=\frac{10}{9}g_2)$，所以 $P_{g1}=P_{g2}$，G物品不進行貿易 爲邊界產品，甲國輸出A，B，C，D，E，F六項商品，輸入H，I，J三 項商品，乙國則輸出H，I，J三項商品，輸入A，B，C，D，E，F六項 商品。

當甲、乙二國進行貿易後，發生國際收支不平衡時，對輸出入產品 的劃分也會產生影響。假設甲、乙二國工資相等，甲國向乙國輸出A， B，C，D，E五項商品，自乙國輸入G，H，I，J四項商品，進行貿易 後，甲國產生出超，乙國產生入超，甲國物價、工資會上升，乙國則會 下降；因而在匯率不變的假定下，$\frac{W_2}{W_1R}$ 將下降，判別輸出入品分界點 的 $\frac{W_2}{W_1R}$ 亦將向左邊移動而使乙國能夠輸出F商品，甚至E商品，直到恢 復國際收支平衡爲止。

四、相互需要理論（Theory of Reciprocal Demand）

在李嘉圖的比較利益模型下，貿易後世界市場的均衡價格或均衡貿 易條件並無法決定。米勒（J.S.Mill）認爲若要解決這個問題，除了考 慮李嘉圖的比較利益外，還要考慮需求條件，J.S.Mill因而提出了相互 需要理論。

　　Mill承襲了李嘉圖的比較利益理論，認爲兩國物品的交換是取決於生產成本的比較利益，同時考慮需求面，因此可由供需情形求出國際市場的均衡，解決均衡價格及貿易量的決定問題，Mill更以國際需要方程式來說明貿易均衡的達成。如表3-10所示，美國在麥的生產上具比較利益，英國則在布的生產上享有比較利益，因此美國應專業生產麥，然後輸出麥與英國交換布，英國則專業生產布再輸出布與美國交換麥。

表 3-10　單位勞動產出量

產品＼國別	布	麥
英　　國	⑩	15
美　　國	10	⑳

　　至於二國發生貿易後其交換比率（貿易條件）如何決定？一般言之，約在10單位的布交換15至20單位的麥之間，如果是10單位布換15單位麥，則美國獲得全部之貿易利益；如爲10單位布換20單位麥，則英國獲得全部貿易利益；如果介在10布換15麥至10布換20麥之間，則英、美二國均可獲得部分之利益。最後Mill假定，當交換比率爲10布換17麥時，英國對麥的需要與美國對布的需要，其價值恰好相等，因此二種商品的輸出輸入正可以相互抵付，均衡貿易條件即可達成。

　　Mill的所謂相互需要方程式或國際需要方程式意指「一國之產品與他國產品互相貿易時，其輸出金額必須等於輸入金額」。而國際市場的商品價值就是爲滿足此一條件而時常做調整，以使供給需求達到均衡。以上可用簡式表示如下：

$$D_C^{USA} = S_C^{UK}$$

$$S_W^{USA} = D_W^{UK}$$

$$X^{USA} = P_W Q_W = P_C Q_C = M^{USA}$$

$$X^{UK} = P_C Q_C = P_W Q_W = M^{UK}$$

X^{USA} 與 M^{USA} 表示美國之輸出金額與輸入金額

X^{UK} 與 M^{UK} 表示英國之輸出金額與輸入金額

茲利用表3-11說明如下：

表 3-11　交換比率變動對二國供需情形的影響

貿易條件 (交換比率)	美國		英國		國際市場的供需情形
	D_C^{US}	S_W^{US}	D_W^{UK}	S_C^{UK}	
10C=15W $\begin{cases}P_C=1.5W\\P_W=0.67C\end{cases}$	12000	18000	12000	8000	$D_C^{US} > S_C^{UK}$ $P_C\uparrow$, $S_W^{US} > D_W^{UK}$ $P_W\downarrow$
10C=16W $\begin{cases}P_C=1.6W\\P_W=0.625C\end{cases}$	11000	17600	14400	9000	$D_C^{US} > S_C^{UK}$ $P_C\uparrow$, $S_W^{US} > D_W^{UK}$ $P_W\downarrow$
10C=17W $\begin{cases}P_C=1.7W\\P_W=0.6C\end{cases}$	10000	17000	17000	10000	$D_C^{US} = S_C^{UK}$ 均衡, $S_W^{US}W = D_W^{UK}$　均衡
10C=18W $\begin{cases}P_C=1.8W\\P_W=0.56C\end{cases}$	9000	16200	19800	11000	$D_C^{US} < S_C^{UK}$ $P_C\downarrow$, $S_W^{US} < D_W^{UK}$ $P_W\uparrow$
10C=19W $\begin{cases}P_C=1.9W\\P_W=0.52C\end{cases}$	8000	15200	22800	12000	$D_C^{US} < S_C^{UK}$ $P_C\downarrow$, $S_W^{US} < D_W^{UK}$ $P_W\uparrow$
10C=20W $\begin{cases}P_C=2W\\P_W=0.5C\end{cases}$	7000	14000	26000	13000	$D_C^{US} < S_C^{UK}$ $P_C\downarrow$, $S_W^{US} < D_W^{UK}$ $P_W\uparrow$

[註]
D_C^{US}　代表美國對布的需求　　S_W^{US}　代表美國麥之供給

D_W^{UK}　代表英國對麥的需求　　S_C^{UK}　代表英國布之供給

由表3-11可知，當交換比率（即貿易條件）變動時，二國對布及麥的供需情形也會改變，在本例中，均衡價格爲：$P_C = 1.7W$，$P_W = \dfrac{10}{17} C$。此時美國需要輸入10,000單位的布，而願意輸出17,000單位的麥做爲交換，英國則需要輸入17,000單位的麥，而願意輸出10,000單位的布做爲交換。

而且，美國的輸入金額＝$P_c \times Q_c$

$$= 1.7W \times 10,000$$

$$= 17,000W$$

等於美國的輸出金額＝$P_w \times Q_w$

$$= \frac{10}{17} C \times 17,000$$

$$= 10,000C$$

$$= 17,000W$$

英國的輸出金額＝$P_c \times Q_c$

$$= 1.7W \times 10,000$$

$$= 17,000W$$

等於英國之輸入金額＝$P_w \times Q_w$

$$= \frac{10}{17} C \times 17,000$$

$$= 10,000C$$

$$= 17,000W$$

貿易收支達到平衡。

　　茲以上面英美二國之貿易情形說明相互需要之意義，所謂相互需要是指「一國（美國）需要從他國（英國）輸入某種商品（布），而他國（英）也需要從該國（美）輸入另一種商品（麥），所以是二國之間彼此互相需要對方之產品」。而根據相互需要理論所決定的均衡貿易量及均衡貿易條件，是取決於：

　　(1)相互需要的大小：指相互需要量大小的變動關係，而此需要量是受到消費者嗜好的影響而改變。

　　(2)相互需要的擴張性（Extensibility）：指兩種產品交換比率的變動引起數量變動的關係，即一般經濟學中所稱之價格彈性。

當相互需要的大小及相互需要的擴張性確知之後，即可求得均衡貿易條

件及貿易量。

　　Mill的相互需要理論後來由馬夏爾（A. Marshall）加以應用，並利用幾何學的方法導出貿易提供曲線（Trade Offer Curve），又稱為馬夏爾曲線。但若要求出貿易提供曲線，必須先求出二種產品的輸出供給及輸入需要曲線。

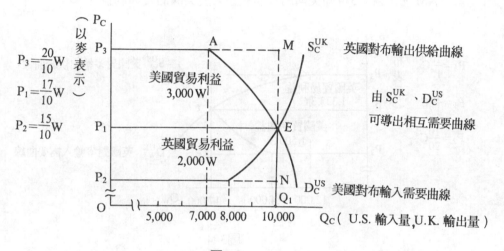

圖3-3

　　根據表3-11，可劃出二種產品的輸出供給及輸入需要曲線，圖3-3是布的輸出供給及輸入需要曲線，當$P_C = 1.5W$時，英國最多只願意提供8,000單位的布，只有P_C上漲時才願意提供更多單位的布，所以英國對布的輸出供給曲線向右上方傾斜。當$P_C = 2W$時，美國最多只願意輸入7,000單位的布，只有P_C下跌時才願意輸入更多單位的布，所以美國對布的輸入需要曲線向右下方傾斜。輸出供給曲線與輸入需要曲線相交點E即為均衡點，貿易均衡量為OQ_1，均衡價格為$P_C = 1.7W$。美國所獲得的貿易利益為$\square OP_3MQ_1 - \square OP_1EQ_1 = \square P_3P_1EM$，此即表示美國因貿易而節省生產$OQ_1$布的生產成本與從英國輸入$OQ_1$的布所需支付的

進口成本之差額（美國生產OQ_1布的成本爲$\square OP_3 MQ_1$，輸入布的成本只要$\square OP_1 EQ_1$，所以省下了$\square P_3 P_1 EM$）；英國所獲得的貿易利益爲$\square OP_1 EQ_1 - \square OP_2 NQ_1 = \square P_1 P_2 NE$，即因貿易而獲得的輸出利益（英國產布的成本爲$\square OP_2 NQ_1$，輸出後可得$\square OP_1 EQ_1$，所以獲利$\square P_1 P_2 NE$）。而世界增加的貿易利益爲$\square P_3 P_1 EM + \square P_1 P_2 NE = \square P_3 P_2 NM$。由圖3-3可知美國的貿易利益大於英國的貿易利益。

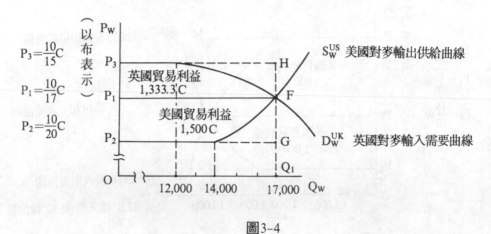

圖3-4

圖3-4是英美二國對麥的輸出供給及輸入需要曲線，當$P_w = 0.5C$時，美國最多只願意提供14,000單位的麥，除非P_w上升美國才願意輸出更多單位的麥，所以美國對麥的輸出供給曲線向右上方傾斜；當$P_w = 0.67C$時，英國最多只願意輸入12,000單位的麥，除非P_w下跌英國才願意輸入更多單位的麥，所以英國對麥的輸入需要曲線向右下方傾斜。貿易均衡點爲F，貿易均衡量爲OQ_1，均衡價格爲$P_w = 0.6C$。英國所獲得的貿易利益爲$\square P_3 OQ_1 H - \square P_1 OQ_1 F = \square P_3 P_1 FH$，美國所獲得的貿易利益爲$\square P_1 OQ_1 F - \square P_2 OQ_1 G = \square P_1 P_2 GF$，而世界增加的貿易利益爲$\square P_3 P_1 FH + \square P_1 P_2 GF = \square P_3 P_2 GH$。由圖3-4可知，美國的貿易利益大於英國的貿易利益。

　　圖3-3及圖3-4是分別以布的價格和麥的價格說明布與麥的貿易情形及貿易利益，至於二國貿易利益的分配要看國際市場的均衡價格與國內均衡價格的差距而定，差距小則貿易利益小，差距大則貿易利益大。

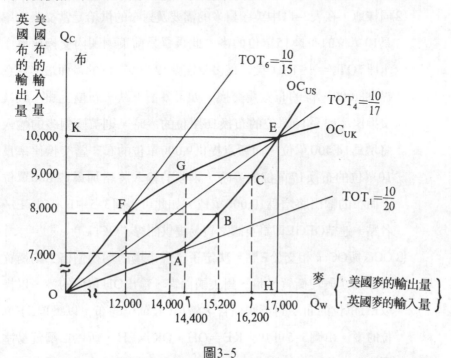

圖3-5

　　由二國對布和麥的輸出供給及輸入需要曲線，即可導出二國之相互需要曲線亦稱爲貿易提供曲線（Offer Curve），如圖3-5所示。茲就其導出過程說明如下：

　　⑴從表3-11可知，美國在交換比率爲10單位的布換20單位的麥，即貿易條件$TOT_1 = \dfrac{P_w}{P_c} = \dfrac{10}{20}$時，最多只需要輸入7,000單位的布，而最多願意提供（輸出）14,000單位的麥以爲交換，如果P_w上漲P_c下跌，TOT向上移動，則美國就願意提供更多的麥以換取更多的布。在表3-11中，當交換比率變爲10單位的布換19單位的麥（

$TOT_2 = \frac{10}{19}$ ）時，美國需要輸入8,000單位的布，而願意提供
15,200單位的麥做爲交換，如此類推，可得圖3-5中A，B，C，E，
…，各點，將各點連結即爲美國之貿易提供曲線（OC_{US}）。

(2)同樣地，在表3-11中英國對麥的需要及對布的供給是當交換比率
爲10單位的布換15單位的麥（此爲貿易前英國國內交換比率）
，即$TOT_6 = \frac{10}{15}$ 時，英國最多只需要12,000單位的麥而最多願意
提供8,000單位的布做爲交換。如果麥價下跌，布價上漲，致其
交換比率變爲10單位的布換16單位的麥時，則英國對麥的輸入
將增爲14,400單位，而願意提供9,000單位的布；當交換比率爲
10單位的布換17單位的麥時，則麥的輸入將增加爲17,000單位
，而布的輸出將增爲10,000單位，如此可得圖3-5中F，G，E…
各點，連結OFGE即爲英國之貿易提供曲線（OC_{UK}）。

(3)OC_{US}與OC_{UK}相交於E點，決定了國際市場的均衡價格（均衡貿
易條件）與均衡貿易量。對美國而言，輸出OH單位的麥，以換
取EH單位的布；對英國而言，輸出OK單位的布，以換取KE單
位的麥。由圖3-5可知，KE＝OH，OK＝EH，所以二國貿易達
到均衡，美國麥的輸出等於英國麥的輸入，英國布的輸出等於美
國布的輸入。

(4)若交換比率爲10單位的布換18單位的麥，即貿易條件$TOT_3 = \frac{10}{18}$
時，美國將需要輸入9,000單位的布，而願意提供16,200單位的麥
（在OC_{US}線上的C點），但英國卻需要輸入19,800單位的麥而願
輸出（提供）11,000單位的布。因此在國際市場上，麥將產生超
額需求（$D_W^{UK} > S_W^{US}$），布將發生超額供給（$S_C^{UK} > D_C^{US}$），結果
將迫使麥價（P_W）上漲，布價（P_C）下跌，貿易條件（TOT）
向TOT_4移動，一直調整到$TOT_4 = \frac{10}{17}$時，國際市場方達到均衡。

五、比較成本模型與相互需要理論之實例

現假設有A、B二國，各可生產X、Y二種物品，在貿易前，X、Y物品的生產與消費，如表3-12。

表 3-12　A、B二國生產二種物品的生產、消費與貿易表

		X之價格 P_x(以 Y代表)	X 物品			Y 物品		
			生 產	消 費	貿 易	生 產	消 費	貿 易
貿易前	A	0.3	30	30	—	21	21	—
	B	0.8	50	50	—	80	80	—
	世界		80	80	—	101	101	
貿易後	A	0.6	(100)	20	(+80)	(0)	(48)	(−48)
	B	0.6	(0)	80	(−80)	(120)	(72)	(+48)
	世界	0.6	(100)	100	—	(120)	(120)	—
貿易利益	A		(+70)	(−10)		(−21)	(+27)	
	B		(−50)	(+30)		(+40)	(− 8)	
	世界		(+20)	(+20)		(+19)	(+19)	

貿易前X、Y二種物品的價格比：

$$(\frac{Px}{Py})_A = 0.3 < (\frac{Px}{Py})_B = 0.8$$

由相對價格比可知二國間有比較利益存在：A國在X物品的生產上具比較利益，B國在Y物品的生產上具比較利益。其貿易方向爲A國輸出X輸入Y，B國輸出Y輸入X。貿易條件爲：

$$0.3 \leq TOT_1 \leq 0.8$$

貿易後：

$$令\ (\frac{Px}{Py})_{AT} = 0.6 = TOT_1 = (\frac{Px}{Py})_w = (\frac{Px}{Py})_{BT}\ （註）$$

㈠貿易前與貿易後二國國內之生產與消費的變動情形

圖3-6表示A國生產與消費X、Y二種物品的情形，AB為A國的生產可能曲線，在貿易前與無異曲線U_1^a相切於C點，表示生產及消費30單位的X，21單位的Y。

假設生產可能曲線方程式為$aX + bY = c$，方程式斜率的絕對值$\alpha = 0.3$

$$OA = \frac{c}{a}\ ,\ OB = \frac{c}{b}$$

將C點的坐標代入方程式，則$30a + 21b = c$……①

$$\frac{OB}{OA} = \frac{c/b}{c/a} = \frac{a}{b} = 0.3\ ,\qquad a = 0.3b……②$$

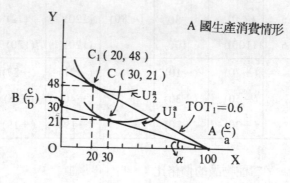

圖3-6

將②代入①，得$9b + 21b = c$

$$30b = c$$

$$所以，\frac{c}{b} = 30，\frac{c}{a} = 100$$

（註）T表示貿易後，$(\frac{Px}{Py})_w$代表世界市場的相對價格。

A國最多只能生產100單位的X或30單位的Y。假設貿易後貿易條件
$TOT_1 = 0.6$爲均衡貿易條件，A國專業生產100單位的X，新的消費點爲
U_2^a上之C_1，此時A國消費20單位的X，並將80單位的X輸出，依TOT_1
$= 0.6$的貿易條件可換取48單位的Y以供國內消費之所需。

$$\frac{Y}{80} = 0.6 \quad 即 Y = 48$$

A國的貿易利益 $= 〔（20 - 30）\times 0.3〕 + 〔（48 - 21）\times 1〕$
$= 24$ 單位的Y。

A國對X的消費減少10單位，對Y的消費增加27單位，A國的福利增加
了24單位的Y。

　　圖3-7是B國生產、消費X、Y二種物品的情形。MN爲B國的生產
可能曲線，在貿易前與無異曲線相切於U_1^b上之E點，生產及消費50單位
的X及80單位的Y。

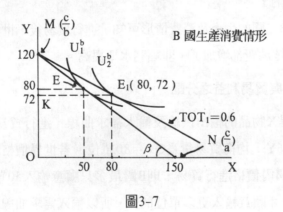

圖3-7

　　假設生產可能曲線方程式爲$aX + bY = c$，方程式斜率的絕對值β
$= 0.8$

$$ON = \frac{c}{a} , OM = \frac{c}{b}$$

將E點坐標代入方程式，則$50a + 80b = c \cdots\cdots ①$

$$\frac{OM}{ON} = \frac{c/b}{c/a} = \frac{a}{b} = 0.8,所以a = 0.8b \cdots\cdots ②$$

將②代入①，得$40b + 80b = c$

$$120b = c$$

所以，$\frac{c}{b} = 120$，$\frac{c}{a} = 150$，

B國最多只能生產120單位的Y或150單位的X。假設貿易後，B國消費80單位的X，而貿易條件$TOT_1 = 0.6$，則貿易後對Y的消費量爲72單位，而輸出量爲48單位。

$$\frac{MK}{80} = 0.6 \qquad MK = 48 \qquad （輸出量）$$

$$120 - 48 = 72 \qquad\qquad （消費量）$$

B國的貿易利益 $= [（80 - 50）\times 0.8 + （72 - 80）\times 1] = 16$單位的Y

B國對X的消費增加30單位，對Y的消費減少8單位，B國的貿易利益增加了16單位的Y。

由A、B二國的生產及消費情形可知，進行貿易後，世界對於X、Y二種物品的總消費都增加了，即福利水準提高。

(二)貿易曲線與貿易利益之分配

圖3-8是X物品的輸出供給及輸入需求曲線，進行貿易後的均衡價格爲$P_x = 0.6Y$，均衡貿易量爲$Q_x = 80$單位。若世界價格$P_w = 0.8Y$，即以B國的國內價格進行貿易，則B國最多只願意輸入50單位的X，除非P_x下跌，才願意輸入更多單位的X，所以輸入需求曲線D_x^B向右下方傾斜。若$P_w = 0.3Y$，即按A國國內價格進行貿易，此時A國生產100單位的X，自己消費30單位，最多願意輸出70單位。除非P_x上漲，才願意輸出更多單位的X，所以輸出供給曲線向右上方傾斜。若$P_w = 0.6Y$，則A國輸出80單位的X，B國輸入80單位的X。A國的輸出供給等於B國的輸入需要，世界市場的供需達到均衡。

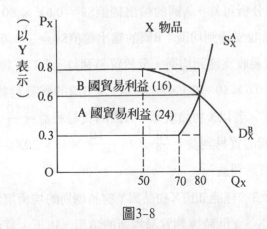

圖3-8

　　圖3-9是Y物品的輸出供給及輸入需求曲線，進行貿易後的均衡價格為$P_Y = 1.67X$，均衡貿易量為$Q_Y = 48$單位。若$P_W = 3.33X$，即按A國貿易前的國內價格進行貿易，則A國最多只願意輸入21單位，除非P_Y下跌，才願意輸入更多單位的Y，所以輸入需求曲線D_Y^A向右下方傾斜，為負斜率；若$P_W = 1.25X$，即按B國國內價格進行貿易，則B國生產120單位的Y，自己消費80單位，最多願意輸出40單位，除非P_Y上漲，才願意輸出更多單位的Y，所以輸出供給曲線向右上方傾斜，為正斜率。若$P_W = 1.67X$，則A國輸入48單位的Y，B國輸出48單位的Y，世界市場的供需達到均衡。

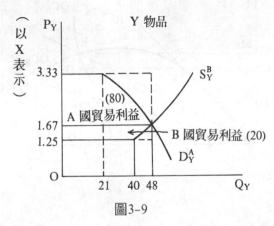

圖3-9

　　根據上面分析可知，A國的輸出總值$S_X^A = 0.6Y \times 80 = 48Y =$輸入總值$D_Y^A$，貿易收支達到均衡；B國的輸出總值$S_Y^B = \dfrac{10}{6} \times 0.48 = 80X =$輸入總值$D_X^B$，貿易收支達到均衡。至於貿易利益，若以Y物品表示，A國的貿易利益$= 0.6 \times 80 - 0.3 \times 80 = 24Y$，B國的貿易利益$= 0.8 \times 80 - 0.6 \times 80 = 16Y$。若以X物品表示，A國的貿易利益$= \dfrac{10}{3} \times 48 - \dfrac{10}{6} \times 48 = 80X$，B國的貿易利益$= \dfrac{10}{6} \times 48 - \dfrac{10}{3} \times 48 = 20X$。A國的貿易利益大於B國的貿易利益。

　　由圖3-8及3-9僅能知道X物品與Y物品個別的均衡情形，而不能表示國際市場中X、Y同時達到貿易均衡的情形。以下，就藉助相互需要曲線以說明國際貿易的整體均衡。

㈢相互需要曲線與國際貿易的均衡

　　圖3-10是A、B二國對X、Y物品的相互需求曲線（提供曲線），貿易條件TOT_1介於二國國內價格比之間，所以$0.3 \leq TOT_1 \leq 0.8$，0.3至0.8是國際市場可能的價格範圍。當$TOT = 0.3$時，A國以70單位的X換取21單位的Y；當$TOT = 0.8$時，B國以40單位的Y換取50單位的X；

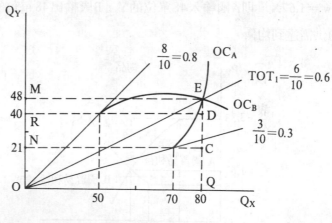

圖3-10

當TOT＝0.6時，A國以80單位的X換取48單位的Y，而B國以48單位的Y換取80單位的X，因此貿易達到均衡。貿易均衡點E爲A國提供曲線OC_A及B國提供曲線OC_B相交之點。均衡貿易條件爲$(\frac{Px}{Py})_{AT}=0.6=(\frac{Px}{Py})_W=TOT_1=0.6=(\frac{Px}{Py})_{BT}$。即唯有在$OC_A$與$OC_B$交點上，才能達到貿易的均衡。

㈣世界生產可能曲線

A、B二國若用全部的資源生產X，則A國可生產$30+\frac{10}{3}\times21=100$單位的X，B國可生產$50+\frac{10}{8}\times80=150$單位的X，因此世界最多能生產$100+150=250$單位的X。A、B二國若用全部的資源生產Y，則A國可生產$21+\frac{3}{10}\times30=30$單位的Y，B國可生產$80+\frac{8}{10}\times50=120$單位的Y，因此世界最多能生產150單位的Y。圖3-11是世界生產可能曲線，CD＝RN爲B國生產可能曲線，AB＝MR爲A國生產可能曲線，MRN爲世界生產可能曲線，R點（100,120）爲李嘉圖點，表示A國專業生產X，B國專業生產Y，二國之生產達到完全專業化。在貿易前A國生產30單位的X與21單位的Y，B國生產50單位的X與80單位的Y，故世界全體生產80單位的X與101單位的Y，圖3-11中之P點即代表貿易

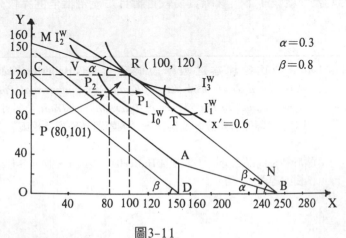

圖3-11

前世界的生產點。在進行貿易後，P點會移向世界生產可能曲線上。若貿易條件爲0.3，則P點將移到MR線上與無異曲線相切之點，即V點；若貿易條件爲0.8，則P點移到RN線上與無異曲線相切的T點。除了R點代表二國生產達到完全專業化外，其他點均表示只有一國達到完全專業化。

(1)在MR線上之V點爲無異曲線與MR之切點，在無異曲線I_2^W上之V點消費表示X的消費小於100，Y的消費大於120，而B國最多只能生產120單位的Y，故A不僅要生產X，還要生產Y以供A、B二國消費之所需。所以，只有B國能達到完全專業化生產。

(2)在RN線上與無異曲線相切之T點，表示X的消費大於100，Y的消費小於120，而A國最多只能生產100單位的X，故B國不僅要生產Y還要生產X以供消費之需。所以，只有A國之生產能達到完全專業化。

在自給自足的情況下，A、B二國資源達到充分利用時，可生產80單位的X及101單位的Y。在進行國際貿易後，A、B二國資源達到充分就業時，則可生產100單位的X和120單位的Y。可見在相同數量的資源利用（充分就業）下，國際貿易較自給自足能帶給全世界較高的福利水準。

(註)：1.本章中比較利益之數學說明係根據G.Haberler:*The Theory of International Trade with Its Application to Commercial Policy*，以及J.Viner:*Studies in the Theory of International Trade*。另外，小山滿男：《國際經濟理論》及楊樹人《國際貿易理論及政策》書中曾有引用。

2.關於多種商品之分析主要根據**Haberler**、**Viner**，並可參考小山滿男及楊樹人等同注1書。

第四章 新古典學派之機會成本理論

李嘉圖依據勞動價值說假設勞動是生產投入的唯一要素，此假設顯然與實際情況不符，因此新古典學派的國際貿易理論放棄勞動是生產的唯一投入之假設，改以機會成本的概念來說明比較利益理論。

一、實質成本與機會成本

古典學派所謂的實質成本是指生產該物品時所投入的勞動量，由於勞動是生產函數唯一的決定要素，因此生產函數為$Q = F(L)$。而新古典學派則以機會成本的概念取代實質成本，所謂機會成本是指不同商品的相對價格發生差異，是由於生產成本不同所致，但生產成本並不取決於生產時所投入的勞動量，而是取決於為生產此物品所犧牲其他物品的數量，即生產該物品所付出的代價。生產函數的決定因素除了勞動外，還包括其他資源，因此生產函數至少可寫成$Q = F(L, K)$。其中L代表勞動，K代表資本。

由上面說明可知：新古典學派與古典學派相異之處在於新古典學派放棄只有一種生產因素的假設，而由一群資源來研究，較接近實際情況。此外，新古典學派去除古典學派的若干假設後，其結論仍然與古典學

派相同，故較古典學派的實質成本理論更爲進步。

在二個國家二種物品的假設下，機會成本即是二種物品的交換比率，依據此交換比率，可畫出生產可能曲線，生產可能曲線的型態可分爲一直線、凹向原點及凸向原點三種。而整個機會成本理論的立論點，在供給面是建立在生產可能曲線上，在需要面則建立在消費無異曲線上，由此導出貿易提供曲線，以決定國際貿易的均衡（詳細的分析請見第六章）。

二、機會成本不變之情況

如圖4-1所示，在機會成本不變（Constant Opportunity Cost）的情況下，每增加一單位X物品的生產所需減產Y物品的數量都相等。生產X與Y物品之生產成本的比率爲一固定常數，即生產可能曲線AB的斜率 $\alpha = \dfrac{AH}{HC} = \dfrac{OA}{OB}$，亦即X，Y二物品的邊際轉換率MRT$_{XY}$（Marginal Rate of Transformation）固定不變。若二國的機會成本相同，即二國的生產可能曲線斜率相同，則沒有進行貿易的必要，若二國的機會成本不同，則有比較利益存在，可以進行貿易。

$$MRT_{XY} = \frac{\triangle Y}{\triangle X} = \frac{MC_X}{MC_Y} = \frac{OA}{OB} = \alpha$$

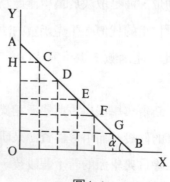

圖4-1

㈠生產、消費及貿易的均衡

　　圖4-2及4-3分別表示A國與B國的生產、消費及貿易的情形，在圖
4-2中，AB是A國生產X、Y二物品的生產可能曲線，在圖4-3中，CD
是B國生產X、Y二物品的生產可能曲線。

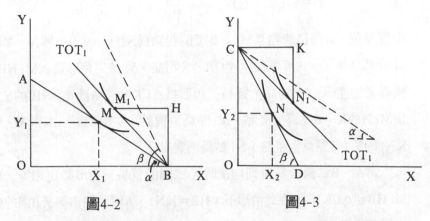

圖4-2　　　　　　　　　　　圖4-3

　　A國自給自足的生產與消費點爲M，X、Y二物品的邊際轉換率等
於X、Y二物品的邊際成本比，也等於二物品的邊際代替率，亦等於二
物品的邊際效用比，也等於二物品的價格比，同時等於生產可能曲線的
斜率。

$$MRT^A_{XY} = \frac{MC_X}{MC_Y} = MRS^A_{XY} = \frac{MU_X}{MU_Y} = \left(\frac{P_X}{P_Y}\right)_A = \alpha$$

　　而B國自給自足的生產與消費點爲N，X、Y二物品的邊際轉換率
等於X、Y二物品的邊際成本比，等於二物品的邊際代替率，等於二物
品的邊際效用比，等於二物品的價格比，同時等於生產可能曲線的斜率。

$$MRT^B_{XY} = \frac{MC_X}{MC_Y} = MRS^B_{XY} = \frac{MU_X}{MU_Y} = \left(\frac{P_X}{P_Y}\right)_B = \beta$$

　　由於A國生產可能曲線的斜率小於B國，即 $\alpha = \left(\frac{P_X}{P_Y}\right)_A < \beta = \left(\frac{P_X}{P_Y}\right)_B$，因此A國在X物品的生產上享有比較利益，B國則在Y物品的

生產上享有比較利益，A國專業生產X物品，輸入Y物品，B國專業生產Y
物品，輸入X物品。而貿易條件TOT則介於二國生產可能曲線斜率之間。

$$\alpha \leq TOT \leq \beta$$

貿易後其均衡條件如下：

$$\left(\frac{Px}{Py} \right)_{AT} = TOT_1 = \left(\frac{Px}{Py} \right)_W = \left(\frac{Px}{Py} \right)_{BT}$$

在貿易後，A國消費點為M_1，B國消費點為N_1，A、B二國X、Y的消
費量都增加了。A國專業生產OB的X物品，貿易三角形為$\triangle M_1 HB$；B
國專業生產OC的Y物品，貿易三角形為$\triangle CKN_1$。A國輸入HB的Y，輸
出$M_1 H$的X（B點為生產點，M_1點為消費點）；B國輸入CK的X，輸出
KN_1的Y（C點為生產點，N_1點為消費點）。

當A、B二國貿易達到均衡時，二國的貿易三角形必定相等，即$\triangle$
$M_1 HB = \triangle CKN_1$。在此情形下，$HB = KN_1$，A國的輸出等於B國的輸入
；同理，$M_1 H = CK$，A國的輸入等於B國的輸出。

圖4-4將A、B二國的生產可能曲線劃在一起，TOT_1表示均衡貿易
條件，而$\triangle CKR$及$\triangle BHR$則表示二國的貿易三角形，此時全世界可用
的資源不變，但貿易後所能消費的物品則較貿易前增加，即二國貿易後
的總產量較貿易前多，故二國的福利增加。

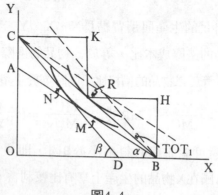

圖4-4

下面以圖4-5表示貿易前後世界可生產與消費物品的變動情形，表4-1是A、B二國貿易前及貿易後X、Y二物品的生產、消費與貿易之情形。

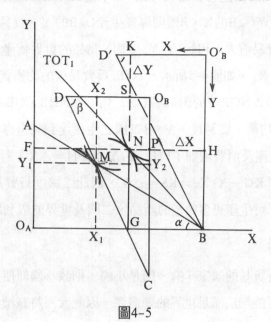

圖4-5

表 4-1　貿易前後之生產、消費與貿易

		X 物 品			Y 物 品		
		生產	消費	貿易	生產	消費	貿易
貿 易 前	A 國	O_AX_1	O_AX_1	—	O_AY_1	O_AY_1	—
	B 國	O_BX_2	O_BX_2	—	O_BY_2	O_BY_2	—
	世　界	Y_1Y_2	Y_1Y_2		X_1X_2	X_1X_2	
貿 易 後	A 國	O_AB	O_AG	+GB	O	NG	-NG=-HB
	B 國	O	O'_BK	$-O'_BK$ =-GB	O^1_BK	KN	+HB
	世　界	FH	FH	O	KG	KG	O

貿易前A國生產及消費$O_A X_1$的X，$O_A Y_1$的Y，B國生產及消費$O_B X_2$的X，$O_B Y_2$的Y。在進行貿易後，圖4-5中之$\triangle O_B CD$移至$\triangle O'_B BD'$，表示A國專業生產$O_A B$的X，B國則專業生產$O_B B$的Y。貿易後X物品的世界總產量較貿易前大，$FH > Y_1 Y_2$，而Y物品的世界總產量也較貿易前大，$KG > X_1 X_2$。如圖4-5所示，TOT_1爲貿易後的均衡貿易條件，A國的貿易三角形$\triangle NGB$等於B國的貿易三角形$\triangle NHB$，$GB = NH$，$NG = HB$貿易達到均衡。貿易後，A、B二國之生產達到完全專業化，全世界對X物品的生產及消費增加了$FH - Y_1 Y_2 = PH = \triangle X$，對Y物品的生產及消費增加了$KG - X_1 X_2 = KS = \triangle Y$，因此二國進行貿易後，世界以同量的資源，可生產更多數量的產品，二國及世界的福利均提高。

(二)小國的貿易

如果進行貿易的國家，有一國是小國，則該小國即使專業生產某一種商品，也可能無法滿足世界的總需要。因此大國將繼續生產二種商品，以滿足國內的部分需要。

如圖4-6所示，設A爲大國，B爲小國，則A國便是世界市場的價格決定者，此時貿易條件爲 $(\frac{Px}{Py})_{BT} = TOT_1 = (\frac{Px}{Py})_w = (\frac{Px}{Py})_A$。A國在貿易後對X、Y的消費量不變。貿易前A國生產及消費$O_A X_1$的X商品，$O_A Y_1$的Y商品；貿易後A國生產$O_A H$的X，消費$O_A X_1$的X，生產$C'H$的Y，消費$O_A Y_1 = FH$的Y。而B國在貿易前生產及消費$O_B X_2$的X，$O_B Y_2$的Y；貿易後B國專業生產$O'_B C'$的Y，消費MG的Y，而自A國進口MF的X以滿足國內的消費。

A、B二國所消費的$X = O_A X_1 + O'_B G = O_A X_1 + MF = O_A H$，二國對X的消費量由A國生產已足夠，B國無需生產。A、B二國所消費的$Y = O_A Y_1 + MG = GX_1$，由於B國只能生產$O'_B C'$的Y，無法滿足世界的需要

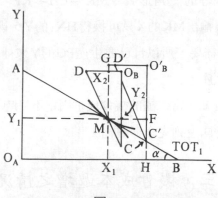

圖4-6

，所以A國還要生產C′H的Y，亦即A國並沒有達到完全專業化。而A、B二國的貿易條件等於A國國內的價格，即國際市場按A國國內價格進行貿易。

　　下面以圖4-7說明A國未達完全專業化生產的情形。因B國為價格接受者，以A國國內價格進行貿易，所以過C點做平行於AB的直線，亦即貿易條件TOT₁，A國貿易後仍在M點消費，所以在M點畫

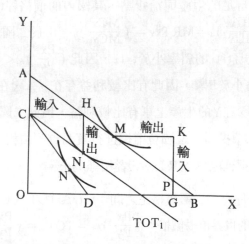

圖4-7

一個與△CHN₁相等的三角形，令MK＝CH，KP＝HN₁，則△MKP＝△CHN₁。A國輸出MK的X只可換得HN₁的Y，即KP的Y，無法滿足國內KG的消費需要，所以自己要生產PG的Y來補足，亦即A國沒有達到完全專業化生產。

由上述討論可知，當二國的機會成本固定不變時，二國進行貿易後，至少會使其中一國達到完全專業化。

三、機會成本遞增之情況

㈠生產、消費及貿易的均衡

若二國的生產成本遞增，則生產可能曲線凹向原點，產品的邊際轉換率會隨著產品產量的增加而增加，表示生產的機會成本遞增。圖4-9(a)、(b)分別代表A、B二國在貿易前及貿易後生產及消費的情形。先就A國來看，C點為其自給自足的生產與消費點，國內的價格線$t_1 t_1 = (\frac{Px}{Py})_A = MRS^A_{XY} = (\frac{MU_x}{MU_Y})_A = MRT^A_{XY} = (\frac{MC_x}{MC_Y})_A$。對B國而言，E點為B國自給自足的生產與消費點，其國內的價格線$t_2 t_2 = (\frac{Px}{Py})_B = MRS^B_{XY} = (\frac{MU_x}{MU_Y})_B = MRT^B_{XY} = (\frac{MC_x}{MC_Y})_B$。由於二國價格線$t_1 t_1$與$t_2 t_2$的斜率不等，且$t_1 t_1$的斜率小於$t_2 t_2$，因此$(\frac{Px}{Py})_A < (\frac{Px}{Py})_B$。A國國內的相對價格小於B國，因此有比較利益存在。A國在X的生產上享有比較利益，B國在Y的生產上享有比較利益，因此二國可以進行貿易，貿易後福利水準提高，二國會繼續進行貿易直到價格比$\frac{Px}{Py}$、邊際代替率MRS_{XY}與邊際轉換率MRT_{XY}三者相等為止。

　　(1)貿易條件介於二國價格比之間：$t_1 t_1 \leq TOT \leq t_2 t_2$

　　(2)貿易後的世界市場價格：$(\frac{Px}{Py})_{AT} = TOT_1 = (\frac{Px}{Py})_w = (\frac{Px}{Py})_{BT}$

　　A國增加X的生產，減少Y之生產，由於A國貿易前的國內價格比$t_1 t_1$

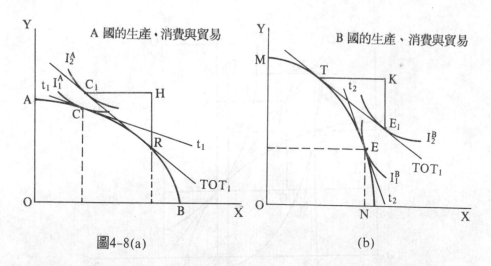

圖4-8(a)　　　　　　　　　　(b)

小於TOT，所以貿易條件TOT_1與生產可能曲線AB的切點會落在C點與B點之間。B國增加Y的生產，減少X的生產，由於B國貿易前國內價格比t_2t_2大於TOT，所以貿易條件TOT_1與生產可能曲線MN之切點會落於M點與E點之間。

A國在貿易前生產與消費均在C點，貿易後生產於R點，消費於C_1點，C_1點爲TOT_1與較高的無異曲線I_2^A之切點，因此福利亦增加，貿易三角形爲$\triangle C_1HR$。B國貿易前生產與消費均在E點，貿易後生產於T點，消費於E_1點，在較高的無異曲線I_2^B上消費，因此福利亦增加，貿易三角形爲$\triangle TKE_1$。A國出口C_1H的X，進口HR的Y，B國出口KE_1的Y，進口TK的X。當二國貿易三角形相等時，$\triangle C_1HR=\triangle TKE_1$，$C_1H=TK$，$HR=KE_1$，貿易達到均衡。

至於A、B二國在貿易後是否可以達成完全專業化生產？對世界福利的影響如何？可從圖4-9中探討。圖中A國的生產可能曲線爲AB，B國的生產可能曲線爲MN，貿易前A國在AB上的C點生產及消費，B國在MN上之E點生產及消費，現將C、E二點合在一起，則世界的生產量

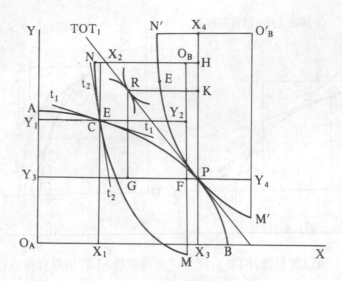

圖4-9

及消費量爲$O_A X_1 + O_B X_2 = Y_1 Y_2$的X商品，$O_A Y_1 + O_B Y_2 = X_1 X_2$的Y

商品。在A、B二國發生貿易後，B國的生產圖片（Production Block）

從▽O_BMN移到▽O_B'M'N'而令M'N'（即原MN）與AB相切於P點，通

過P點作直線TOT_1與AB及M'N'相切於P點，同時與A、B二國之無異

曲線相切於R點。此時A、B二國在P點生產，在R點消費，△RGP爲A

國之貿易三角形，△RKP爲B國的貿易三角形，當△RGP＝△RKP時

，二國之生產、消費與貿易都達到均衡。世界的生產量及消費量將增加

爲$O_A X_3 + O_B' X_4 = Y_3 Y_4$的X物品，$O_A Y_3 + O_B' Y_4 = X_3 X_4$的Y物品，比

貿易前多了FY_4的X物品與HX_4的Y物品，世界的福利水準提高。同時

$TOT_1 = (\frac{Px}{Py})_W = (\frac{Px}{Py})_{AT} = (\frac{Px}{Py})_{BT} = MRS_{XY}^A = MRS_{XY}^B = MRT_{XY}^A =$

MRT_{XY}^B，因而已達到福利最大的境界。

　　至於A、B二國在貿易後的生產，則因M點無法移到B點而保持與B

點相切，所以二國之間雖然發生貿易，但要其生產達到完全專業化却是

不可能的事。

㈡貿易利益與貿易條件

茲以A國爲例說明貿易利益與貿易條件，圖4-10是A國生產與消費的情形。從自給自足到自由貿易的均衡過程中，其貿易利益可分爲二部份：

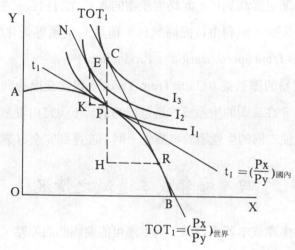

圖4-10

(1)第一階段：假設短期內生產點不會改變，而消費點則隨貿易而變動，通過P點（原生產點）作TOT_1的平行線$\overline{PN}$與高於I_1的無異曲線I_2相切於E點，則生產仍在P點，但消費移至E點。在此種情況下，貿易三角形爲△EKP，可輸出KP的X，輸入 KE的Y，福利提高，此貿易的利益由交換而得，故此部分的貿易利益稱爲「交換的利益」（Gains from Exchange）。

(2)第二階段：在第一階段時生產點仍在P點，此時國內價格線$t_1 t_1$的斜率$= MRT_{XY} < (\frac{Px}{Py})_{世界} = NP$的斜率，因此$MRT_{XY}^A = \frac{MC_X}{MC_Y}$ $< \frac{Px}{Py}$，邊際成本比小於價格比，這表示生產太多的Y和太少的

X。多生產X少生產Y可使$\frac{MC_X}{MC_Y}$與$\frac{P_X}{P_Y}$趨於一致，所以增加X的生產，減少Y的生產。生產點便由P點逐漸向右下方移動，直到達R點（TOT$_1$與生產可能曲線之切點），同時TOT$_1$與更高的無異曲線I$_3$相切於C點，其MRT$_{XY}=\frac{P_X}{P_Y}$=MRS$_{XY}$。在C點消費，R點生產，貿易三角形爲△CHR，輸出HR的X，輸入CH的Y，福利水準更提高到I$_3$，此爲生產趨向專業化的利益。生產點由P點移向R點，福利由I$_2$提高到I$_3$，稱爲「生產專業化的利益」（Gains from Specialization in Production）。

因此貿易的總利益（Gains from Trade）包含交換的利益及生產專業化的利益。在二國的生產成本爲遞增的情形下，自由貿易可增加二國的福利，且使二國的生產趨於專業化，但不能達到完全專業化。

四、機會成本遞減之情況

二國的生產成本若爲遞減，則生產可能曲線凸向原點，無論二國的生產可能曲線相同或不同，皆可進行貿易，以下先說明二國生產可能曲線不同下之貿易。

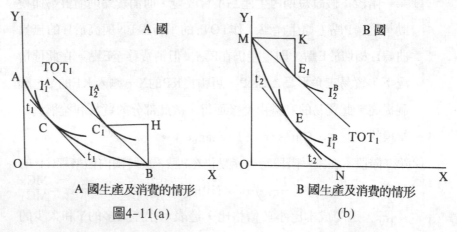

圖4-11(a)　　　　　　　　　　　(b)

　　圖4-11(a)、(b)爲A國及B國生產及消費的情形，二國的生產成本都是遞減，但生產可能曲線型態不同，A國國內價格線$t_1 t_1$之斜率小於B國國內價格線$t_2 t_2$的斜率，即$(\frac{Px}{Py})_A < (\frac{Px}{Py})_B$，因此A國輸出X，輸入Y，B國輸出Y輸入X。貿易條件TOT介於$t_1 t_1$與$t_2 t_2$的斜率之間。貿易後二國達到完全專業化，A國專業生產X，B國專業生產Y。A國生產OB的X，在C_1點消費，輸出$C_1 H$的X；B國則生產OM的Y，在E_1點消費，輸出KE_1的Y。A國不產Y，所以必須輸入HB的Y；B國不產X，故需輸入MK的X。當貿易三角形△C_1HB與△MKE_1相等時，國際市場達到均衡。此時，$C_1 H = MK$，A國的輸出等於B國的輸入；$HB = KE_1$，A國的輸入等於B國之輸出。

五、供給條件相同下之貿易

　　當二國的資源、生產力、技術水準…等完全一樣時，生產函數相同，其生產可能曲線完全相同。在上述的前提下，二國的貿易情形可分以下三種情形討論：

(一)生產成本固定不變

　　如圖4-12所示，假設英、美二國的生產可能曲線與無異曲線相同，

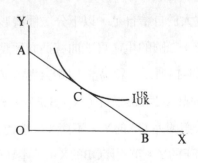

圖4-12

則二國永遠在C點生產消費，維持自給自足，沒有進行貿易的必要。

㈡生產成本遞增

假設英、美二國的生產成本遞增，且二國的生產可能曲線與無異曲線皆相同，如圖4-13所示，二國國內價格比相同（$\frac{Px}{Py}$）$_{US}$ ＝（$\frac{Px}{Py}$）$_{UK}$，因此無比較利益存在，沒有進行貿易的必要，二國都在C點生產消費自給自足。

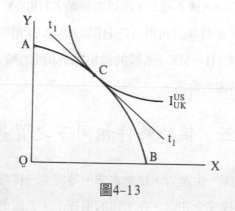

圖4-13

㈢生產成本遞減

在生產成本遞減的情形下，雖然英、美二國的生產可能曲線與無異曲線相同，價格比也相同（$\frac{Px}{Py}$）$_{UK}$ ＝（$\frac{Px}{Py}$）$_{US}$，而無比較利益存在，但由於有「規模經濟」的存在，二國仍可進行貿易，而且可達完全專業化生產，其利益遠大於自給自足，以下分二種情形討論。

(1)第一種情形：二國的生產可能曲線凸向原點且相同，無異曲線也相同，如圖4-14所示，貿易前二國在C點生產消費並自給自足，國內產品價格線$t_1 t_1$與AB平行（A、B爲X、Y物品最大產量的連線）。貿易後美國產 OA的Y，不產X，消費在E點，所以輸入AF的X，輸出FE的Y。英國產OB的X，不產Y，消費亦在 E點，所以輸入GB的Y，輸出EG的X。貿易後，無異曲線由I_1移到I_2，福利

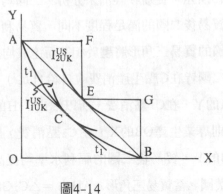

圖4-14

水準提高，當二國的貿易三角形相等時，△AFE＝△EGB，AF
＝EG，GB＝FE，貿易達到均衡。貿易前（$\frac{Px}{Py}$）us＝（$\frac{Px}{Py}$）uk
，貿易後（$\frac{Px}{Py}$）us＝TOT₁＝（$\frac{Px}{Py}$）w＝（$\frac{Px}{Py}$）uk，所以貿易並
不會使產品的價格比改變，雖無比較利益存在，但二國仍可進行
貿易，而且貿易對二國都有利。此外，在TOT₁等於AB的情形下
，還有一種可能的貿易情況，即美國專業生產X，英國專業生產
Y，其結果與上述分析相同。

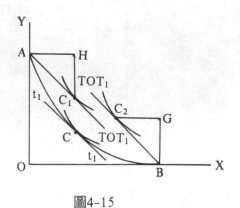

圖4-15

(2)第二種情形：當貿易條件TOT₁不等於二種產品最大產量的連線
　　時，從A、B二點分別作平行於國內價格線t₁t₁的直線TOT₁，如

圖4-15所示，從規模經濟來分析，二國均可達到完全專業化生產，但貿易後二國的滿足程度不同，貿易利益也不同。惟經過調整，二國的貿易三角形將趨於相等而達成均衡。如圖4-15所示，貿易前二國皆在C點生產消費（自給自足）。貿易後，美國專業生產OA的Y，在C_1點消費，所以輸出C_1H的Y，輸入AH的X。而英國則專業生產OB的X，在C_2點消費，所以輸出C_2G的X，輸入GB的Y。貿易後二國的福利水準均提高，但英國的福利水準高於美國。當貿易三角形$\triangle AHC_1 = \triangle C_2 GB$時，AH＝$C_2$G，HC$_1$＝GB，二國的輸出、輸入相等，貿易達到均衡，而貿易前與貿易後的價格比仍然相同，因此貿易的進行並不使價格改變，雖無比較利益存在，仍可進行貿易。此外，還有一種可能的貿易情況，即美國專業生產X，英國專業生產Y，分析方式與上述相同。

第五章　生產、消費與國際貿易

一、新古典學派的生產函數

　　古典學派認爲國際貿易發生的原因在於生產成本上的差異,而決定生產成本差異的原因是生產一單位商品所需投入的勞動量。因而,古典學派的生產函數可寫成:

$$Q = f(L) \qquad 生產兩種商品 \ X , Y ;$$

$$\begin{cases} Q_X = f(L_X) \\ Q_Y = f(L_Y) \end{cases} \begin{cases} L_X \ 表示生產X商品所投入之勞動量 \\ L_Y \ 表示生產Y商品所投入之勞動量 \end{cases}$$

　　s.t. $L_X + L_Y = \overline{L}$（基於充分就業及生產因素無法在國際間移動的假定,生產X與Y的勞動量短期內不能變動。）假設L_X與L_Y品質完全相同,且勞動（L_X,L_Y）可在國內各產業間自由移動。

　　在新古典學派的國際貿易理論中,仍然認爲二國生產成本的差異爲貿易發生之主要原因。新古典學派與古典學派之主要差異乃在於生產函數的設定,新古典學派不再假定生產成本決定於投入的勞動量,而是假定生產成本決定於爲生產X商品所需犧牲的Y商品。即將生產函數建立在「機會成本」的理論之上。此外,亦在生產函數中加入「資本」及「其他生產因素」的影響,不再是單一生產因素:

$$Q = f(K, L)$$
$$\begin{cases} Q_X = f(K_X, L_X) \\ Q_Y = f(K_Y, L_Y) \end{cases}$$
$$\text{s.t.} \begin{cases} K_X + K_Y = \overline{K} \\ L_X + L_Y = \overline{L} \end{cases}$$

此即「兩種投入－兩種產出」的貿易理論，而開拓了等量曲線的分析。

上述是由生產（供給）面探討國際貿易發生的原因，但現實世界貿易亦受各國需求面的影響，因而本章後半部份將探討消費（需求）面變動（假定供給面相同）對於國際貿易的影響。至於供給、需求面同時考慮的一般均衡分析，則留待下兩章再作介紹。

二、最大效率軌跡（Maximum Efficiency Locus ）與生產可能曲線

㈠箱形圖與最大效率軌跡

因為資本(K)與勞動(L)的供給量固定，供給彈性為零，故當X商品的生產增加時，Y商品的生產將減少，合併X商品及Y商品的等量曲線（圖5-1(a)、(b)），可得該國生產上的箱形圖（圖5-1(c)），箱形圖之大小決定於該國的勞動（$\overline{L}=L_X+L_Y$）與資本（$\overline{K}=K_X+K_Y$）的數量。除非生產因素有增減變動，否則，箱形圖大小不變。

在圖5-1(c)中的H點，為X_2與Y_1二條等量曲線之交點，t_1t_1為X_2在H點的切線，t_2t_2為Y_1在該點的切線。

$$t_1t_1 \text{斜率} = MRTS_{LK}^X > MRTS_{LK}^Y = t_2t_2 \text{斜率}$$

因而，X商品在生產上應多使用勞動，少使用資本；Y商品的生產則相反，多使用資本，少使用勞動。重新分配資源，使勞動從Y產業部門移

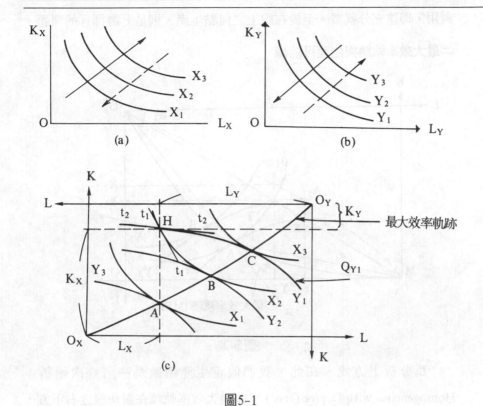

圖5-1

到X產業部門，而資本則從X部門移到Y部門，如此X、Y二種商品的產量均可增加，或至少一種增加而另一商品之產量可保持不變；即由H點到B點、C點或$\overline{BC}$中之任一點。而在A、B、C點，$MRTS^X_{LK} = MRTS^Y_{LK}$，連接A、B、C諸點，便可得到最大效率軌跡，線上各點代表生產資源得到最適配置；即增加任一商品的生產數量，必須以減少他商品的生產為代價。

　　由最大效率軌跡可決定生產資源的有效配置以及X、Y二種商品的最適產量組合，並決定X商品與Y商品何者為勞動密集，何者為資本密集。因此可由最大效率軌跡導出生產可能曲線（Production Possibility Curve），在其上任一點，生產效率已達最大，而且生產資源亦已充分

利用，即達充分就業。至於在線上之何點生產，則是「選擇」的問題。

(二)最大效率軌跡與生產可能線

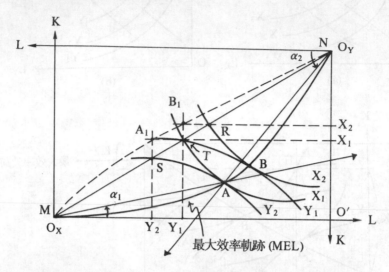

圖5-2

為分析上方便，在此，我們假定生產函數為一階齊次函數（
Homogeneous with Degree One）。而最大效率軌跡在對角線之右下方，
代表 $\alpha_1 = (\frac{K}{L})_X < (\frac{K}{L})_Y = \alpha_2$，即X為勞動密集商品，Y為資本密集
商品。

　　圖5-2中，X商品之原點O_X，代表X商品之產量為零，Y商品產量
為極大，因而對應於圖5-3之生產可能線與縱軸之交點M；而Y商品之
原點O_Y，同理，對應於生產可能線與橫軸之交點N；而生產可能線之
原點O′則對應於 K、L的交點。至於生產可能線中各點，則利用先固定
某一商品產量求另一商品產量之極大，可求得其對應點；如A_1點是固
定X商品之產量為X_1（圖5-2之T點）求最大可能之Y商品產量（Y_2）
，從圖5-2之A點可求得對應之座標（$X=X_1$，$Y=Y_2$），同理可求B_1
點。連接M、A_1、B_1、N可得生產可能線（圖5-3）。

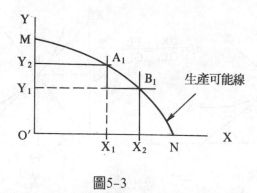

圖5-3

另外，要注意的是，只有在二商品之資本勞動比例（Capital-Labor Ratio）相同，且生產函數為規模報酬不變時，生產可能曲線才為一直線。

三、因素密集度（Factor Intensity）

㈠意義

所謂因素密集度，指生產某產品（如X）所投入之生產因素比例與生產另一產品（如Y）所投入生產因素比例之比較，為一相對之概念而與因素的絕對投入量無關。

如：$(\frac{K}{L})_X > (\frac{K}{L})_Y$ 表示X為資本密集，Y為勞動密集。

因素密集度為決定生產可能曲線形狀的另一個重要因素，假定生產函數為Q＝f（K，L），規模報酬不變，但商品之因素密集度不同，即假定X商品為勞動密集，Y商品為資本密集，則因素密集度可由X、Y兩種商品之等量曲線與等成本線之切點與原點連線之斜率決定之。如圖5-4所示，$\rho_X = \rho_1$，$\rho_Y = \rho_2$，因 $\rho_1 < \rho_2$，所以X商品為勞動密集，Y為資本密集。現若 $(\frac{P_L}{P_K})$ 變動，例如 $(\frac{P_L}{P_K})$ 下降，則X、Y兩產業部門

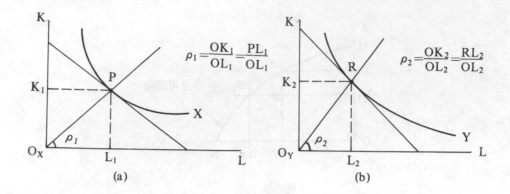

圖5-4

生產時將多用勞動少用資本,因此資本、勞動比例發生變動。但只要二商品之擴展線(Expansion Path)不會相交,則因素密集度關係不變,即 $\rho_x < \rho_y$ 永遠成立(如圖5-5)。

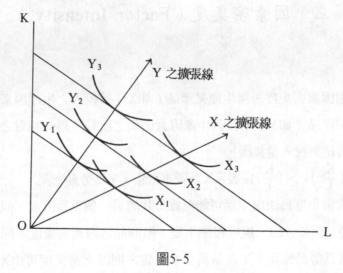

圖5-5

若以箱形圖而言,最大效率軌跡在對角線之右下方,代表X為勞動密集,Y為資本密集。反之,如在箱形圖之左上方,則X為資本密集,Y為勞動密集(圖5-6(a))。

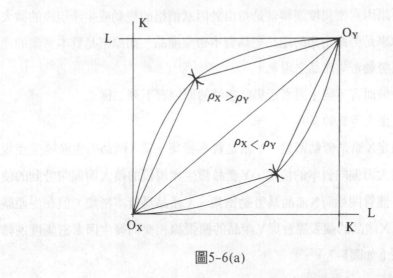

圖5-6(a)

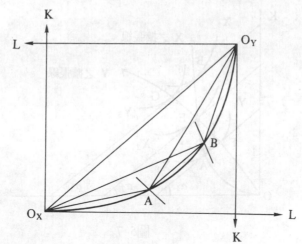

圖5-6(b)

　　由A至B，因素價格改變，因素使用比例改變，但因在A點上，$\overline{AO}_X$

之斜率＝ρ_X＜$\overline{AO}_Y$之斜率＝ρ_Y，故X爲勞動密集產品，Y爲資本密集

產品。在B點，$\overline{BO}_X$斜率＝ρ_X＜$\overline{BO}_Y$斜率＝ρ_Y，故X仍爲勞動密集產

品，Y仍爲資本密集產品（圖5-6(b)）。

㈡因素密集度逆轉

　　所謂因素密集度逆轉就是指由於因素價格的變動或生產規模的擴大，使原來是勞動密集的產品變爲資本密集產品，而原來是資本密集的產品變爲勞動密集產品之現象。

　　一般而言，發生因素密集度逆轉的原因有下列二種：

1. 生產函數的差異

　　假定X原是勞動密集，Y原是資本密集。當X產品的生產隨生產規模的擴大而偏向資本的使用，Y產品隨生產規模的擴大而偏向勞動的使用時，儘管開始時X產品爲勞動密集、Y產品爲資本密集，但在生產擴大後，X產品的擴張線會與Y產品的擴張線相交而發生因素密集度逆轉的現象（如圖5-7）。

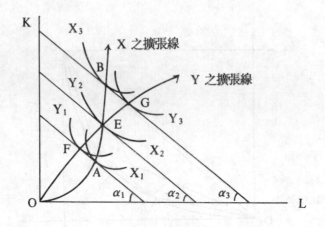

圖5-7

圖5-7中，$\alpha_1 = \alpha_2 = \alpha_3 = \dfrac{P_L}{P_K}$，在E點時二商品之等量曲線重合，亦即X、Y兩產品之擴張線在此相交。一開始生產時，$\rho_X < \rho_Y$，X爲勞動密集，Y爲資本密集，在擴大生產超過X_2、Y_2時，發生逆轉即$\rho_X > \rho_Y$，X變爲資本密集，Y產品變爲勞動密集。

2. 資本與勞動之代替性相差很大

此情形是因生產因素之相對價格（$\frac{P_L}{P_K}$）發生變動所引起。假定在生產上Y產品投入因素之代替性較大，即等量曲線之彎曲度較小；而X產品在生產上的投入因素間的代替性則小，等量曲線之彎曲度將較大（如圖5-8）。

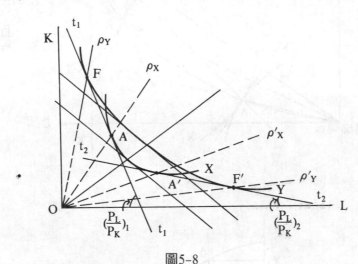

圖5-8

當因素價格爲（$\frac{P_L}{P_K}$）₁時（如圖中t₁t₁所示）：由A、F點，得 $\rho_X < \rho_Y$，表示X產品爲勞動密集，Y產品爲資本密集。

因素價格爲（$\frac{P_L}{P_K}$）₂時（如圖中t₂t₂所示）：由A′、F′點，得 $\rho_X > \rho_Y$，表示X產品爲資本密集，Y產品爲勞動密集。

當相對價格由（$\frac{P_L}{P_K}$）₁變爲（$\frac{P_L}{P_K}$）₂時，產品之因素密集度發生逆轉。

3. 因素密集度對生產可能曲線的影響

因素密集度對於生產可能曲線的影響，主要在使生產可能曲線凹向原點，即機會成本遞增，如下圖5-9(a)、(b)。

由A點到B點，X產品之生產增加，Y產品之生產減少。若因素價格不變，則Y產品所減少使用之資本會大於增加X產品之生產所需之資本，而X產品所需增加使用之勞動會大於Y產品減少生產所提供之勞動。

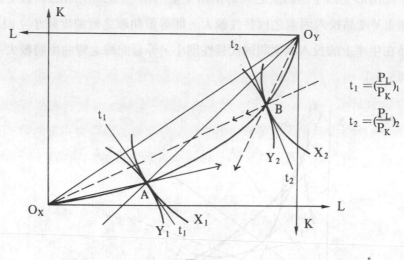

圖5-9(a)

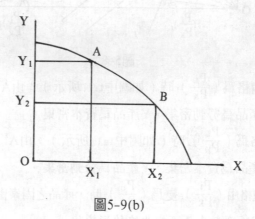

圖5-9(b)

即在X產量上升，Y產量下降後，對資本之需要小於資本之供給，發生超額供給，資本價格（P_K）下降；而勞動則產生超額需要，使勞動價格（P_L）上漲。因素價格發生變動（$P_L \uparrow$、$P_K \downarrow$）使$(\frac{P_L}{P_K})_1 < (\frac{P_L}{P_K})_2$，勞動價格上升，使密集使用勞動之X產品的機會成本上升，因而生產可能曲線凹向原點。由B點到A點亦同。

　　所以，因素密集度不同，生產可能曲線一定凹向原點，代表增加某

商品生產之機會成本遞增。縱使發生因素密集度逆轉，其結果依然不變（如圖5-10(a)、(b)）。

從圖5-10(a)可知最大效率軌跡（MEL）從O_X經A點到B點係在箱形圖對角線$\overline{O_X O_Y}$的右下方，表示X商品為勞動密集，Y商品為資本密集。但通過B點經C點至O_Y這一段卻在對角線的左上方，表示X商品為資本密集，Y商品為勞動密集，即發生因素密集度逆轉現象。但由最大效率軌跡O_XABCO_Y所導出之生產可能曲線，如圖5-10(b)所示，仍為凹向原點之曲線，表示機會成本遞增。

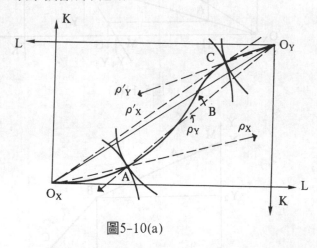

圖5-10(a)

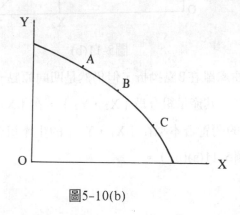

圖5-10(b)

另外，若生產函數爲Leontief之生產函數$Q = \min \left(\dfrac{L}{C_1}, \dfrac{K}{C_2} \right)$，假定規模報酬不變，且商品之因素密集度不同（$\rho_X < \rho_Y$）時：

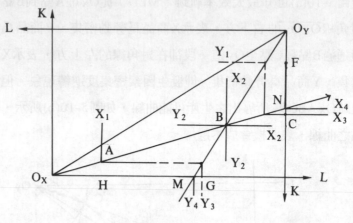

圖5-11(a)

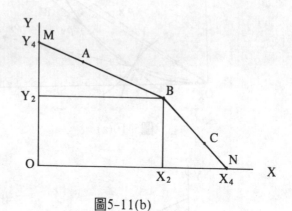

圖5-11(b)

其生產可能曲線雖在B點拗折，但仍然是凹向原點，且只有在B點才能達到充分就業，其產量組合爲$\{X_2, Y_2\}$。在$\{X_3, Y_1\}$之生產組合時，會有FC的閒置資本；在$\{X_1, Y_3\}$的生產組合時，則有GH的勞動失業（如圖5-11(a)(b)）。

四、因素秉賦（Factor Endowment）

㈠意義

　　所謂因素秉賦，乃指一國所擁有的兩種生產因素數量之相對比例，是一種相對的概念，與其所擁有之絕對數量無關。例如：A國擁有資本$\overline{K}$、勞動$\overline{L}$，則其因素秉賦爲（$\dfrac{\overline{K}}{\overline{L}}$）ₐ，即箱形圖之對角線斜率（如圖5-12(a)、(b)）：

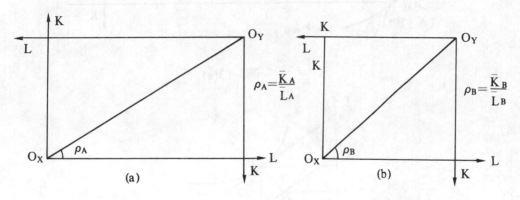

圖5-12(a)、(b)

由圖5-12(a)、(b)中得知$\rho_A = (\dfrac{\overline{K}_A}{\overline{L}_A}) < \rho_B = (\dfrac{\overline{K}_B}{\overline{L}_B})$，由而可認定A國爲勞動衆多國家，B國爲資本豐富國家，而與其各自擁有因素之絕對數量無關。

㈡因素秉賦的影響

　　爲分析上的方便，我們在此假定：

⑴兩國之商品生產函數相同。

⑵商品生產爲規模報酬不變。

⑶兩國兩種商品之因素密集度相同，即（$\dfrac{K}{L}$）ₓ＝（$\dfrac{K}{L}$）ᵧ＝（$\dfrac{\overline{K}}{\overline{L}}$）。

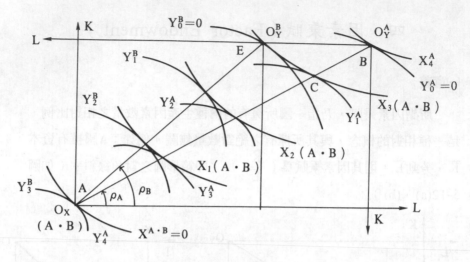

圖5-13(a)

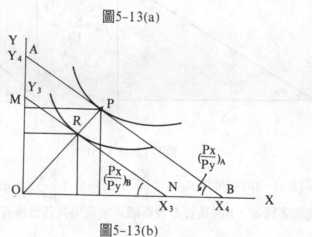

圖5-13(b)

因而，A、B二國間的唯一差異爲因素稟賦不同。假定兩國之資本數量相同，但勞動數量不同，如圖5-13(a)、(b)所示。因 $\rho_A < \rho_B$，A國爲勞動眾多國家，B國爲資本豐富國家。利用前述求取生產可能曲線的方式，可對應的求出A國之生產可能曲線AB，與B國之生產可能曲線MN（如圖5-13(a)、(b)）。而因二國之相對價格相同，則貿易將無法發生。

如果A、B二國之因素秉賦相同而因素密集度不同,亦將因二國國內之相對價格相同而無法發生貿易(如圖5-14(a)、(b)):

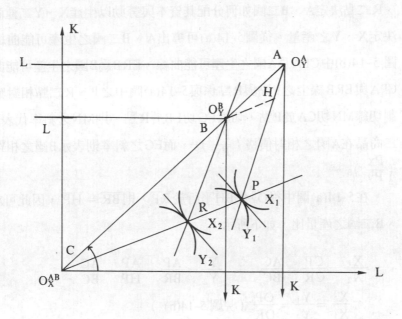

圖5-14(a)

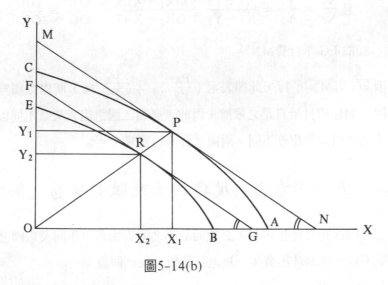

圖5-14(b)

從圖5-14(a)中可看出A、B二國之因素秉賦相同,但X、Y二種產品之因素密集度不同,X爲勞動密集之產品,Y則爲資本密集產品,P、R二點決定A、B二國如何分配其資本與勞動以生產X、Y二種商品並決定X、Y之產量。從圖5-14(a)可導出A、B二國之生產可能曲線,如圖5-14(b)中CPA爲A國之生產可能曲線,ERB爲B國之生產可能曲線,CPA與ERB線上之P點與R點係與5-14(a)圖中之P、R二點相對應。再劃切線MN切CA於P點,切線FG切EB於R點,則MN之斜率代表X、Y二商品在A國之相對價格($\frac{Px}{Py}$)$_A$,而FG之斜率則表示B國之相對價格($\frac{Px}{Py}$)$_B$。

在5-14(a)圖中從O^B作$\overline{BH}$平行於$\overline{RP}$,則$\overline{BR} = \overline{HP}$,因此可求出A、B二國之產量比,如下所示:

$$\frac{X_1}{X_2} = \frac{CP}{CR} = \frac{AC}{BC} \quad , \quad \frac{Y_1}{Y_2} = \frac{AP}{BR} = \frac{AP}{HP} = \frac{AC}{BC}$$

$$\therefore \frac{X_1}{X_2} = \frac{Y_1}{Y_2} = \frac{OP}{OR} \quad (見圖5-14(b))$$

$$且\frac{X_1}{X_2} = \frac{Y_1}{Y_2} = \frac{X_1+Y_1}{X_2+Y_2} = \frac{OX_1+X_1N}{OX_2+X_2G} = \frac{ON}{OG} = \frac{OP}{OR} = \frac{OM}{OF}$$

故$\overline{FG}$平行於$\overline{MN}$。

因$\overline{FG}$與$\overline{MN}$平行,此即表示($\frac{Px}{Py}$)$_A$ = ($\frac{Px}{Py}$)$_B$,所以二國無貿易誘因,而保持自給自足之經濟。因此,必須二國之因素秉賦不同以及二種商品之因素密集度不同,兩國才會進行貿易。

五、因素密集度與因素秉賦對貿易之影響

兩國間要發生貿易,必須商品間之因素密集度不同及二國之因素秉賦不同,貿易才能發生。爲進行分析,我們假設:

(1)A、B兩國間的因素秉賦不同，即 $(\frac{K}{L})_A \ne (\frac{K}{L})_B$。

(2)X、Y兩種商品之因素密集度不同，即 $\rho_X = (\frac{K}{L})_X \ne (\frac{K}{L})_Y = \rho_Y$。

(3)A、B兩國之間，同種商品之因素密集度相同，即 $(\frac{K}{L})^A_X = (\frac{K}{L})^B_X$，$(\frac{K}{L})^A_Y = (\frac{K}{L})^B_Y$。

(4)同種商品之生產函數相同。

令 $(\frac{K}{L})_A < (\frac{K}{L})_B$，A國爲勞動衆多國家，B國爲資本豐富國家，且 $(\frac{K}{L})_X < (\frac{K}{L})_Y$，X商品爲勞動密集產品，Y商品則爲資本密集商品。

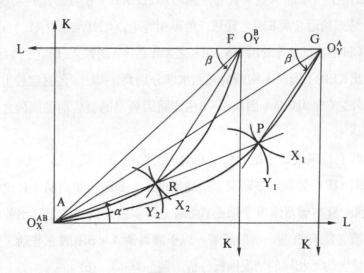

圖5-15(a)

圖5-15(a)中，曲線APG與ARF各爲A、B二國之最大效率軌跡，其對應之生產可能曲線分別爲圖5-15(b)中之AG與BF。其中，α 爲生產X商品之投入比例 $(\frac{Kx}{Lx})$，β 爲生產Y商品之投入比例 $(\frac{Ky}{Ly})$。

兩國進行自由貿易（如圖5-15(b)），貿易後之均衡貿易條件爲TOT。此時，A國在P點生產，C點消費，貿易三角形爲△CHP；B國則

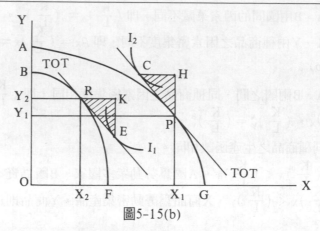

圖5-15(b)

在R點生產，E點消費，貿易三角形為△RKE。在貿易達到均衡時，A國貿易三角形會與B國之貿易三角形相等（△CHP＝△RKE），即A國輸出CH之X商品等於B國輸入RK之X商品，A國輸入HP之Y商品等於B國輸出KE的Y商品。兩國的福利水準分別為I_1與I_2，各對應於生產可能曲線外之C點與E點，因而A、B兩國將因貿易的發生而使國內之福利水準提高。

以上是假設資本絕對數量相同而勞動數量不同（$L_A > L_B$）之分析，因而A國（勞動眾多國家）對於X商品（勞動密集商品）具比較利益，B國（資本豐富國家）則在Y商品（資本密集商品）上具比較利益。為使讀者能有更進一步的了解，以下將針對A、B兩國在勞動、資本絕對數量上均不相同的情況進行分析（圖5-16(a)、(b)）。

我們可由圖5-16(a)之箱形圖與最大效率軌跡對應劃出圖5-16(b)之A、B二國的生產可能曲線。由圖5-16(b)，我們可發現：A國貿易前在P點生產與消費，國內商品之相對價格線為$t_1 t_1$；B國貿易前則在T點生產與消費，國內商品之相對價格線為$t_2 t_2$。為分析上之方便，在此，我們假定A、B二國之需要情形相同，對應相同之無異曲線I_1。

因二國之商品相對價格不同（$t_1 t_1 < t_2 t_2$），所以二國可進行貿易

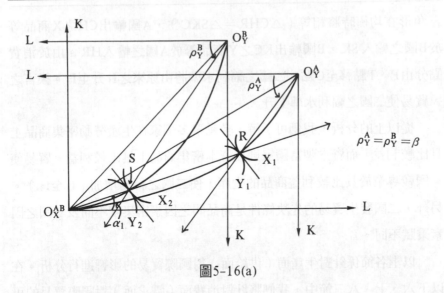

圖5-16(a)

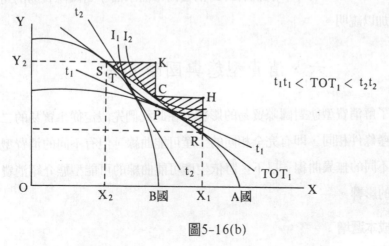

圖5-16(b)

。而$t_1t_1 < t_2t_2$表示 A 國在 X 商品上較便宜，具比較利益，B 國則在 Y 商品上具比較利益，A 國將輸出 X 商品換取 B 國之 Y 商品。假定均衡貿易條件為TOT_1，TOT_1會介在t_1t_1與t_2t_2之間（$t_1t_1 < TOT_1 < t_2t_2$）。此時，由於貿易的發生，A、B 二國可增加其具比較利益商品的生產，A 國將在 R 點生產而在 C 點消費，B 國則會在 S 點生產 C 點消費。二國的貿易

三角形在均衡時將相等（△CHR＝△SKC），A國輸出CH之X商品等於B國之輸入SK，B國輸出KC之Y商品等於A國之輸入HR。由於消費點分由P、T點移至C點，二國之福利水準將由原來之I_1升至I_2。換言之，貿易使二國之福利水準上升。

從以上的分析，我們可了解，勞動衆多國家在生產勞動密集商品上具比較利益，而資本豐富國家則在資本密集商品上具比較利益。貿易使二國較專業於具比較利益商品的生產，使二國之福利增加（I_1至I_2）。另外，二國發生貿易的先決條件是商品間之因素密集度不同及二國之因素稟賦不同。

以上各節係針對生產面（供給面）對國際貿易的影響進行分析。在以下六、七、八三節中，我們將針對消費面（需求面）對國際貿易的可能影響加以說明。

六、消費型態與國際貿易

爲了解消費型態對國際貿易的影響，在此我們先假定從事貿易的二國其生產條件相同，即有完全相同的生產可能曲線，但有不同的消費型態，即不同的無異曲線。以下，將依生產可能曲線的可能型態介紹消費對貿易的影響。

㈠機會成本遞增

貿易前，A國在P點生產、消費，即A國無異曲線I_1^a與生產可能線MN之切點爲P；而B國亦在其無異曲線I_1^b與生產可能線MN之切點R生產、消費。A、B二國爲自給自足之經濟體。A國之國內相對價格爲t_1t_1，B國則是t_2t_2，$t_1t_1 = (\frac{Px}{Py})_A > (\frac{Px}{Py})_B = t_2t_2$，因而，雖然成本相同，但價格上仍有差異，使A國對Y商品具比較利益，B國則對X商品具比

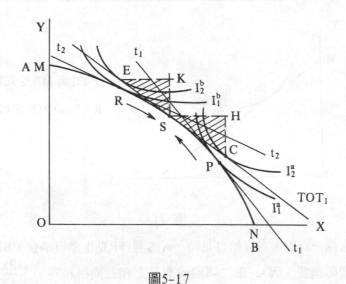

圖5-17

較利益，此種比較利益產生原因在於消費者「偏好」的不同，而非成本的差異。

　　貿易發生後，均衡貿易條件為TOT_1（$t_2t_2 \leq TOT_1 \leq t_1t_1$），二國之貿易三角形△SHC與△EKS相等。A國之生產點由P點移至S點，增加Y商品的生產，消費點則在C點，輸出HC的Y商品，輸入SH的X商品；B國則由R點移至S點生產，多生產X商品，消費點則移至E點，輸出EK的X商品而輸入KS的Y商品。因貿易均衡，所以A國的輸出（入）會等於B國的輸入（出）。

　　就S點而言，$MRT_{XY}^A = MRT_{XY}^B = TOT_1$，而在C點，則$MRS_{XY}^A = (\frac{Px}{Py})_{AT} = TOT_1 = (\frac{Px}{Py})_{BT} = MRS_{XY}^B$。故$MRT = TOT_1 = MRS$，符合柏萊圖最適境界（Pareto's Optimality）之條件，貿易使世界福利達到極大。

⟨二⟩機會成本不變

　　MN為A、B二國之生產可能線，因假定機會成本不變，所以生產

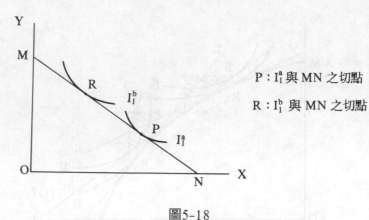

P：I_1^a 與 MN 之切點

R：I_1^b 與 MN 之切點

圖5-18

可能線為一直線。在自給自足時，A國選擇P點生產與消費，B國則在R點生產與消費。因A、B二國國內商品之相對價格相同，$(\frac{Px}{Py})_A = (\frac{Px}{Py})_B =$ MN線斜率，A、B二國缺乏貿易進行之誘因，故不會發生貿易。

當生產條件相同且生產可能線為一直線（表示機會成本不變）時，縱使需要條件不同，亦不會發生貿易。

㈢機會成本遞減

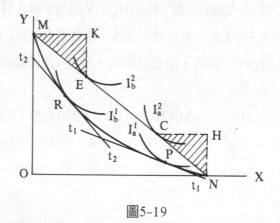

圖5-19

當生產型態為機會成本遞減時，生產可能曲線會凸向原點。在貿易前，A國選擇無異曲線I_a與生產可能曲線MN之切點P生產與消費，國內

商品之相對價格線爲$t_1 t_1$；同理，B國選擇R點生產消費，其國內之相對價格線爲$t_2 t_2$。

因$t_1 t_1 = (\dfrac{Px}{Py})_A < (\dfrac{Px}{Py})_B = t_2 t_2$，A國在X商品具比較利益，B國則在Y商品上具比較利益。故貿易後，A國會輸出X商品到B國，B國則輸出Y商品到A國。假定均衡貿易條件線恰爲連接MN之直線，則A國將選擇在N點生產X商品，達到了完全專業化，而在C點消費；B國則專業化生產Y商品於M點，選擇在E點消費。當二國貿易達成均衡時，二國之貿易三角形相等（$\triangle CHN = \triangle EKM$），A國之輸出（入）等於B國之輸入（出）。就福利水準而言，A、B二國都將由原來之I_a^1，I_b^1上升至I_a^2，I_b^2，福利水準改善，世界福利也因貿易的發生而上升。

由以上的分析，我們可了解，縱使在二國生產型態相同（生產成本相同）的情形下，只要不是機會成本不變的生產可能曲線，當消費（需要）型態不同，便可促成貿易的發生。此時，貿易發生的原因，不在於生產成本上的差異，而在於偏好的不同。

七、需要逆轉與國際貿易

當某一國家對於某一商品享有生產上的比較利益，但因其在消費上又特別的偏好此一商品，將使得原來依比較成本理論所決定的輸出入方向發生改變，即發生了「需要的逆轉」（Demand Reversals）。以下，就利用圖形，說明「需要逆轉」對國際貿易的可能影響。

假定，在生產上，A國對於X商品、B國對於Y商品具有比較利益；而在消費上，A國特別偏好X商品，B國特別偏好Y商品。依比較成本理論而言，A國將輸出X商品，B國輸出Y商品；但事實上因需要的逆轉，A國反而輸入X商品，B國反而輸入Y商品，如圖5-20(a)(b)。

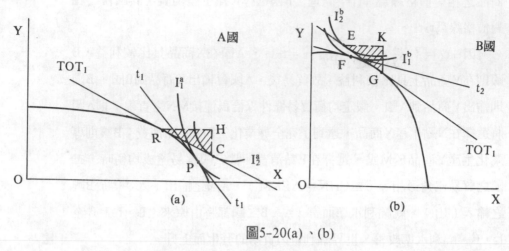

圖5-20(a)、(b)

　　由於，A國特別偏好X商品，B國特別偏好Y商品（此種偏好情形決定該國無異曲線的形狀），使得其國內商品的相對價格情形爲：$t_1 t_1$斜率＝（$\frac{Px}{Py}$）$_A$＞$t_2 t_2$斜率＝（$\frac{Px}{Py}$）$_B$，A國變成在Y商品上具比較利益，B國則在X商品上具比較利益。因此，在考慮了消費（需要）面後，A國輸出Y商品，B國則輸出X商品，此與比較成本理論所揭示的方向相反，即因需要面的因素蓋過了成本面的因素所致。

　　貿易後均衡貿易條件爲TOT_1（$t_2 t_2 ＜ TOT_1 ＜ t_1 t_1$），貿易三角形相等（$\triangle RHC = \triangle EKG$），即A國之輸出（入）等於B國之輸入（出），二國之福利亦因貿易而提高。

八、貿易提供曲線

　　Marshall曾經利用Ricardo的生產可能曲線（假定機會成本不變下之生產可能曲線）求導貿易提供曲線，來說明國際間的貿易行爲。在此節，將先作一簡要的介紹，至於一般情況下的貿易提供曲線則留待下一章再作詳細的說明。

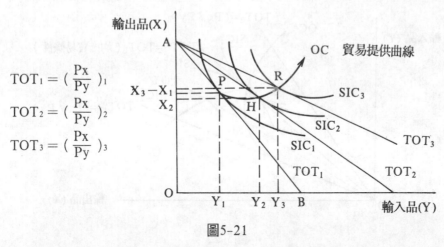

$$TOT_1 = \left(\frac{Px}{Py}\right)_1$$

$$TOT_2 = \left(\frac{Px}{Py}\right)_2$$

$$TOT_3 = \left(\frac{Px}{Py}\right)_3$$

圖5-21

在圖5-21中表示A國在貿易發生前，選擇其生產可能曲線$\overline{AB}$與社會無異曲線SIC_1之切點P生產，消費X_1之X商品與Y_1之Y商品，國內之貿易條件為TOT_1。假定，貿易發生，貿易條件為TOT_2，該國將在A點生產（專業化生產）而在H點消費；若國際貿易條件又降至TOT_3時，該國仍在A點生產，但消費點則移至R點。連接A、P、H、R便可得該國之貿易提供曲線，表示在各種貿易條件下，該國之輸出、輸入商品的最適組合情形。

同理，我們亦可求取另一相對國之貿易提供曲線。合併此二貿易國之貿易提供曲線，便可求出均衡貿易條件與輸出入商品數量（如圖5-22）：

圖5-22中，A國提供曲線OC^A與B國提供曲線OC^B相交於E點，過E點之國際貿易條件TOT^*即為均衡的貿易條件TOT_E，A國的輸出（入）會與B國的輸入（出）相等，此時A、B二國之貿易達到均衡，二國之福利水準亦達最大。

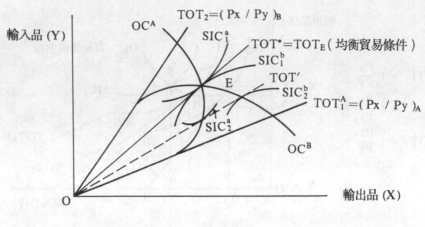

圖5-22

第六章　貿易提供曲線之分析

從第四章與第五章之分析，可以發現新古典學派的貿易理論是以生產可能曲線決定供給條件，以社會無異曲線表示需要條件。在本章中，我們將進一步說明如何運用這二種曲線以求得貿易無異曲線，進而導出貿易提供曲線，以決定國際市場的均衡。此即新古典學派在國際貿易理論上之最大貢獻。

一、貿易無異曲線（Trade Indifference Curve）

㈠貿易無異曲線之意義

所謂貿易無異曲線即在表示一個國家不管其貿易方向與貿易數量如何地變動，其對整個國家之福利水準或滿足程度都完全相同，換言之，即在同一條貿易無異曲線上，該國之各種輸出輸入之不同數量組合，對該國而言其滿足程度都是一樣。

㈡貿易無異曲線的求法

在圖6-1中SIC$_1$表示A國的社會無異曲線（Social Indifference Curve），MN為該國之生產可能曲線，SIC$_1$與MN相切於A點，表示該國在自給自足時生產與消費的均衡，此時MRS$_{XY}$＝MRT$_{XY}$。現在令生產可能曲線MN與原點所構成的生產圖片（Production Block）　OMN保持

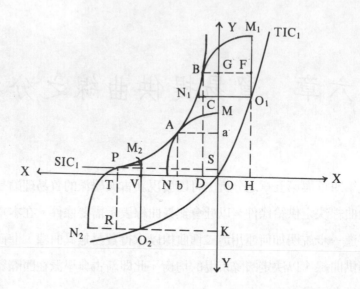

圖6-1

MN與SIC$_1$相切而上下移動，例如上移至⊿O$_1$M$_1$N$_1$而與SIC$_1$相切於B點，下移至⊿O$_2$M$_2$N$_2$而與SIC$_1$相切於P點，如此連結O$_1$，O，O$_2$各點而成的軌跡就是我們所要求取的貿易無異曲線，代表該國無論在何處貿易，該國的福利水準均保持不變，因A點、B點、P點各點均在同一條社會無異曲線（SIC$_1$）上。例如在B點生產與消費而在對應的O$_1$點貿易時，則該國生產BF的X商品而消費BG，所以要輸出GF＝OH的X商品。另一方面，生產BC的Y商品但消費BD，故要輸入CD＝O$_1$H的Y商品。由此可知，該國在O$_1$點貿易而輸出OH的X換取O$_1$H的Y之輸入，即可在B點生產及消費而使其滿足程度保持不變（與A點相同）。

同理，如在P點生產與消費而在O$_2$點貿易，則該國將輸出OK＝TR的Y商品而輸入O$_2$K＝VS的X商品，即可達到與A、B二點相同的福利水準。同時X商品的生產（PV）加輸入（VS）等於消費（PS），Y物品的生產（PR）等於消費（PT）加輸出（TR）。

　　由此可知，貿易無異曲線在圖中第一象限的一段表示該國將輸出X
商品而輸入Y商品，但在第三象限的那一段卻代表該國將輸出Y商品而
輸入X商品。至於輸出（入）X有利或輸出（入）Y有利，則要取決於
當時國際市場的貿易條件。

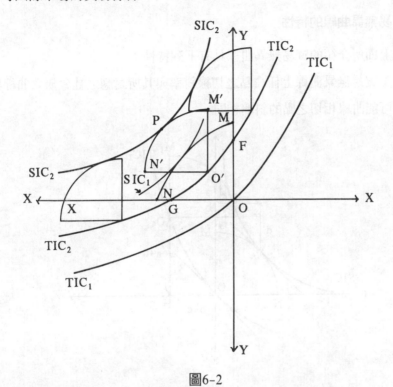

圖6-2

　　現在將生產圖片⊿OMN從原來的位置往上移動到⊿O′M′N′的位置
上，使M′N′與較高一條的社會無異曲線SIC$_2$相切於P點，如圖6-2所示
，然後保持M′N′與SIC$_2$相切並沿SIC$_2$移動，則可得到原點爲O′的一條
軌跡，這就是在TIC$_1$上方的另一條貿易無異曲線 TIC$_2$。在TIC$_2$上貿易
是要比在TIC$_1$上貿易能達到較高的福利水準，因爲TIC$_2$相對應的社會
無異曲線是SIC$_2$，其所表示的滿足程度要比SIC$_1$高。

　　如此，不斷地使生產圖片 ⊿OMN與更高的社會無異曲線SIC₃，SIC₄，……等相切，然後求取其原點的軌跡，則可獲得更高的貿易無異曲線如TIC₃，TIC₄，……等等，而構成貿易無異曲線圖（Trade Indifference Map）。

㈢貿易無異曲線的特性

　　上面所介紹的貿易無異曲線具有下列特性：

　　⑴貿易無異曲線上任一點之切線斜率與其所對應之社會無異曲線與生產可能曲線相切之點的斜率相同。

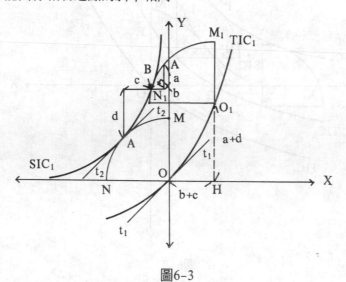

圖6-3

　　生產圖片⊿OMN由原來的位置移至⊿$O_1 M_1 N_1$，生產點由A移至B，此時，X商品之生產增加b，Y商品之生產減少a；在消費上，亦由A點移到B點，X商品之消費減少c，而Y商品之消費則增加d。故貿易的情形為：

　　X商品之輸出增加為OH＝b＋c

　　Y商品之輸入增加為O_1H＝a＋d

當O_1趨近於O點，切線斜率$t_1t_1 = \dfrac{a+d}{b+c}$

在MN上，B趨近A，$t_2t_2 = \dfrac{a}{b}$

在SIC_1上，B趨近A，$t_2t_2 = \dfrac{d}{c}$

且生產可能曲線MN永遠保持與社會無異曲線SIC_1相切，在切點上二者的斜率相同，即$\dfrac{a}{b} = \dfrac{d}{c}$。

因為$\dfrac{a}{b} = \dfrac{d}{c} = \dfrac{a+d}{b+c}$（合比公式）

所以，t_1t_1斜率＝t_2t_2斜率

以上證明了生產可能曲線、社會無異曲線與貿易無異曲線上各對應點的斜率均相同。

(2)貿易無異曲線的傾斜方向與社會無異曲線相同：

如果社會無異曲線是從右上方向左下方傾斜，且凸向原點時（見圖6-3中之第二象限），則貿易無異曲線也必從右上方向左下方傾斜且凸向原點。

(3)貿易無異曲線由代表三種不同的生產型態之線段所構成。如圖6-4所示：

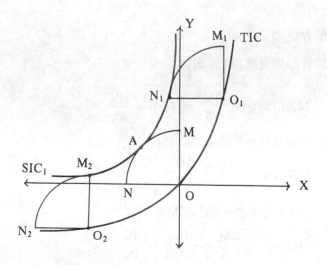

圖6-4

第一段在O_1點以上之TIC部份,此表示該國之生產已達到完全專業化,只生產X商品,即當$\triangle$OMN上移至$\triangle O_1 M_1 N_1$時N_1與SIC_1相切,代表該國只生產$O_1 N_1$的X。由於達到完全專業化,因而O_1點以上之TIC完全與N_1點以上之SIC_1相同,且TIC與SIC之水平距離都等於$O_1 N_1$=ON。

第二段則在O_1點與O_2點之間,生產未達到完全專業化,同時生產X、Y兩種商品。因$\triangle$OMN在$O_1 O_2$之間移動,生產可能曲線MN雖保持與SIC_1相切,但其切點並未在M點或N點,所以生產未達到完全專業化,即同時生產X及Y二種商品。

第三段則是指O_2點以下,這一段表示生產亦達完全專業化,只生產Y商品,即當$\triangle$OMN下移至$\triangle O_2 M_2 N_2$時M_2與SIC_1相切,自此點以後該國只生產$O_2 M_2$的Y。由於達到完全專業化,因而O_2點以下之TIC完全與M_2點以下之SIC_1相同,其垂直距離恆等於$O_2 M_2$=OM。

(4)貿易無異曲線之斜率表示一國之輸出輸入代替率,叫做邊際輸出輸入代替率(Marginal Rate of Export-Import Substitution)可簡寫為$MREIS_{XM}$。

以數學方式表示之。

就貿易無異曲線TIC而言:

$$MREIS_{XM} = \frac{\triangle M}{\triangle X} = TOT = \frac{P_X}{P_M}$$

而從社會無異曲線SIC 來看:

$$MRS_{XM} = \frac{\triangle M}{\triangle X} = \frac{MU_X}{MU_M} = \frac{P_X}{P_M}$$

另外,就生產可能曲線 MN 而言:

$$MRT_{XM} = \frac{\triangle M}{\triangle X} = \frac{MU_X}{MU_M} = \frac{P_X}{P_M}$$

　　由此，我們可得到$MREIS_{XM} = MRS_{XM} = MRT_{XM}$，即從所對應的切點言之，三條曲線的斜率皆相同。這表示當貿易無異曲線（TIC）與貿易條件（TOT_W）相切時不但對外貿易達到最適組合，同時國內生產與消費也已達到最適境界。

二、貿易提供曲線（Trade Offer Curve，簡寫爲 TOC 或OC）

㈠貿易提供曲線的意義

　　貿易提供曲線表示在某一相對價格（貿易條件）下，一個國家想換取一定量之輸入品，其所願提供的輸出品之最大數量，或是在某一相對價格下，一個國家想輸出一定量之輸出品，所希望交換輸入品之最小數量。亦即在各種不同之相對價格下，一個國家所願意交換二種商品（輸出品與輸入品）的各種不同數量之最適組合。它就像經濟學上的供給曲線與需求曲線，不過它包含了供給與需求之雙重意義。

㈡貿易提供曲線的求取

　　貿易提供曲線是由無窮多的貿易無異曲線與貿易價格線（貿易條件）之切點連結而成。如圖6-5所示，在第Ⅲ象限中TOT_1與TIC_4相切於G點，TOT_2與TIC_3相切於F點，TOT_3與TIC_2相切於E點。TOT_4與TIC_1相切於原點O。在第Ⅰ象限中TOT_5與TIC_2相切於A點，TOT_6與TIC_5相切於B點，TOT_7與TIC_4相切於C點。經由原點連結A、B、C與E、F、G各點即爲貿易提供曲線（OC）。在第Ⅰ象限的貿易提供曲線，代表此國家會輸出X商品而輸入Y商品；同樣地，在第Ⅲ象限的貿易提供曲線代表輸出Y商品而輸入X商品。因一個國家不可能同時輸出或輸入X

、Y兩種商品，因此，貿易提供曲線只通過第Ⅰ、Ⅲ象限。貿易提供曲
線上任一點所表示的邊際輸出輸入代替率必等於貿易條件（輸出價格／
輸入價格），也等於消費上的邊際代替率與生產上的邊際轉換率。所以
在貿易提供曲線上每一點都代表在可能的貿易條件下之最適貿易型態（
Optimum Trade Pattern），爲一個國家之最適輸出輸入組合，故稱爲
願意貿易的曲線（Willingness to Trade Curve），亦稱爲國際貿易的總
支出曲線或相互需要曲線。

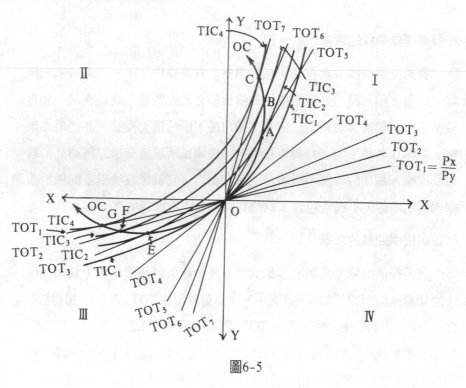

圖6-5

三、提供曲線之彈性

㈠從對輸入品（Y）的總支出來分析

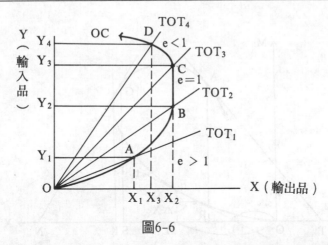

圖6-6

假設X商品的價格（Px）不變，而讓Y商品的價格（Py）發生變動，則對Y商品的總支出可用X商品來表示，如圖6-6所示。當Py下跌時會出現以下三種互斥的情況：①如果貿易條件（$\frac{Px}{Py}$）是從TOT_1變為TOT_2，比較提供曲線上A、B兩點可知，Y商品的輸入增加了Y_1Y_2，而對Y商品的總支出也增加X_1X_2，這是因某物之價格下跌，而對該物品的總支出增加，故其彈性大於1；②如果貿易條件是從TOT_2變為TOT_3，則提供曲線上的B點將移到C點貿易，表示Py下跌，Y商品之輸入增加Y_2Y_3，但對Y商品的總支出保持不變（仍等於OX_2），故其彈性等於1；③如果貿易條件是從 TOT_3 移到TOT_4，則提供曲線上的C點將移到D點，表示Py下跌，Y商品的輸入增加Y_3Y_4，但對Y商品的總支出反而減少了X_2X_3，故其彈性小於1。

㈡利用求彈性的公式來分析

以M：代表輸入數量

　X：代表輸出數量

令$TOT=\frac{Px}{P_M}=\frac{M}{X}$：表示國際市場的交換比率即貿易條件。

e_{Rd}：相互需要彈性（輸入需要數量的變動率／貿易條件的變動率

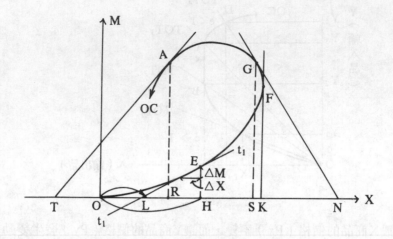

圖6-7

) 。

e_{Rs}：相互供給彈性（輸出供給數量的變動率／貿易條件的變動率

) 。

①相互需要彈性（Elasticity of Reciprocal Demand）

$$e_{Rd} = \frac{dM}{dTOT} \cdot \frac{TOT}{M}$$

$$= \frac{dM}{d(\frac{M}{X})} \cdot \frac{\frac{M}{X}}{M}$$

$$= \frac{XdM}{XdM - MdX}$$

$$= \frac{1}{1 - \frac{dX}{dM} \cdot \frac{M}{X}}$$

此時輸入品（M）爲季芬物品（Giffen Goods），表示輸入品的價

$$e_{Rd} = \left| \frac{1}{\dfrac{LH}{EH} \cdot \dfrac{EH}{OH} - 1} \right| = \left| \frac{1}{\dfrac{LH}{OH} - 1} \right| = \left| \frac{1}{\dfrac{LH - OH}{OH}} \right|$$

$$= \left| \frac{OH}{-OL} \right| > 1$$

$$e_{Rd} = \frac{1}{1 - \dfrac{LH}{EH} \cdot \dfrac{EH}{OH}} = \frac{1}{1 - \dfrac{LH}{OH}} = \frac{OH}{OL} > 1$$

在F點：　$e_{Rd} = \dfrac{OK}{OK} = 1$

在G點：　$e_{Rd} = \dfrac{OS}{ON} < 1$

在A點：　$e_{Rd} = \dfrac{OR}{-OT} = -\dfrac{OR}{OT} < 0$

格（P_m）下跌，貿易條件上升，但對輸入品的需求反而減少（見圖6-8
）。所以除非假定輸入品爲季芬物品，否則提供曲線只會後彎而不會向
左下方傾斜。

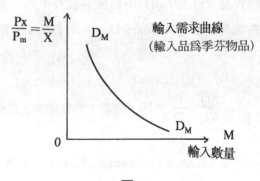

圖6-8

②相互供給彈性（Elasticity of Reciprocal Supply）

$$e_{Rs} = \frac{dX}{d(\frac{M}{X})} \cdot \frac{M}{X} = \frac{\frac{MdX}{X}}{X(\frac{XdM-MdX}{X^2})} = \frac{MdX}{XdM-MdX}$$

$$= \frac{1}{(\frac{dM}{dX})(\frac{X}{M}) - 1}$$

在 E 點：$e_{Rs} = \dfrac{1}{\dfrac{EH}{LH} \cdot \dfrac{OH}{EH} - 1} = \dfrac{1}{\dfrac{OH}{LH} - 1} = \dfrac{LH}{OH-LH} = \dfrac{LH}{OL}$

　　相互需要彈性在分析國際貿易之穩定均衡上是很重要的，它能提供一國之政策決定者，在國際市場的相對價格（貿易條件）發生變動時應如何調整輸出與輸入。如果貿易是在彈性較大的一段進行，則貿易條件的有利移動（上移）將使進口與出口同時增加，如果是在彈性較小的一段進行貿易，則貿易條件上移，將可用較少的出口以換取較多的進口。

四、價格彈性在國際貿易上之應用

在一般國際貿易分析上所用到的價格彈性有下列二種：

1. 一般國內需要彈性（Ordinary Domestic Demand Elasticity，簡寫為 e）

$$e = \frac{\frac{\Delta Q}{Q}}{\frac{\Delta P}{P}} = \frac{\Delta Q}{\Delta P} \cdot \frac{P}{Q} \quad 亦即，數量上的變動率／價格上的變動率$$

2. 相互需要彈性（Reciprocal Demand Elasticity，簡寫為 e_{Rd}）

$$e_{Rd} = \frac{\frac{\Delta Q_X}{Q_X}}{\frac{\Delta(P_X/P_Y)}{P_X/P_Y}} = \frac{\Delta Q_X}{\Delta(\frac{P_X}{P_Y})} \cdot \frac{\frac{P_X}{P_Y}}{Q_X} \quad 亦即，數量上的變動率／相對價格上的變動率$$

㈠相互需要彈性

　　輸出或輸入數量之變動與國際市場相對價格（貿易條件）變動之關係，在國際市場上相對價格通常以出口價格對進口價格（$\frac{P_x}{P_m}$）表示。

　　關於相互需要彈性之分析，其主要假設有二，即：

⑴二國二種商品的貿易型態

⑵貿易收支平衡，$P_x X = P_m M$

　　$TOT = (\frac{P_x}{P_m}) = (\frac{M}{X})$

上式中（$\frac{P_x}{P_m}$）$= TOT_N$ 稱爲淨貿易條件（Net Barter Terms of Trade）

　　　　　（$\frac{M}{X}$）$= TOT_G$ 稱爲總貿易條件（Gross Barter Terms of Trade）

當均衡時，$TOT_N = TOT_G$。

從提供曲線上任一點均可求取下列三種彈性：

⑴相互需要彈性：$e_{Rd} = \dfrac{dM}{d(\frac{M}{X})} \cdot \dfrac{\frac{M}{X}}{M}$ ……………①

⑵相互供給彈性：$e_{Rs} = \dfrac{dX}{d(\frac{M}{X})} \cdot \dfrac{\frac{M}{X}}{X}$ ……………②

⑶提供曲線之彈性（Elasticity of Offer Curve）：

　　　　　$e_{Oc} = \dfrac{dM}{dX} \cdot \dfrac{X}{M}$ …………………③

茲分析這三種彈性之間的關係：

$$e_{Rd} = \frac{(M/X)\,dM}{M\left(\dfrac{X\,dM-M\,dX}{X^2}\right)} = \frac{1}{1-\dfrac{dX}{dM}\cdot\dfrac{M}{X}} = \frac{1}{1-\dfrac{1}{e_{Oc}}}$$

$$= \frac{e_{Oc}}{e_{Oc}-1} \cdots\cdots\cdots\cdots\cdots\cdots\cdots\cdots\cdots\cdots ④$$

$$e_{Rs} = \frac{(M/X)\,dX}{X\left(\dfrac{X\,dM-M\,dX}{X^2}\right)} = \frac{M\,dX}{X\,dM-M\,dX} = \frac{1}{\dfrac{dM}{dX}\cdot\dfrac{X}{M}-1}$$

$$= \frac{1}{e_{Oc}-1} \cdots\cdots\cdots\cdots\cdots\cdots\cdots\cdots\cdots\cdots ⑤$$

$$e_{Oc} = \frac{dM}{dTOT}\cdot\frac{TOT}{M} \Big/ \frac{dX}{dTOT}\cdot\frac{TOT}{X} = \frac{e_{Rd}}{e_{Rs}} \cdots\cdots\cdots ⑥$$

以圖形表示如圖6-9。

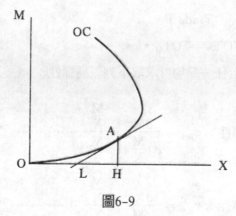

圖6-9

從圖6-9，求提供曲線上A點之相互需要彈性：

$$e_{Rd} = \frac{OH}{OL}$$
$$e_{Rs} = \frac{LH}{OL}$$

因而　$e_{Oc} = \dfrac{e_{Rd}}{e_{Rs}} = \dfrac{\dfrac{OH}{OL}}{\dfrac{LH}{OL}} = \dfrac{OH}{LH}$

㈡相互需要彈性與一般價格彈性之關係

　　雖然國內的供給曲線及需要曲線與貿易提供曲線，在本質上各有不同，不過提供曲線與供給及需求曲線有著密切的關係。因而，相互需要彈性的分析可利用簡單價格彈性來表達。

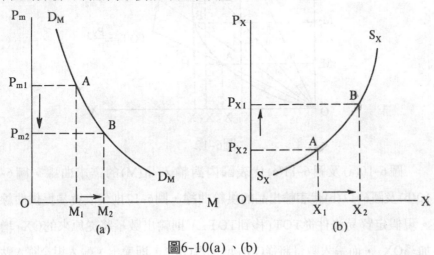

圖6-10(a)、(b)

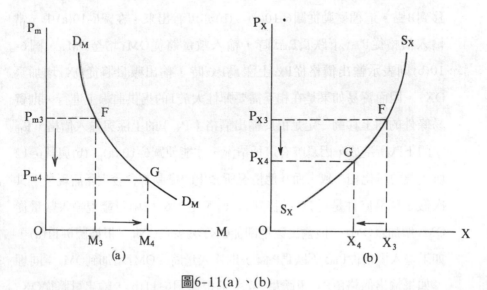

圖6-11(a)、(b)

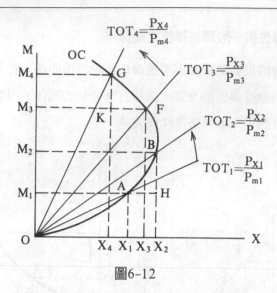

$$TOT_4 = \frac{P_{X4}}{P_{m4}}$$

$$TOT_3 = \frac{P_{X3}}{P_{m3}}$$

$$TOT_2 = \frac{P_{X2}}{P_{m2}}$$

$$TOT_1 = \frac{P_{X1}}{P_{m1}}$$

圖6-12

圖6-10(a)及圖6-11(a)代表國內對輸入品(M)的需求曲線，圖6-10(b)及圖6-11(b)代表輸出品的供給曲線，圖6-12則代表貿易提供曲線。現假定貿易條件從TOT_1移到TOT_2，則輸出數量將從原來的OX_1增加為OX_2，而輸入數量將從OM_1增加為OM_2，即輸出、輸入組合從A點移到B點。這種變動從圖6-10(a)、(b)亦可看出來。在圖6-10(a)中，當輸入價格從P_{m1}下跌為P_{m2}時，輸入數量將從OM_1增至OM_2，圖6-10(b)則表示輸出價格從P_{X1}上漲為P_{X2}時，輸出數量將從OX_1增加為OX_2。因而貿易如果是在相互需要彈性大於1的提供曲線上進行，則貿易條件的向上移動一定是由於輸出價格（P_x）的上漲與輸入價格（P_m）的下跌所造成，因為唯有這種情況，才能使圖6-10 (a)、(b)與圖6-12所表現的變化相一致，而其他情況所產生的變動都會發生矛盾現象。其次假定貿易條件是從TOT_3移到TOT_4，由圖6-12中可發現輸入數量從OM_3增加為OM_4，但輸出數量卻從OX_3減少為OX_4。根據圖6-11(a)，如果輸入價格從P_{m3}下跌為P_{m4}，則輸入量將從OM_3增加到OM_4；同理，如果輸出價格由P_{X3}下跌為P_{X4}，則根據圖6-11(b)，輸出量將從OX_3

下降為OX₄。由此可知，如果貿易是在相互需要彈性小於1的提供曲線上進行，則貿易條件的向上移動，必然是由輸出價格與輸入價格同時下跌，且輸入價格下跌的幅度大於輸出價格所造成。也只有在這種情形下圖6-11(a)、(b)與圖6-12的變動才有一致性。至於在相互需要彈性等於1的提供曲線上貿易時，表示貿易條件的向上移動對輸出數量沒有影響，只有使輸入數量增加，所以應屬於輸出價格不變，輸入價格下跌的情況。

在上述合理情況下，相互需要彈性與國內需求彈性（輸入品）以及供給彈性（輸出品）有何關係？對此T. Scitovsky 教授曾提出下列公式：

$$e_{Rd} = \frac{e_d + e_s\, e_d}{e_d + e_s}$$

此公式即稱之為Scitovsky 公式。

公式中，

e_d：代表國內對輸入品之價格需要彈性

e_s：代表國內對輸出品之價格供給彈性

假設$P_x \cdot X = P_m \cdot M$表示對外貿易達到平衡，即輸出金額＝輸入金額。兩邊全微分，可得

$$d(P_x \cdot X) = d(P_m \cdot M)$$

$$P_x\, dX + X dP_x = P_m\, dM + M dP_m$$

$$P_x\, dX \left(1 + \frac{X dP_x}{P_x\, dX}\right) = P_m\, dM \left(1 + \frac{M dP_m}{P_m\, dM}\right)$$

$$\frac{P_m\, dM}{P_x\, dX} = \frac{1 + \dfrac{1}{e_s}}{1 - \dfrac{1}{e_d}}$$

$$\frac{P_m dM}{P_x dX} = e_{Oc} = \frac{e_{Rd}}{e_{Rd} - 1}$$

$$\therefore \frac{e_{Rd}}{e_{Rd} - 1} = \frac{1 + \dfrac{1}{e_s}}{1 - \dfrac{1}{e_d}} = \frac{e_d(e_s + 1)}{e_s(e_d - 1)}$$

$$e_{Rd}(e_d + e_s) = e_d + e_d e_s$$

得 $e_{Rd} = \dfrac{e_d + e_d e_s}{e_d + e_s}$ ·····················Scitovsky 公式

分子分母同除 e_d 可得 $e_{Rd} = \dfrac{1 + e_s}{1 + \dfrac{e_s}{e_d}}$

因 $e_s > 0$，所以當 $e_d \gtreqless 1$ 時，$e_{Rd} \gtreqless 1$

由上式可知相互需要彈性直接由國內對輸入品之需要彈性決定，而與供給彈性無關。

因 $e_{Rd} = \dfrac{\dfrac{e_d}{e_s} + e_d}{\dfrac{e_d}{e_s} + 1}$

(1)當 e_d 趨近 ∞ 時，e_{Rd} 趨近（$1 + e_s$），所以 $e_{Rd} \leq 1 + e_s$

(2)當 e_s 趨近 ∞ 時，e_{Rd} 趨近 e_d，所以 $e_{Rd} \leq e_d$

相互需要彈性有二限制：即其極大值不能大於 e_d，也不能大於 $1 + e_s$。

五、相互需要彈性與實質所得

為了進一步的說明如何透過相互需要彈性，以了解貿易條件之變化對於國內實質所得所產生的影響，我們將以下面的分析作一說明。

1.假定貿易條件由TOT_1上移至TOT_2

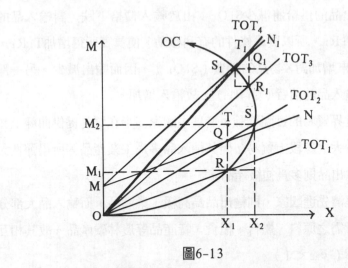

圖6-13

　　R：代表變動前之貿易點，可以OX_1的輸出換取RX_1的輸入

　　S：代表變動後之貿易點，可以OX_2的輸出換取SX_2的輸入

　　自Q點畫一條與TOT_1平行之直線交縱座標於M，此時，OM代表由於貿易條件的有利變動使真實所得（以輸入品表示）增加的部分。亦即在新的貿易條件下，若仍維持原先的輸出品數量OX_1，但卻能交換QX_1的輸入品。較原先只能交換RX_1，增加了RQ數量的輸入品，因為$\overline{RQ}$係因真實所得增加而增加購買的輸入品，故稱之為所得效果。而TQ則是因為TOT_1移到TOT_2，表示P_x上漲，P_m下跌，故國內對輸出品（X）的消費減少了$TS=X_1X_2$，而以增加TQ的輸入品（M）之消費代替之。

　　如圖6-13所表示，當TOT_1移至TOT_2時，因係在彈性大於1之貿易提供曲線上，表示P_x上漲，P_m下跌。當P_x上升，則國內對X物品的消費將減少，因而輸出將增加，以換取因P_m下降所增加的輸入品消費。

　　2.假定貿易條件由TOT_3移至TOT_4，則真實所得仍增加$OM=T_1R_1$因TOT_3移到TOT_4的變動係在貿易提供曲線上彈性較小的一段，

表示P_x與P_m均下跌，但P_x的下降率小於P_m的下降率。由於P_x下跌，該國對輸出品的供給將減少$S_1 Q_1$；由於輸入價格下跌，對輸入品的需要將增加$Q_1 R_1$。所以貿易條件的有利移動，使眞實所得增加$T_1 R_1$，其中$T_1 Q_1$用來增加對X物品的消費（$S_1 Q_1$），因而輸出減少。另一部分用來增加輸入品的消費（$Q_1 R_1$），故輸入增加。

根據世界貿易的實際經驗，發展中國家多半在貿易提供曲線上相互需要彈性較大之線段上貿易，因其輸入品多爲工業產品等所得彈性大的物品，而輸出品則多爲初級產品。

至於經濟先進國家，則輸出品爲高級工業產品，而輸入品大部分爲工業生產所需之原料、燃料、糧食、特產品等農林礦產品。故其相互需要彈性較小（$e_{Rd} < 1$）。

六、貿易條件變動之分析：代替效果與所得效果

㈠完全專業化模型

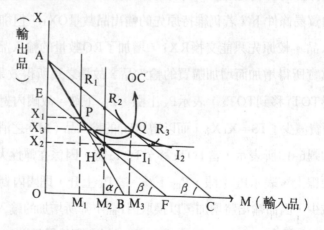

圖6-14

　　假定機會成本不變，如圖6-14所示，其生產可能曲線爲AB；I_1爲社會無異曲線；P代表自給自足下之生產消費點；$\alpha = \dfrac{P_m}{P_x}$，爲貿易前的國內貿易條件。如果在國際市場進行貿易，則貿易條件線的斜率必小於或等於$\overline{AB}$的斜率α。若$TOT_1 = \left(\dfrac{P_m}{P_x}\right) = \alpha$，則消費仍在P點，但生產移到A點，達到完全專業化。此時，國內消費OX_1的輸出品，而輸出AX_1以換得OM_1的輸入品。

　　令P_x固定不變，P_m發生變動，則原價格線AB的斜率發生變動。若P_m下跌，則AB將移至AC，而與較高的無異曲線I_2相切於Q點，連接APQ各點，可得貿易提供曲線。此時生產仍在A點，消費移到Q點。作一條與AC平行的直線EF切I_1於H點，則由P移至Q可分爲兩個效果：P到H爲代替效果，表示當價格發生變動時，爲維持同一滿足水準，必以價格較低的物品代替價格較高的物品。在此，P_m下降，所以M的消費增加$M_1 M_2$；相對地，P_x未降，故消費減少了$X_1 X_2$，即輸出增加$X_1 X_2$以換得$M_1 M_2$的輸入。而H到Q則爲所得效果，表示在同一價格水準下滿足程度由I_1提高爲I_2，此因爲眞實所得的增加所致。隨著眞實所得的增加，輸入品（M）的消費增加了$M_2 M_3$，輸出品（X）的消費也增加了$X_2 X_3$，故其價格變動的總效果爲代替效果與所得效果兩者之和。結果輸入品(M)的消費增加了$M_1 M_3$，而輸出品（X）的消費減少了$X_1 X_3$，即輸出增加$X_1 X_3$。貿易三角形由$\triangle AX_1 P$擴大爲$\triangle AX_3 Q$。

　　若所得增加，而該物的需求量減少，則該物爲劣等財；相反的，若所得增加，需求量亦增加，則該物爲正常財。此外，若總效果爲負，即價格下跌，需求量反而減少，則該物屬於季芬財（Giffen Goods）。因此，若Q在$R_2 R_3$之間，則X物及M物皆爲正常財。若Q落在$R_3 C$之間，則X物品爲劣等財（因爲，所得增加，消費反而減少，所得效果爲負），M物爲正常財（因其消費增加，所得效果爲正）。同樣的，若Q落在

$R_1 R_2$之間，X物為正常財（因其所得效果為正），M物為劣等財（因所得效果為負）；最後，若Q落在 AR_1 間，X物為正常財，M為季芬財（因其需要量由於價格下跌而減少）。

㈡不完全專業化模型

現以X代表可輸出品，M代表可輸入品，在圖6-15（Hicks分析法）及圖6-16（Slutsky分析法）中假定開始時貿易條件TOT_1與貿易無異曲線TIC_1相切於P點。設貿易條件發生變動，從TOT_1上移至TOT_2，而與較高的貿易無異曲線TIC_3相切於E點，則在貿易上的變化為輸出量將從OX_1增為OX_3，輸入量從OM_1增加為OM_3，其輸出之增加量$X_1 X_3$及輸入之增加量$M_1 M_3$可分為代替效果及所得效果兩項所構成。

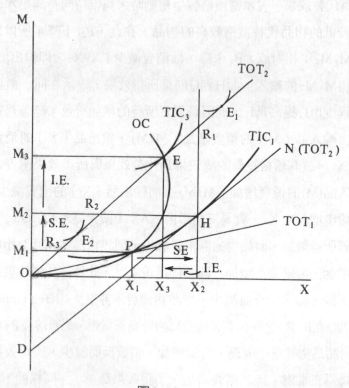

圖6-15

1.代替效果（Substitution Effects，簡寫爲SE）：

在圖6-15中畫直線DN與TOT_2平行而與TIC_1相切於H點，則從P點到H點爲代替效果(SE)。此時輸入量將由OM_1增加爲OM_2，輸出量則由OX_1增加爲OX_2。如果從圖6-16分析，則是通過P點作一直線DN與TOT_2平行，切TIC_2於S點，同樣地，從P到S是爲代替效果，由於代替效果使輸入量增加了$M_1 M_2$，輸出量增加$X_1 X_2$。

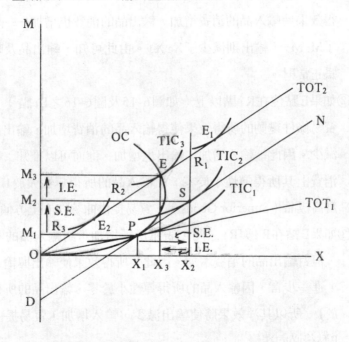

圖6-16

2.所得效果（Income Effects，簡寫爲IE）：

從圖6-15及圖6-16可看出，由於貿易條件的有利移動——即TOT_1移至TOT_2——表示輸入價格下跌，因而使本國之實質所得增加了$\overline{OD}$（以輸入品表示）。如果輸出品與輸入品均非劣等財時，則所得增加將導致國內對這二種物品的消費增加。在貿易上，所得效果將使輸入數量

增加，輸出數量減少。圖6-15從H點移到E點或圖6-16從S點移至E點，輸入量增加M_2M_3，輸出量減少X_2X_3，就是貿易條件變動的所得效果。

從提供曲線與變動後貿易條件（TOT_2）的交點E所在區間的不同可判斷所得效果的影響及輸出入商品的特性：

①如果E點是在TOT_2上的R_1至R_2之間，則表示貿易條件變動的所得效果使輸入品的消費增加，輸出品的消費也增加——輸入增加了M_2M_3，輸出則減少了X_2X_3。由此可知，輸出品及輸入品均為正常財。

②如果E點位在R_1點以上（如圖6-15及圖6-16之E_1點），則表示貿易條件變動的所得效果使得輸入品的消費增加，輸出品的消費減少。因此，輸入增加，輸出也增加。進而可以推知：輸出品在消費上其所得彈性小於零，而輸入品的所得彈性大於1，輸入品為高級品（Superior Goods），貿易提供曲線向右上方傾斜。

③如果E點在R_2與R_3之間，表示所得增加，對輸入品的需求減少，但對輸出品的消費增加。因此，所得效果使輸出與輸入均減少。進一步言，因輸入品的所得彈性小於零，輸出品的所得彈性大於1，所以其淨效果將使輸出減少，輸入增加，貿易提供曲線過P點後必向後彎。

④如果E點在R_3以下，表示所得增加，對輸入品的需求減少，所得效果為負，而且其淨效果亦為負。換言之，輸入品的價格下跌，輸入反而減少。由此可知輸入品為季芬財（Giffen Goods），貿易提供曲線將向左下方傾斜。我們若假定輸入品為非季芬財，則貿易提供曲線只是後彎而不向左下方傾斜。

從上面分析可知，影響提供曲線變動趨向及相互需要彈性大小的主

要因素爲所得效果而非代替效果。在貿易條件發生變動時，視輸出、輸入品所得效果之大小，會出現下面三種情況：①如果輸入品的所得效果很大而輸出品的所得效果爲負或很小，則相互需要彈性就會比較大；②如果輸入品的所得效果小而輸出品的所得效果大，則相互需要彈性將變小；③如果輸入品的所得效果等於零或變爲負數，則相互需要彈性就變爲很小。

㈢實證分析

　　在實證研究方面，可以發現許多發展中國家，其貿易提供曲線都比較有彈性，亦即其相互需要彈性較大，因爲這些國家都是屬於初級產品的輸出國。他們的輸出品主要包括①農產品：例如米、麥、糖、棉花、可可、煙草、咖啡、茶、香蕉、鳳梨、椰子等等；②礦產品：如鐵、銅、錫、原油等礦產品；③林、牧產品：如木材、皮革等。這些物品大部份做爲工業生產之原料。一部份雖屬消費品，但其需要的所得彈性都很小。另一方面，他們的輸入品大部份爲高級的工業產品，故其所得彈性較大（即所得效果大），因而，相互需要彈性也就比較大。在工業國家方面，其情形恰好相反，他們的輸出品主要爲高級的工業產品，這些物品的所得彈性較大（所得效果大）。至於輸入品方面則以工業生產所需之原料（包括農、林、礦產等）爲大宗，以及一部份供國內消費用之農產品（如糧食、蔬菜、水果等）及其加工品，林牧產品及水產品等。這些物品的所得彈性較小，所得效果小。因此，當貿易條件發生有利變動，使他們的實質所得增加時，他們將大量增加對本國所生產的物品（輸出品）之消費，而對輸入品的消費增加則頗爲有限。因而其貿易提供曲線必向後彎曲，表示輸入增加（少量），輸出減少，其相互需要彈性變爲很小。

七、彈性分析法及其應用

　　爲進一步了解貿易條件之變動所引起之代替效果與所得效果，及其在國際貿易上的應用，在此特別介紹由英國劍橋大學教授J. E. Meade 所提出之分析方法與相關之實證研究結果（註）。

　　設M代表輸入數量，P_m 表輸入價格

　　X代表輸出數量，P_x 表輸出價格

　　I代表實質所得。

而貿易條件（TOT）爲：

$$TOT = \frac{P_x}{P_m} = \frac{M}{X}$$

輸入函數爲 $M = f(TOT，I)$……①

實質所得爲 $I = g(TOT)$………②

上面第①式表示輸入數量取決於貿易條件（TOT）及國內實質所得水準(I)。當貿易條件對本國有利時，輸入將增加；反之，當貿易條件對本國不利時，則輸入將減少。因而，$\frac{dM}{dTOT} > 0$。另一方面，當國內實質所得水準提高時，輸入亦將增加（假定輸入品爲正常財），即 $\frac{dM}{dI} > 0$。故M與TOT及I呈同方向之變動。第②式則表示一個開放經濟體系之實質所得(I)爲貿易條件(TOT)之函數。當世界市場的貿易條件變得對本國有利，則實質所得增加；反之，當貿易條件變得對本國不利，則實質所得將降低，即 $\frac{dI}{dTOT} > 0$。

　　現就第①式求其微分（對TOT）：

（註）：見James E. Meade, *A Geometry of International Trade.* (London : Allen & Unwin, 1952)。

$$\frac{dM}{dTOT} = \frac{\partial M}{\partial TOT} + \frac{\partial M}{\partial I} \cdot \frac{dI}{dTOT} \quad \cdots\cdots\cdots\cdots\cdots\cdots ③$$

由第②式

$$dI = X_0 \cdot dTOT，即 \frac{dI}{dTOT} = M_0 \quad \cdots\cdots\cdots\cdots\cdots\cdots ④$$

以④式代入③式可得Slutsky方程式如下：

$$\frac{dM}{dTOT} = \frac{\partial M}{\partial TOT}\bigg)_{dI=0} + \frac{\partial M}{\partial I}\bigg)_{dTOT=0} \cdot X_0 \quad \cdots\cdots ⑤$$

第⑤式之右邊第一項表示貿易條件變動之代替效果，

第⑤式之右邊第二項表示貿易條件變動之所得效果。

現以 $\frac{TOT_0}{M_0}$ 同乘⑤式兩邊得

$$\frac{dM}{dTOT} \cdot \frac{TOT_0}{M_0} = \frac{\partial M}{\partial TOT} \cdot \frac{TOT_0}{M_0} + \frac{\partial M}{\partial I} \quad \cdots\cdots\cdots\cdots ⑥$$

第⑥式左邊即爲相互需要彈性（ e_{Rd} ），而右邊第一項爲純價格彈性（
Pure Price Elasticity，以 e_p 代表之 ），第二項爲邊際輸入傾向（
Marginal Propensity to Import，以m表之 ），故可得

$$e_{Rd} = e_p + m \qquad （Meade方程式）$$

由此可知，相互需要彈性（ e_{Rd} ）是由純價格彈性（代表代替效果）與
邊際輸入傾向（代表所得效果）二部份所構成。

　　在實證研究上，m與 e_p 之大小，係隨各地區之特殊情況而有所不
同。例如，非洲國家的邊際輸入傾向(m)很大，但 e_p 值很小，故 e_{Rd} 值
很大。其原因在於非洲國家的輸入品大部份爲高級的工業產品，這些產
品在國內無法生產，因此當所得增加就會增加對工業先進國家產品之進
口，且其產品間之代替性很小，而邊際輸入傾向卻很大，所以 e_{Rd} 很大
。結果這些國家將在貿易提供曲線上彈性較大之處來進行貿易。又如，
歐洲國家的邊際輸入傾向(m)較小， e_p 也很小，故 e_{Rd} 值必很小。因爲

歐洲各國的輸入品，大多為原料及礦產品，這些物品是國內工業生產所必需，而且無法由國內產品代替，亦即輸入的代替性很小，同時，其邊際輸入傾向也很小，故 e_{Rd} 值很小。因此這些國家在對外貿易時，都是在提供曲線上彈性較小之處來進行貿易。至於北美洲國家，其邊際輸入傾向(m)很小，e_p 值雖小，但較歐洲國家大，而 e_{Rd} 值仍較小。

由上述分析可知，初級產品的輸出國家其相互需要彈性較大，而工業品的輸出國家其相互需要彈性較小。

第七章　國際貿易之均衡

上面第六章已將提供曲線的基本理論加以詳細地探討，本章可利用這一曲線來分析兩國之間如何達成生產、消費與貿易的全面均衡。現在就以下列各種不同的基本貿易模型來說明。

一、二國二種商品完全專業化模型

(一)機會成本不變

1.機會成本不變之貿易提供曲線

現假定世界有二個國家即A國與B國，在貿易前各可生產二種商品令其爲X商品與Y商品，且生產這二種商品的機會成本固定不變亦即其生產可能曲線爲一直線。茲就其中之A國導出其貿易無異曲線與提供曲線如下面圖7-1及圖7-2。

在圖7-1中，I_1爲該國之社會無異曲線，$\triangle O_1 M_1 N_1$則爲該國之生產可能區域，TIC_1爲其貿易無異曲線。在自給自足的情況下，該國在A點生產與消費，A點爲社會無異曲線I_1與生產可能曲線MN之切點。因爲機會成本不變，所以生產可能曲線MN爲一直線。

維持在原來的福利水準，而令MN與I_1保持相切，將生產區域上移至以A點爲準之$\triangle O_1 M_1 N_1$，N_1與A點重合，此時達到完全專業化，只

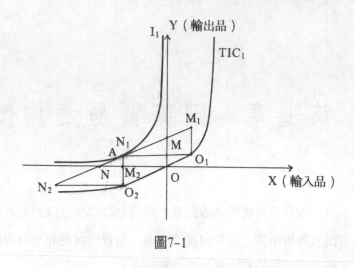

圖7-1

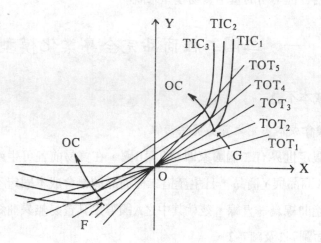

圖7-2

生產X而不生產Y。同理,將生產區域下移至△$O_2 M_2 N_2$,M_2與A點重合,此時亦達完全專業化。但生產型態爲只生產Y,而不生產X。因此利用此生產區域的移動,求其原點的軌跡,即可導出貿易無差異曲線TIC_1。而且在TIC_1線上從O_1點經過原點O到O_2點的一段爲一直線,這

是因為生產可能曲線為一直線所造成，表示該國之生產未達完全專業化。反之，O_1點以上、O_2點以下之TIC_1則為完全專業化，其形狀與所對應之I_1相同，再由不同的TIC與貿易條件（TOT）相切點，即可導出貿易提供曲線OC（見圖7-2）。OC在原點O與F、G三點之間仍為一直線，代表生產未達完全專業化。

2.生產、消費與貿易之均衡

以下說明A、B兩國如何達成生產、消費與國際貿易之均衡。

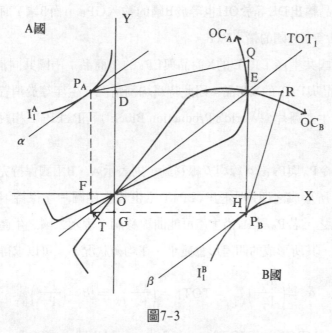

圖7-3

圖7-3中I_1^A，I_1^B分別為A國與B國之社會無異曲線，OC_A，OC_B則代表A國與B國之貿易提供曲線，E點為OC_A與OC_B之交點，二國之生產圖片則分別為△P_AEQ與△P_BER。

從圖7-3得知：A國之無異曲線I_1^A與生產可能曲線P_AQ相切於P_A，表示A國之生產已達完全專業化；B國之無異曲線I_1^B亦與其生產可能曲線P_BR相切於P_B，B國之生產亦達完全專業化。

兩國貿易提供曲線相交於E點,因其位於提供曲線彎曲的部分,代表二國生產已達完全專業化,而國際市場的貿易條件則爲TOT₁。

在此貿易均衡的情況下,A國生產P$_A$E的X商品,而不生產Y產品,消費P$_A$D的X商品與P$_A$F的Y商品。因而,A國必輸出DE的X商品,輸入P$_A$F的Y商品。同樣地,B國不生產X商品,而生產P$_B$E的Y商品,消費GP$_B$的X商品與P$_B$H的Y商品。因此,B國必須輸出EH的Y商品以換取GP$_B$的X商品的輸入。因爲是在均衡狀況,所以,A國的X商品輸出DE等於OH也等於B國的輸入GP$_B$,而B國Y商品的輸出EH也會等於A國的輸入P$_A$F。

兩國共生產了P$_A$E的X商品與EP$_B$的Y商品;兩國共同消費了TP$_B$的X商品與P$_A$T的Y商品。因此時爲均衡情況,生產等於消費。因而,世界的生產圖片(World's Production Block)□P$_A$EP$_B$T相對的兩邊均相等。

若令P$_A$與P$_B$沿 α 線與 β 線移動,則表示A、B兩國保持完全專業化狀態,所形成之四邊形□P$_A$EP$_B$T(世界生產圖片)保持不變且爲最大。反之,若P$_A$與P$_B$沿生產可能曲線移動,表示二國之生產未達完全專業化,其所形成的四邊形會變小。在均衡狀況下,可以求得:

$$\alpha = \left(\frac{P_x}{P_y}\right)_{AT} = TOT_1 = \left(\frac{P_x}{P_y}\right)_W = \beta = \left(\frac{P_x}{P_y}\right)_{BT}$$

$$MRS_{XY}^A = MRT_{XY}^A = MRS_{XY}^B = MRT_{XY}^B = TOT_1$$

另外,若是大國與小國間的貿易時,則在均衡狀況下,如圖7-4所示,大國並無法達到完全專業化,只有小國可達成完全專業化。

假定A是小國、B爲大國,則世界貿易條件將由大國的國內交易條件所決定,故TOT₁爲OC$_B$的直線部份、OC$_A$與OC$_B$交於OC$_B$直線部份之E點,此點即爲世界貿易之均衡點。

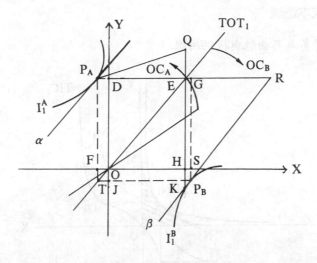

圖7-4

因為E點是在OC_A上之彎曲部份，表示A國已達完全專業化，即在P_A點生產與消費，只生產X不生產Y。但OC_B上之E點是在其直線部份，所以B國未達完全專業化，即B國同時生產X與Y商品，而在P_B點生產與消費。

當貿易達成均衡時：

A國生產P_AE的X商品而不生產Y商品，消費P_AD的X商品與P_AF的Y商品。因而，A國輸出DE的X商品，輸入P_AF的Y商品。但是，B國卻同時生產P_BK的X商品與P_BG的Y商品，而消費P_BJ的X商品與P_BS的Y商品。換言之，B國將輸出GS的Y商品以換取JK的X商品之輸入，以供國內消費。因此時已達均衡狀態，所以，A國的輸出DE會等於OH也等於B國的輸入JK，A國的輸入P_AF會等於EH，也等於B國的輸出GS。亦即世界生產圖片□P_AGP_BT的兩個對應邊會相等。此時A國與B國之國內價格必等於世界市場的貿易條件：

$$\alpha = \left(\frac{Px}{Py}\right)_{AT} = TOT_1 = \left(\frac{Px}{Py}\right)_W = \left(\frac{Px}{Py}\right)_{BT} = \beta$$

㈡機會成本遞減

1. 貿易無異曲線與提供曲線

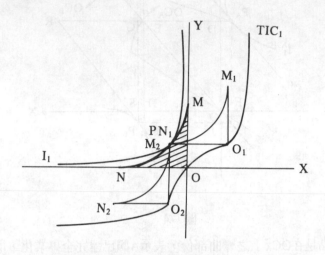

圖7-5

我們首先說明在規模報酬遞增下之貿易無異曲線的求取：

圖7-5中I_1為社會無異曲線，MN為生產可能曲線，因為假定規模報酬遞增，即機會成本遞減，因此生產可能曲線凸向原點。OMN構成一生產圖片，I_1與OMN相切於P點，移動此生產圖片可求得另一切點，如OMN移至$O_1 M_1 N_1$則與I_1切於N_1點，而將OMN移至$O_2 M_2 N_2$，便可得到另一切點M_2。連接O_1 O O_2三點，即成貿易無異曲線，如圖之TIC_1。此線表示，在各種不同的貿易情形下，對這個國家而言，其滿足程度是一樣的。

在$O_1 M_1 N_1$時，只生產$N_1 O_1$的X商品，該國達完全專業化，所以，O_1點以上之TIC_1完全與N_1點以上之I_1相同；在$O_2 M_2 N_2$時，只生產$O_2 M_2$的Y商品，該國亦達完全專業化，因此，O_2點以下之TIC_2完全與M_2點以下之I_1相同。反之，OMN在$O_1 O_2$之間移動時，其與I_1皆不能

切於生產可能曲線的兩頂點，所以無法達完全專業化，而需同時生產X
與Y兩種商品。

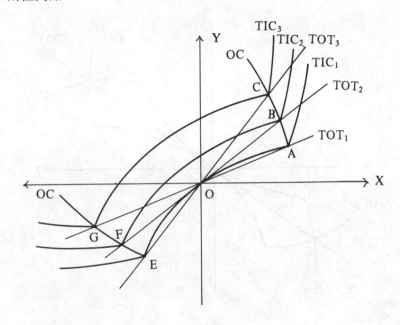

圖7-6

　　其次，我們再就其提供曲線加以簡略說明。在圖7-6中通過原點劃
TOT_1，TOT_2，TOT_3，…等貿易條件線，而這些貿易條件線將與貿易
無異曲線TIC_1，TIC_2，TIC_3，…等等相切於第1象限中之A，B，C…
各點及第3象限中之E，F，G…各點，再連結OABC…各點及OEFG…
各點即爲貿易提供曲線。因此，貿易提供曲線（OC）是由無窮多的貿
易無異曲線與貿易條件線之切點連結而成。提供曲線上任一點之邊際商
品代替率等於邊際輸出輸入代替率，也等於國際市場的價格。進一步言
，在提供曲線上每一點都是國際貿易上輸出與輸入的最適組合。

　　2.相互需要曲線與國際貿易之均衡

　　現在介紹規模報酬遞增下之貿易情形，假設A、B兩國之生產與消

費情況完全相同，則A、B兩國有共同之生產可能曲線與社會無異曲線
（如圖7-7(b)），因而兩國之貿易提供曲線將如圖7-7(a)所示。

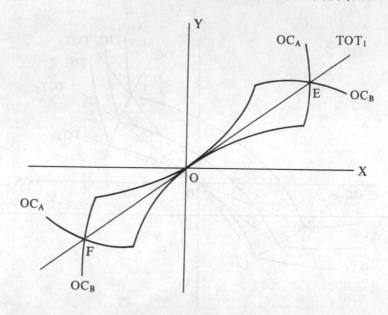

圖7-7(a)

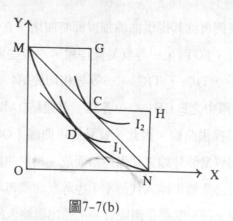

圖7-7(b)

由圖7-7(a)可知，A國之提供曲線（OC$_A$）與B國之提供曲線（OC$_B$）
相交於E、F兩點，假使在E點貿易，則A國輸出X商品，輸入Y商品，

而B國輸出Y，輸入X。同理，若在F點貿易，則A國輸出Y，輸入X，
而B國輸出X，輸入Y。在E點或F點之貿易條件是相同的，同爲TOT$_1$，
所以在E或F進行貿易對兩國之福利是一樣的。

　　以圖7-7(b)來看，MN爲A、B二國所共同之生產可能曲線。D爲原
來之均衡點，貿易後之貿易條件爲MN，新均衡點爲C。因此，貿易三
角形△MGC等於△CHN。這時，A國若在M點生產，則只生產Y；而B
國則會在N點生產，只生產X。兩國皆達完全專業化，如圖7-7(a)之F
點。同理，A國若在N點生產，而B國在M點生產，則如圖7-7(a)之E點
兩國亦達完全專業化，亦即兩國均能自由選擇一種產品，而達成完全專
業化生產。

　　現就均衡點的穩定性加以討論，如果OC$_A$與OC$_B$相交於G，F，H
三點（如圖7-8）。我們可以發現：G、H兩點爲穩定均衡，F點爲不穩
定均衡，會向G點移動。至於如何判定提供曲線之交點究竟爲穩定或不
穩定的均衡請參看第六節的分析。

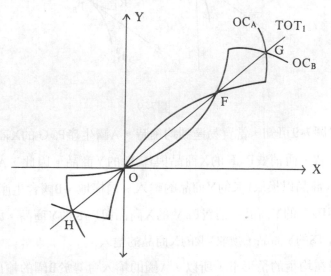

圖7-8

二、二國二種商品不完全專業化模型

　　如果兩國的生產可能曲線屬機會成本遞增，則不論如何貿易也無法達到完全專業化。因為機會成本遞增，所以，生產可能曲線為凹向原點。兩國之貿易提供曲線呈後斜的形狀，如圖7-9中之OC$_A$與OC$_B$二條曲線。圖中OC$_A$與OC$_B$相交於E點，決定均衡貿易條件為TOT$_1$，A、B兩國皆按此貿易條件從事生產、消費與貿易，而兩國都無法達完全專業化。

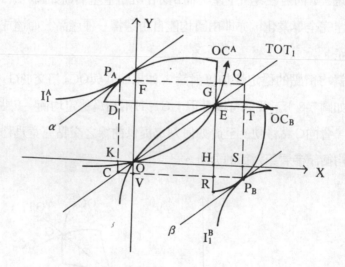

圖7-9

　　從圖7-9可知，當貿易達到均衡時，A國生產P$_A$G的X商品與P$_A$D的Y商品，而消費P$_A$F的X商品與P$_A$K的Y商品。因此，A國要輸出FG的X商品以換取DK的Y商品的輸入。同樣地，B國會生產P$_B$R的X商品與P$_B$T的Y商品，消費P$_B$V的X商品與P$_B$S的Y商品。因此，B國會輸出TS的Y商品，換取VR的X商品的輸入。

　　因在均衡的情形下，所以，A國的輸入會等於B國的輸出（DK＝

EH＝TS），而A國的輸出亦會等於B國的輸入（FG＝OH＝VR）。從而形成世界生產區域□P_AQP_BC，兩國在生產、消費及貿易上，均達到均衡。

因爲兩國都未達完全專業化，因此國內之生產可分爲兩個部門（Two Sectors）即輸出產業部門（Export-Industrial Sector）與輸入競爭產業部門（Import-Competing Sector）。在貿易後，A國之輸出產業（X）部門擴張，輸入競爭產業（Y）部門衰退；反之，B國則是輸入競爭產業（X）部門衰退，輸出產業（Y）部門擴張。

三、三國二種商品之貿易模型

假設有A、B、C三個國家，生產X、Y二種商品，在生產上其比較利益如下：在X物品上：A＞B＞C；在Y物品上：C＞B＞A。即就X商品而言，A國之生產力最高，生產成本最低，比較利益最大。就Y商品而言則是C國之生產力最高，生產成本最低，比較利益最大。至於B國則居於中間，就X來說，比C國好而比A國差，就Y來說，比A國好而比C國差。因此，當國際市場價格與B國國內價格相等時，B國不需貿易。

我們首先介紹三國的總合提供曲線（Aggregate Offer Curve，簡寫爲OC^X_{A+B+C}或OC^Y_{A+B+C}），即三國合起來對X、Y商品的提供曲線（如圖7-10）。根據比較利益的大小畫出A、B、C三國個別的提供曲線如圖7-10所示之OC_A，OC_B，OC_C。

在第一象限中的提供曲線表示A、B、C三國輸出X、輸入Y的情形。設P_x發生變動，且令$\dfrac{P_x}{P_y}$不斷地上升，則其輸出入之變化如下：

①若P_x很低時，貿易條件爲TOT_1，因爲A國生產X之生產成本最低，所以，A國可以輸出X，而B、C二國則無輸出X商品之能力，因爲其所面對的TOT_1小於其國內市場之價格。

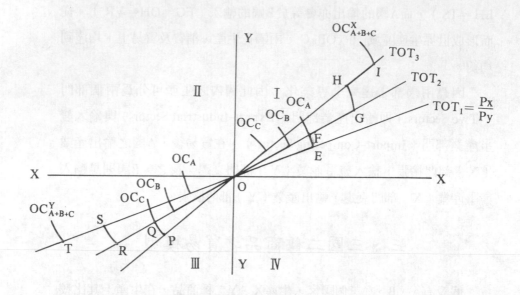

圖7-10

②當Px上升，使TOT₁提高，若提高至TOT₂時，則B國也可以加入輸出X的行列，但在TOT₁與TOT₂之間仍只有A國可輸出。

③Px再上升，使TOT₂提高，若提高至TOT₃時，則C國也有能力輸出X，但在TOT₂與TOT₃之間則只有A、B兩國輸出X。

在第三象限中的提供曲線則表示三國輸出Y，輸入X的情形。假定Py發生變動，而令 $\frac{Px}{Py}$ 不斷下降，則其輸出入之變化如下：

因C國在生產Y之比較利益最大，B國次之，A國再次之。所以，當Py很低，貿易條件為TOT₃時，只有C國可輸出Y。隨著Py之上漲，貿易條件變為TOT₂時，則B國亦可參加輸出Y商品。最後Py再上升，使貿易條件變為TOT₁時，A國便可輸出Y商品。

下面利用A、B、C三國的總合提供曲線來分析貿易的均衡：

⑴當三國輸出X，輸入Y商品與輸出Y，輸入X商品之總合提供曲

線OC^X_{A+B+C}與OC^Y_{A+B+C}相交於TOT_2時（如圖7-11所示）：

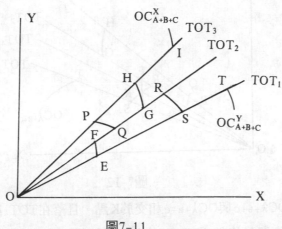

圖7-11

　　將前面圖7-10中OC^Y_{C+B+A}由第三象限轉移到第一象限。在圖7-11中之OEF、FGH，與HI分別爲A、B、C三國之輸出X輸入Y之貿易提供曲線。由此，三國相加則可得三國之總合提供曲線（OC^X_{A+B+C}）表示其輸出X商品輸入Y商品之情形。而OPQ、QRS與ST則分別表示C、B、A三國輸出Y輸入X之貿易提供曲線，將這三段相加便可得總合提供曲線（OC^Y_{A+B+C}）。

　　當OC^X與OC^Y相交於TOT_2時，則均衡貿易條件爲TOT_2，三國貿易達到均衡。此時A國與C國達完全專業化，A國只生產X而不生產Y，C國只生產Y而不生產X。兩國間會從事貿易，其貿易方向爲A國輸入Y輸出X，而C國則輸出Y輸入X（簡單表示爲A$\frac{X}{Y}$C）。因TOT_2與B之國內價格比相同，故B國不能達成完全專業化，須同時生產X及Y二種商品。

　　(2)當OC^X_{A+B+C}與OC^Y_{A+B+C}相交於TOT_1與TOT_2之間（如圖7-12中之K點）：

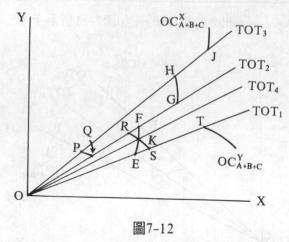

圖7-12

假定OC_{A+B+C}^X與OC_{A+B+C}^Y相交於K點,且落在TOT_1與TOT_2之間,可求出均衡貿易條件爲TOT_4。在此種情形下三國皆可達到完全專業化,而在K點達成均衡。其貿易方向爲:A國向B國及C國輸出X商品,而自B、C二國輸入Y商品,B、C二國則向A國輸出Y而自A國輸入X商品。

當均衡達成時,A國只生產X不產Y,C國只生產Y不產X,至於B國的情形則較爲複雜,茲說明如下:B國在X物品之提供曲線爲FGH高於TOT_4,故B國在TOT_4時無力輸出X,而其在Y物品之提供曲線爲QRS,經過K點,故B國在TOT_4時可輸出Y,所以B國必與C國相同,只生產Y不產X。

(3)當OC_{A+B+C}^X與OC_{A+B+C}^Y相交於TOT_2與TOT_3間。同理可推知,三國皆可達到完全專業化,其貿易方向爲:A國與B國向C國輸出X商品而自C國輸入Y商品。就生產而言,則有如下之情形:A國只生產X商品,而不生產Y商品;B國也只生產X商品,不生產Y商品;C國則只生產Y商品,而不生產X商品。

四、二種貿易品與二種非貿易品之貿易模型

在一般國際貿易上認爲商品都是可以進行貿易的,亦即是可以輸出

或輸入，但在實際上有一些商品是不能貿易的，而是純粹供給國內消費之用，這種商品稱爲非貿易品（Non-Trade Goods）或純國內物品（Net Domestic Goods）。

　　假定A國生產X_a與D_a兩種商品，D_a爲純爲國內消費而生產，無法貿易。X_a則可供輸出。消費上，A國則消費X_a，D_a與M_a（亦即B國的輸出品X_b）等三種商品。B國則是生產X_b與D_b兩種商品，D_b亦純爲國內消費而生產，無法參加貿易，X_b則可供國內消費與輸出。在消費上，B國則消費X_b、D_b與M_b（亦即A國輸出至B國的X_a）等三種產品。

1. 本模型的貿易提供曲線（以A國爲例）

　　我們首先以簡單的圖形分析方式介紹此模型下之提供曲線的求取過程：

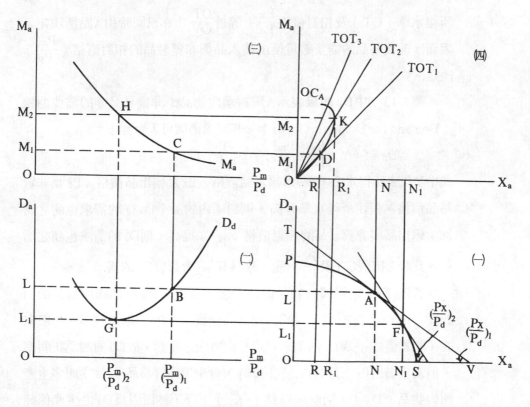

圖7-13

圖7-13㈠之PS爲A國之生產可能曲線，其所生產的物品爲貿易品
（ X_a ）與非貿易品（ D_a ），生產可能曲線上各點的切線斜率表示貿易
品與非貿易品的各種不同的相對價格（ $\frac{P_x}{P_d}$ ）。

現在假定在生產可能曲線上的一點A從事生產，則由A點可決定產
量，相對價格與國民所得：①二種商品的生產量，即生產ON的貿易品
與OL的非貿易品；②輸出品與非貿易品的相對價格（ $\frac{P_x}{P_d}$ ）；③以非貿
易品表示的國民所得（Y）爲OT，如以貿易品表示則爲OV。

因爲非貿易品的生產量爲OL，而且只供國內消費之用，因此國內
需要數量必等於供給數量，但需要數量係取決於所得水準Y（以OT表
示），以及相對價格 $\frac{P_x}{P_d}$ 與 $\frac{P_m}{P_d}$ ，所以當非貿易品的生產量爲OL時，則
所得水準（OT）及相對價格 $\frac{P_x}{P_d}$ （等於 $\frac{OT}{OV}$ ）亦已同時由A點所決定。
因而，非貿易品的需要數量便由輸入品與非貿易品的相對價格（ $\frac{P_m}{P_d}$ ）
決定。

圖7-13㈡中 D_d 曲線表示A國對國內物品（非貿易品）的需要曲線
（ Demand for Domestic Goods ）。其需求函數可表示如下：

$$D_d = f\left(Y , \frac{P_x}{P_d} , \frac{P_m}{P_d} \right) = f\left(\frac{P_m}{P_d} \right)$$

式中Y代表所得水準，P_m 爲輸入品價格，P_x 爲輸出品價格，P_d 爲非貿
易品價格。假使所得水準升高，則對國內物品（ D_a ）的需求也隨之增
加；輸出品與非貿易品的相對價格（ $\frac{P_x}{P_d}$ ）提高，則 D_a 的需求也隨之增
加。此時，因假定Y及 $\frac{P_x}{P_d}$ 不變，故只有 $\frac{P_m}{P_d}$ 會影響 D_a 的需求量。

若 P_m 高，則對國內物品的消費多，反之，P_m 低則國內物品的消
費少。同理，若 P_d 高，對國內物品的消費少，P_d 低則消費多。一般來
說，相對價格 $\frac{P_m}{P_d}$ 與 D_a 的需求量成相同方向之變動，故 D_d 曲線爲正斜率
。但當市場之 P_x 下降且 P_m 亦下降時，會少生產貿易品（ X_a ）而多生產
國內物品（ D_a ），同時，雖然（ $\frac{P_m}{P_d}$ ）下降，然而因爲 D_a 之生產係純

粹供國內消費，所以D_a生產增加對D_a之需求也必增加，造成了D_a曲線有一段爲負斜率。

圖7-13㈢之M_a曲線爲A國之輸入需要曲線（Demand for Imported Goods）。當P_m高時，對輸入品之需要減少；反之，P_m降低時對輸入品之需要增加。同理，若P_d高對輸入品之需要增加，而P_d低對輸入品之需要減少。

因此，$\frac{P_m}{P_d}$與M_a之需要量成反方向變動，而使M_a曲線成爲一負斜率的曲線。其輸入需要函數可寫成：

$$M_a = f\left(Y, \frac{P_x}{P_m}, \frac{P_m}{P_d}\right) = f\left(\frac{P_m}{P_d}\right)$$

假設所得水準與國際市場價格固定。

圖7-13㈣中TOT曲線代表國際市場價格線

即：
$$\frac{\frac{P_x}{P_d}}{\frac{P_m}{P_d}} = \frac{P_x}{P_m} = TOT$$

現就各圖相互間之關係，作以下之說明：

假定A國在A點生產，則生產ON的X_a及OL的D_a過A點做一切線與橫軸的夾角，便決定了$\frac{P_x}{P_d} = \left(\frac{P_x}{P_d}\right)_1$。而後，由A點畫平行線交圖㈡之$D_d$曲線於B點，表示其所生產的$D_a$全部用來消費同時亦決定了$\frac{P_m}{P_d} = \left(\frac{P_m}{P_d}\right)_1$，再由B點畫垂直線交圖㈢之$M_a$曲線於C點，表示在$\left(\frac{P_m}{P_d}\right)_1$的價格下所需要的輸入品，即$M_a = OM_1$。最後，由$\left(\frac{P_x}{P_d}\right)_1$與$\left(\frac{P_m}{P_d}\right)_1$決定了$TOT_1 = \left(\frac{P_x}{P_m}\right)_1$。而由C點畫一平行線交圖㈣之$TOT_1$於D點，決定輸出（$X_a = OR$）與輸入（$M_a = OM_1$）數量。由此可知，A國生產了ON的$X_a$而輸出OR的$X_a$，ON與OR的差額RN即爲國內對輸出品的消費量。

同理，A國若在F點生產，則生產ON_1的X_a與OL_1的D_a，同理也決定了$\left(\frac{P_x}{P_d}\right) = \left(\frac{P_x}{P_d}\right)_2$，對應於$D_d$曲線之G點，而決定$\frac{P_m}{P_d} = \left(\frac{P_m}{P_d}\right)_2$。

此時G點恰爲Dd曲線的最低點，Ma的需要量爲OM$_2$，貿易條件（TOT）爲TOT$_2$＝$(\frac{P_x}{P_m})_2$，因而K點表示A國將輸出OR$_1$的X$_a$而輸入OM$_2$的M$_a$，而後，連接ODK，即構成A國之貿易提供曲線OC$_A$，這一條曲線表示A國在各種不同的輸出入價格之下所願意而有能力提供的輸出量及輸入量。

從圖7-13㈣可知，當TOT$_1$移至TOT$_2$代表P$_x$上升與P$_m$下降，因爲是在提供曲線上相互需要彈性大於1的一段（K點以前），TOT之上移導致輸出增加輸入也增加。而當TOT$_2$移至TOT$_3$則代表P$_x$下降且P$_m$也下降，但P$_x$下降率小於P$_m$下降率，因爲是在提供曲線上相互需要彈性小於1的一段，即在K點以後，TOT之往上移動導致輸出量減少輸入量增加。此時少生產X$_a$多生產D$_a$，所以，生產可能曲線上的斜率變小，生產點由F往上移，同時造成Dd曲線變爲負斜率。F點表示非貿易品（國內消費品）D$_a$的最小產量爲OL$_1$，而輸出品X$_a$的最大產量爲ON$_1$。

茲以表7-1表示圖7-13中A、B、C及F、G、H各點的變動情況：

表 7-1

商品	在　A　點		在　F　點	
	生　產	消　費	生　產	消　費
X$_a$	ON	RN	ON$_1$	R$_1$N$_1$
D$_a$	OL	OL	OL$_1$	OL$_1$
M$_a$	0	OM$_1$	0	OM$_2$

2.兩國之生產、消費與貿易的均衡情況

假設兩國爲A國及B國，兩國之生產品與消費品與前述相同。在本節(1)中，我們已導出A國的貿易提供曲線，並討論A國之貿易品與非貿

易品之生產、消費與貿易的各種可能情況。現在B國之貿易提供曲線亦
可用前節方法求得。為了方便表示兩國之均衡情況，所以將求取A國貿
易提供曲線之四個圖與求取B國之貿易提供曲線之四個圖同時排列，且
將兩國之貿易提供曲線劃在同一個圖中（如圖7-14）。為便於求導，將
B國之非貿易品的需要曲線圖與輸入需要曲線圖的橫座標與縱座標各自
交換（生產可能曲線圖與提供曲線圖亦同）。由圖7-14可了解，貿易均
衡點為E點，即OC_A與OC_B相交之點；通過E點之貿易條件（TOT_1）為
均衡貿易條件。

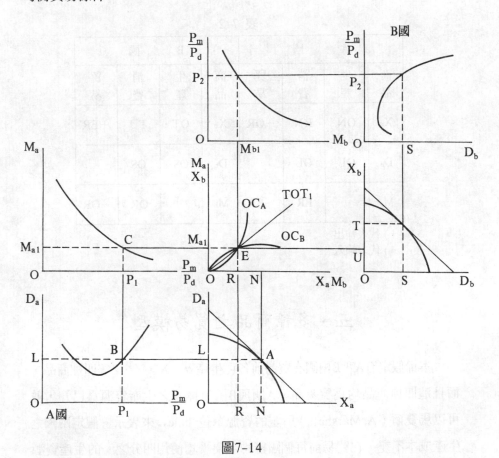

圖7-14

　　而在此貿易均衡情形下：A國生產ON的X_a與OL的D_a，消費RN的X_a、OL的D_a與ER的M_a，因此，A國會輸出OR（ON－RN）的X_a以換取ER（ER＝X_b）的M_a的輸入。而B國則生產OT的X_b與OS的D_b，消費TU的X_b、OS的D_b與OR的M_b，也因此，B國要輸出ER（X_b＝OU＝ER＝M_a）的X_b以換取OR（M_b＝OR＝X_a）的M_b的輸入。當貿易達成均衡時，A國的輸出（X_a＝OR）會等於B國的輸入（M_b＝OR），而B國的輸出（X_b＝OU＝ER）則會等於A國的輸入（M_a＝ER）。以上說明可彙總如下：

表 7-2

	A	國			B	國	
商品	生產	消費	貿易	商品	生產	消費	貿易
X_a	ON	RN	+OR	X_b	OT	TU	+ER
D_a	OL	OL		D_b	OS	OS	
M_a		ER	－ER	M_b		OR	－OR

（＋）代表輸出
（－）代表輸入

五、多種商品之貿易模型

　　本節假定有A、B兩國在貿易前各可生產W、X、Y、Z等四種商品，而且這四種商品均爲貿易品。A國與B國所擁有之生產資源爲已知，並可以馬夏爾（A. Marshall）所定的資源單位″bales″來表示。假定兩國之生產成本不變，在貿易前每個國家均需要平均使用四分之一的生產資源

以生產這四種商品供國內消費之用，茲將A、B兩國在貿易前之生產與
消費的均衡以表7-3表示如下：

表 7-3

商　品	A　國		B　國	
生產資源	12 bales		4 bales	
生產力 （每單位資源之產量）	W=10, X=20 Y=30, Z=5		W=10, X=30 Y=60, Z=15	
商　　　品	生　產	消　費	生　產	消　費
W	30	30	10	10
X	60	60	30	30
Y	90	90	60	60
Z	15	15	15	15

　　表中假設，A國擁有12單位的生產資源，每單位資源可生產10單位
的W商品，20單位的X商品，30單位的Y商品，5單位的Z商品，因此，
各以3單位資源去生產W、X、Y、Z等四種商品時，可得 30單位的W
，60單位的X，90單位的Y及15單位的Z商品。同理，B國有4單位的生
產資源，但每個資源單位可生產10單位的W商品，30單位的X商品，60
單位的Y商品，15單位的Z商品，而B國在四種商品的生產上平均只能
使用1個資源單位來生產每一種商品，因此B國只能得到 10單位的W，
30單位的X，60單位的Y與15單位的Z商品。上述爲A、B兩國在貿易前
的生產與消費情形。從表7-3中兩國生產力的比較，可發現：A國對於
生產W商品的比較利益最大或比較不利最小，X爲第二，Y第三，Z第
四；反之，B國則以生產Z物品的比較利益最大，Y第二，X第三，W最
小。如果國際市場的貿易條件爲已知，則可將這四種商品分爲輸出品與
輸入品兩類，因而，可分別導出A、B兩國的貿易提供曲線。

　　(1)如果貿易條件（交換比率）與A國之生產力之比率相同，即TOT₁

＝W：X：Y：Z＝10：20：30：5，則A國願意向B國輸出W、X、Y三種商品而自 B國輸入Z商品。此時，就A國來看，沒有利益但也沒有損失，因爲在此貿易條件下，A國可以自己生產W、X、Y、Z四種商品以供國內消費之需，但亦可只生產W、X、Y三種商品而輸出其中之一部份與B國交換Z商品供國內消費。此時，A國並未獲得貿易利益，但B國之貿易利益達到最大。

(2)如果貿易條件爲TOT_2＝W：X：Y：Z＝10：20：30：7.5時，A國必放棄生產Z商品而改從B國輸入，這樣對A國有利。因爲A國將以原先用來生產 Z商品的3單位資源改以生產W、X或Y商品，便可以與B國交換到22.5單位的Z商品，如果自己生產則只能得到15單位的Z商品，因此對A國有利。至於Y商品，A國自己生產時，則用3單位資源可獲得90單位的Y商品，如將這些資源先用來生產W或X商品，則可得到30單位的W或60單位的X，然後再與B國交換Y商品，則可換到90單位的Y，結果與自己生產Y的數量相同。所以，就Y商品而言A國可自己生產亦可從B國輸入。

(3)如果貿易條件爲TOT_3＝W：X：Y：Z＝10：20：40：10時，A國將以原先用來生產Y及Z商品的6單位資源轉爲先生產X及W商品，然後輸出至B國以交換120單位的Y商品及30單位的Z商品。這些物品在B國只使用4單位資源就能生產出來。此時A國也可能完全專業化於W商品的生產，即以其12單位資源全部用於生產W商品，而得到120單位的W，再以其中90單位的W商品與B國交換60單位的X，120單位的Y與30單位的Z商品。A國亦可能同時生產90單位的W與60單位的X，或生產60單位的W與120單位的X，然後輸出30單位的W與60單位的X，以換取120單位的Y與30單位的Z商品。

(4)如果貿易條件爲$TOT_4 = W : X : Y : Z = 10 : 30 : 60 : 15$時，
則A國必達到完全專業化之生產。換言之，A國會以其全部資源
（12單位）生產120單位的W商品，然後再以其中的90單位輸出
以交換90單位的X，180單位的Y與45單位的Z商品，此時之貿
易條件恰好與B國生產力之比完全相同，所以B國的貿易利益等
於零，而A國之貿易利益達到最大。

以上之分析可以A、B兩國之貿易提供曲線，如圖7-15，加以表示。
圖中縱軸代表A國之可輸出品或B國之可輸入品，橫軸代表A國之可輸
入品或B國之可輸出品。$OC_{A(W+X+Y+Z)}$爲A國依比較利益之大小而輸出
W、X、Y、Z之貿易提供曲線，$OC_{B(Z+Y+X+W)}$爲B國依比較利益之大
小而輸出Z、Y、X、W之貿易提供曲線。如果A國的提供曲線與B國之
提供曲線在TOT_2上相交，則決定均衡貿易條件爲

　　　　$TOT_2 = W : X : Y : Z = 10 : 20 : 30 : 7.5$

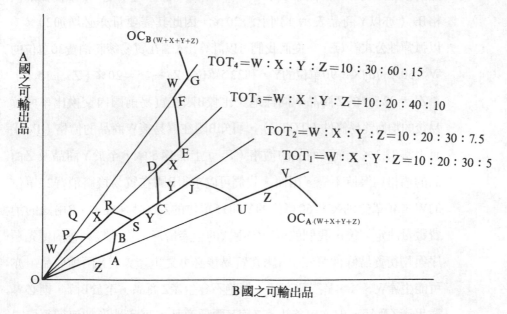

圖7-15

至於A、B兩國在貿易後之生產、消費與貿易之均衡情況有如下面表7-4所示：

表 7-4

商品	A	國			B	國		
	生產	消費	輸出	輸入	生產	消費	輸出	輸入
W	50	30	20	—	—	20	—	20
X	100	60	40	—	—	40	—	40
Y	60	90	—	30	90	60	30	—
Z	—	22.5	—	22.5	37.5	15	22.5	—

表7-4中，A、B兩國對各種商品消費數量之計算，係假定各種商品的需要彈性均等於1，然後根據貿易後各種商品價格之變動的百分率以決定各商品在貿易後的需要數量。比較A國在貿易前的國內交換比率與貿易後的均衡貿易條件（TOT$_2$），可知A國在貿易後W、X與Y三種商品的價格（均以Y商品來表示）P_w，P_x，P_Y 都保持不變，而Z商品的價格P_Z（亦以Y商品表示）則上漲20％，因此其需要量亦必增加20％（以弧彈性公式計算）。從而我們可以計算出A國在貿易後將消費30單位的W，60單位的X，90單位的Y，和22.5單位〔$Z_2 - 15 = 20％（Z_2 + 15）$，$\therefore Z_2 = 22.5$〕的Z商品。同樣地，比較B國在貿易前國內交換比率與貿易後的均衡貿易條件（TOT$_2$），可知B國在貿易後W商品的價格（P_w）將上漲33.3％，而X商品的價格（P_x）上漲14.3％，至於Y商品及Z商品的價格則保持不變。因而，我們可以求得B國在貿易後將消費20單位的W，40單位的X，60單位的Y和15單位的Z商品。在A、B兩國的消費數量決定之後，我們就可決定兩國的生產情形。從比較利益的優先順序與均衡貿易條件可知：A國在貿易後必專業生產W與X兩種商品，亦可能生產W、X、Y三種商品，但絕不會生產Z商品。至於B國，則必專業生產Z商品，但亦可能生產Z與Y兩種商品。實際情形如何則須視國

內及國際市場的需要及資源配置條件而定。就上面表7-4來看，A國將使用5單位資源以生產50單位的W，也使用5單位資源生產100單位的X商品，剩下2單位資源來生產60單位的Y商品。B國則使用2.5單位資源生產37.5單位的Z商品，剩下1.5單位資源可用以生產90單位的Y商品。最後A國將輸出20單位的W與40單位的X向B國交換30單位的Y與22.5單位的Z商品之輸入。此時，A、B兩國之生產、消費與貿易將同時達到均衡。

六、多點均衡與穩定條件

在本節中我們將介紹貿易均衡點的穩定條件與探討各種均衡情形。在分析上，我們可區分爲四種情形分別加以討論：

1.兩國之提供曲線相交於一點

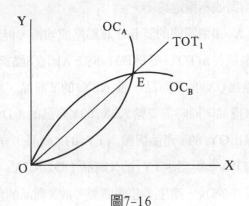

圖7-16

如果A國之貿易提供曲線OC_A與B國之貿易提供曲線OC_B交於E點，則E點爲貿易均衡點。

均衡之貿易條件爲TOT_1，在此情形下，均衡點固定不變，所以稱爲穩定均衡。

2.兩國之提供曲線交於二點以上（如圖7-17）

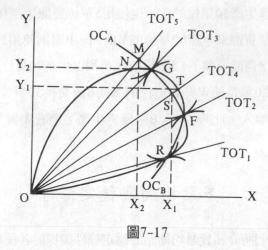

圖7-17

當OC_A與OC_B相交於R、F、G三點時，此三點都達最適情況，即兩國之無異曲線在這三點都是相切的。而R、F、G三均衡點的差異在於其是否爲穩定均衡或不穩定均衡。

就以F點論，A、B兩國間的貿易在該點達成均衡，但當國際市場價格發生變動，貿易條件由TOT_2變爲TOT_4時，A國在S點貿易，B國則在T點貿易。A國輸出OX_1的X商品，輸入SX_1的Y商品，即提供了OX_1（$S_X^A=OX_1$）的X商品，同時需要輸入SX_1的Y商品的（$D_Y^A=SX_1$）。

在B國則是輸出OY_1的Y產品與輸入TY_1的X商品，亦即供給了OY_1的Y商品（$S_Y^B=OY_1$）與需求TY_1的X商品（$D_X^B=TY_1$）。但因OX_1小於TY_1，因此S_X^A小於D_X^B，產生了超額需要，故X商品的價格（P_X）會上漲，而且OY_1大於SX_1，造成S_Y^B大於D_Y^A，產生超額供給，故Y商品價格（P_y）會下跌。因此，貿易條件TOT（$=\dfrac{P_X\uparrow}{P_y\downarrow}$）會上升，使得$TOT_4$會再向上移動。

當貿易條件（TOT）受某種因素影響而移動時，若向上則一直往上移動，若向下則一直往下移動，而無法再回到原均衡點（F點）時，則

爲不穩定均衡。所以圖7-17中之F點即爲不穩定均衡點。

再以G點論，若TOT_3升至TOT_5，則A國在M點貿易，B國在N點貿易。A國將輸出OX_2的X商品，即提供OX_2的X商品，故其對國際市場的供給爲$S_X^A = OX_2$；同時，A國將輸入MX_2的Y商品，即對Y商品有MX_2的需求（$D_Y^A = MX_2$）。同理，B國會輸出OY_2的Y商品，即提供OY_2的Y（$S_Y^B = OY_2$），並輸入NY_2的X商品，即需求NY_2的X商品（$D_X^B = NY_2$）。此時，OX_2會大於NY_2，因此產生了對X商品的超額供給（$S_X^A > D_X^B$），而OY_2則小於MX_2，因此，就Y商品而言，產生了超額需求（$S_Y^B < D_Y^A$），造成Px的下降與Py的上漲，故貿易條件TOT（$= \dfrac{Px}{Py}$）會下降，使得TOT_5往下移動，一直往下移動到原來的均衡貿易條件TOT_3方停止，而恢復原來的均衡。

當TOT_3發生變動並往上移，則在供需調整後，會再移下至TOT_3，若往下移，亦會再上升回到TOT_3，即均衡點會再回到G點，所以G爲穩定均衡點。同理，可知R點亦爲穩定均衡點。

由上面分析可知，提供曲線從外相交爲不穩定均衡（如F點），由裏頭相交方爲穩定均衡（如G點，R點）。穩定均衡點後之交點爲不穩定均衡，而不穩定均衡點後之均衡點則又爲穩定均衡，依次變化。

3.兩國在提供曲線相交之點的斜率相等

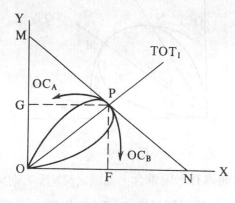

圖7-18

假如兩國在OC_A與OC_B相交點之切線斜率相等，則此兩國提供曲線的相互需要彈性的和會等於一。此一關係，可以數學式證明如下：

e_{Rd}^A為A國之相互需要彈性，e_{Rd}^B則為B國之相互需要彈性，由本章第二節的分析可知：

$$\therefore\ e_{Rd}^A = \frac{OF}{ON}$$

$$e_{Rd}^B = \frac{OG}{OM} = \frac{PF}{OM} = \frac{FN}{ON}$$

$$\therefore\ e_{Rd}^A + e_{Rd}^B = \frac{OF}{ON} + \frac{FN}{ON} = \frac{ON}{ON} = 1$$

因此，在兩國的提供曲線的相交點上，若兩國在該點的切線斜率相等，其相互需要彈性之和會等於一。而由較複雜的數學證明，我們可得到以下的結論：

(1)若 $e_{Rd}^A + e_{Rd}^B \geq 1$ 時，則P點為穩定均衡；

(2)若 $e_{Rd}^A + e_{Rd}^B < 1$ 時，則P點為不穩定均衡。

4.兩國之提供曲線有一段重合

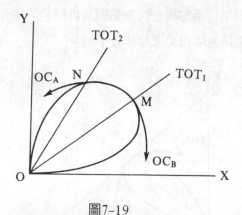

圖7-19

若兩國之提供曲線有一段重合，如圖之MN段，則MN上任一點皆為穩定均衡。換言之，國際貿易條件在TOT_1與TOT_2之間變動都是均衡

，都使國際市場之供需相等。不過，就A國而言，在TOT₂時貿易利益達到最大；而就B國言，在TOT₁時，貿易利益達到最大。所以，其最終均衡點，須視雙方在貿易上之相對談判能力才能決定。

在了解穩定均衡與不穩定均衡的意義後，我們將簡略的說明其政策意義，即如何使TOT作有利的移動：

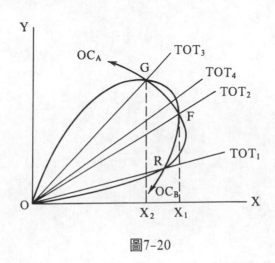

圖7-20

圖7-20中，F點爲一不穩定均衡，因此，A國只要降低關稅或採其他貿易政策使輸入品價格下跌或課徵出口稅或增加貨物稅使輸出品價格上漲，促使貿易條件TOT（$= \dfrac{Px \uparrow}{Py \downarrow}$）上升，由TOT₂升至TOT₄。此時，因F點爲不穩定均衡，貿易條件會不斷上移，直至TOT₃在G點再度達到穩定均衡。這種情形對A國而言是最有利的，因爲在F點時，需要以OX₁的輸出換取FX₁的輸入，而移至G點後，只需要以OX₂的輸出即可換得GX₂的輸入。換言之，A國可以較少的輸出換較多的輸入，故對A國有利。同理可知，B國如欲獲取最大的利益，則需設法使TOT₂往下移至 TOT₁。

第八章 「黑克夏─歐林」的 貿易理論

　　「黑克夏─歐林」的貿易理論（Heckscher-Ohlin Theorem，簡寫爲H-O Theorem）主要分爲因素秉賦理論與因素價格均等化理論兩部份。在Ricardo的比較成本理論中，他令 $X = f(L_X)$，$Y = f(L_Y)$，則在生產X、Y二種物品所需之勞動爲已知的前提假設下，同種產品間其生產成本的差異乃由於二國勞動生產力之不同所致。Ricardo認爲生產因素只有勞動（L）一種，而H-O定理則認爲生產因素除勞動外，尚有其他各種生產因素。這些生產因素都可能造成生產成本的差異（因素秉賦理論─Factor Endowment Theorem），同時，生產成本亦會因兩國間發生貿易而受到相當的影響（因素價格均等化理論─Factor Price Equalization Theorem）。

　　爲分析上之方便，我們假定生產因素有勞動（L）與資本（K）二種。下面先比較古典學派、新古典學派與H-O模型之特點，然後分析H-O模型之主要內容。

一、古典學派、新古典學派與H-O貿易模型之比較

㈠基本模型

在基本模型上，古典學派爲二個國家，二種商品（Two-by-Two Model）的模型；而新古典學派則爲二個國家，二種商品，二種生產因素（Two-by-Two-by-Two Model）的模型；至於，H-O模型則亦爲二個國家，二種商品，二種生產因素（Two-by-Two-by-Two）模型。

㈡主要假設

1. 古典學派的主要假設

(1)只有兩個國家；

(2)各生產兩種商品；

(3)完全競爭市場，沒有外部經濟或不經濟；

(4)價格可自由變動，且已達充分就業；

(5)生產因素在國際間不能移動；

(6)沒有貿易障礙，不考慮運輸成本；

(7)兩國之貿易收支必須達成均衡；

(8)生產因素供給固定，即供給彈性等於0；

(9)生產因素只有勞動一種，勞動之品質相同且機會成本不變；

(10)兩國之間生產成本相對比率不同，亦即相對價格不同 $(\frac{Px}{Py})_A \neq (\frac{Px}{Py})_B$ 。

J. E. Meade曾修正古典學派之假設，其中(1)至(8)爲古典學派所原有之假設，而經Meade增補、修訂者則爲以下之假設：

(9)各國之嗜好相同，社會無異曲線相同；

(10)消費者之無異曲線爲負斜率且凸向原點；

(11)生產成本，或維持不變，或遞增。

2. 新古典學派的主要假設

其中，假設(1)至(8)與古典學派相同，(9)與(10)則沿用Meade之修正，

另外加入了：

(11)生產因素有資本（K）及勞動（L），取消古典學派單一生產因素之假設，其生產函數為Q＝f（K，L）；

(12)各種商品之生產函數為一次齊次函數（Homogeneous with Degree One）；

(13)生產之技術水準相同，因此同種商品之生產函數相同；

(14)邊際生產力遞減；

(15)因素密集度不同；

(16)兩國間之因素秉賦不同。

3. H-O模型的主要假設

其中，(1)至(16)與新古典學派的假設相同，另新增三個重要假設：

(17)因素密集度不發生逆轉；

(18)二國之需要情況相同，商品需要的所得彈性為1；

(19)貿易不會使二國生產達成完全專業化。

二、因素秉賦理論（Factor-Endowment Theory）

此理論認為各國生產成本差異的原因係由於各國生產因素秉賦的不同所致。

一般地說，勞動衆多的國家，其工資要比利率相對低廉，而資本豐富的國家，則利率比工資相對低廉。因此勞動豐富的國家（假設為A國）則必生產需要大量使用其豐富資源的產品（假定為X物品，X為勞動密集產品，故需大量使用勞動來生產），其生產成本比較低廉。而資本豐富的國家（B國）則生產必須使用大量資本的Y物品（假定Y為資本密集的產品），因其生產成本為相對低廉。因此，A、B兩國可依比較成

本的差異,從事國際分工與國際貿易,這就是「因素秉賦理論」的主要內容。只要二國之間所擁有的生產因素之數量不同,則各國生產密集使用豐富生產因素所生產的產品,必享有比較利益。

(一)主要假定

設有A國與B國在進行貿易,其中,A國為勞動眾多國家,B國為資本豐富國家。此二國生產二種商品,即X商品與Y商品。生產上,假定X為勞動密集的商品,而Y則為資本密集的商品。此外,假設在生產投入過程中只使用資本與勞動兩種生產因素。

兩國之間同一種商品之勞動投入係數(勞動投入量/產量)與資本投入係數(資本投入量/產量)相同。

$$總成本(Total\ Cost)=資本財價格(P_K)\times資本投入量(K)+$$
$$勞動價格(P_L)\times勞動投入量(L)$$
$$=平均成本(AC)\times產量(Q)$$
$$平均成本(Average\ Cost)=\frac{P_K\cdot K+P_L\cdot L}{Q}$$
$$=P_K(\frac{K}{Q})+P_L(\frac{L}{Q})$$
$$=(利率\times資本投入係數)+(工資率\times$$
$$勞動投入係數)$$

式中,資本財價格以利率表示,勞動價格則以工資率表示。

(二)數學分析舉例

假定有二國,日本與美國,生產電視機與汽車兩種商品。其中,日本為勞動豐富國家,工資較便宜,而利率則較高,其相對價格比 $\frac{P_L}{P_K}=\frac{W_A}{R_A}=\frac{1}{3}$;美國則為資本豐富國家,工資較高,而利率較低,因而,其相對價格比 $\frac{P_L}{P_K}=\frac{W_B}{R_B}=\frac{1}{0.5}=2$。

在商品生產上,電視機的勞動投入係數為0.7,資本投入係數為0.3

，而汽車反之，其勞動投入係數爲0.3，資本投入係數爲0.7。

由以上的假定，我們便可求出，在日本與美國生產電視機與汽車的平均成本，並可進一步導出其比較利益與貿易方向。

二國的生產成本可以下表示之：

表 8-1

	電視機之生產成本	汽車之生產成本
日本	$1 \times 0.7 + 3 \times 0.3 = 1.6$	$1 \times 0.3 + 3 \times 0.7 = 2.4$
美國	$1 \times 0.7 + 0.5 \times 0.3 = 0.85$	$1 \times 0.3 + 0.5 \times 0.7 = 0.65$

由上表，我們可計算出日、美兩國在生產上的相對成本：

$$\frac{C_{TV}^{日}}{C_{TV}^{美}} = \frac{1.6}{0.85} < \frac{2.4}{0.65} = \frac{C_{Car}^{日}}{C_{Car}^{美}}$$

因此，日本對電視機有比較利益，而美國則對汽車有比較利益。在國際貿易上，依此比較利益，日本將輸出電視，而美國將輸出汽車。

我們亦可用代數方式加以說明之。假設A國的資本財價格P_K以利率R_A表示之，工資以W_A表示，並代表勞動投入之價格。並進一步假設生產X商品的勞動投入係數爲l_X，資本投入係數爲k_X。由此，我們可將A國之X商品的價格寫成：

$$P_{AX} = W_A \cdot l_X + R_A \cdot k_X$$

$$= l_X \cdot W_A \left(1 + \frac{R_A \cdot k_X}{W_A \cdot l_X}\right)$$

因 $\dfrac{k_X}{l_X} = \dfrac{K_X / Q_X}{L_X / Q_X} = \dfrac{K_X}{L_X} = \rho_X$ （資本勞動投入比率）

而 $\dfrac{W_A}{R_A} = \left(\dfrac{P_L}{P_K}\right)_A = Q_A$ （勞動資本之相對價格比）

所以 $P_{AX} = l_X \cdot W_A \cdot \left(1 + \dfrac{\rho_X}{Q_A}\right)$

同理，A國Y商品的價格與B國X，Y兩種商品的價格可分別表爲：

$$P_{AY} = l_Y W_A \left(1 + \frac{\rho_Y}{Q_A}\right)$$

$$P_{BX} = l_X W_B \left(1 + \frac{\rho_X}{Q_B}\right)$$

$$P_{BY} = l_Y w_B \left(1 + \frac{\rho_Y}{Q_B}\right)$$

由此，可求得兩國之比較利益的所在：

$$\frac{P_{AX}}{P_{AY}} - \frac{P_{BX}}{P_{BY}} = \frac{l_X W_A (1 + \frac{\rho_X}{Q_A})}{l_Y W_A (1 + \frac{\rho_Y}{Q_A})} - \frac{l_X W_B (1 + \frac{\rho_X}{Q_B})}{l_Y W_B (1 + \frac{\rho_X}{Q_B})}$$

$$= \frac{l_X (\frac{1}{Q_A} - \frac{1}{Q_B})(\rho_X - \rho_Y)}{l_Y (1 + \frac{\rho_Y}{Q_A})(-1 + \frac{\rho_Y}{Q_B})}$$

$$= \left(\frac{l_X}{l_Y}\right)\left[\frac{(Q_B - Q_A)(\rho_X - \rho_Y)}{(Q_A + \rho_Y)(Q_B + \rho_Y)}\right]$$

因假定A國爲勞動衆多國家，B國爲資本豐富國家，所以，Q_A（$= \frac{W_A}{R_A}$）會小於Q_B（$= \frac{W_B}{R_B}$）使得（$Q_B - Q_A$）項爲正。而且，因假定X商品爲勞力密集產品，Y商品爲資本密集財，所以，資本勞動投入比率（ρ），X商品（ρ_X）會小於Y商品（ρ_Y），使得（$\rho_X - \rho_Y$）爲負。因而，我們可清楚的確定：

$$\frac{P_{AX}}{P_{AY}} - \frac{P_{BX}}{P_{BY}} < 0$$

$$即 \frac{P_{AX}}{P_{AY}} < \frac{P_{BX}}{P_{BY}} \quad 或 \quad \frac{P_{AX}}{P_{BX}} < \frac{P_{AY}}{P_{BY}}$$

由此可確定A、B兩國的貿易方向：A國輸出X商品輸入Y商品，而B國輸出Y商品輸入X商品。

$$A 國 \underset{Y}{\overset{X}{\rightleftarrows}} B 國$$

三、因素價格均等化理論（Factor Price Equalization Theorem：H-O-S Theorem）

㈠H-O 理論模型

由於不同產品所使用的因素之投入比例（$\frac{K}{L}$）不相同，加上邊際生產力遞減法則的存在，所以，國際間發生商品貿易後，會導致貿易國之間的因素價格趨於相等。

假設A國是一勞動衆多的國家，B國爲資本豐富國家，X商品在生產上爲勞動密集，Y商品則是資本密集。因而，在貿易前，A國之勞動價格相對於B國而言會較低，而資本價格則相對上較高。同理，在貿易前，B國的勞動價格會較高，而資本價格則會較低。

依上述便可決定二國比較利益之所在，故兩國的貿易情形爲A國輸出X商品，而B國會輸出Y商品。一旦A國因輸出X商品，輸入Y商品而增加勞動密集品（X）之生產並減少資本密集品（Y）的生產，結果，在不同的因素比例下，減少Y之生產所釋放出之勞動，不足以供應增加X生產所需吸收之勞動，在勞動供不應求下，勞動價格將上漲。反之，隨著資本需要的減少，A國的資本價格將下跌。同理可知，貿易後B國之勞動價格下跌，而資本價格上升。

由此，我們可以了解到：貿易的結果，會使得稀少資源的價格下跌，使豐富資源價格上漲。若就同一生產因素的價格加以觀察，可知一上升一下跌的不斷變動，最後會使兩國的因素價格趨於均等。（關於因素價格均等化的問題，在下一章討論貿易對生產因素之影響時再行詳細分析。）

㈡史托勃－薩謬森定理（Stolper-Samuelson Theorem）

　　史托勃（W. F. Stolper）與薩謬森（P. A. Samuelson）在其合寫的
〈保護與實質工資〉（Protection and Real Wage, *Review of Economics
and Statistics*, Nov. 1941）一文中提出貿易對因素價格與因素所得之影
響。二人認為勞動衆多國家從事自由貿易之後，會引起勞動工資的上
升，資本所得的下降，而導致所得的重分配。因此，若採行保護關稅
政策，對輸入產業部門的因素有利，而對輸出產業部門的因素不利。

　　假設A國為勞動衆多國家，B國為資本豐富國家，而X商品在生產
上為勞動密集，Y商品為資本密集，從而決定兩國之貿易方向如下：A
國輸出X商品至B國，並從B國輸入Y商品，而B國則輸出Y商品輸入X
商品。

　　圖8-1即描述B國之生產與因素價格的變動情形：

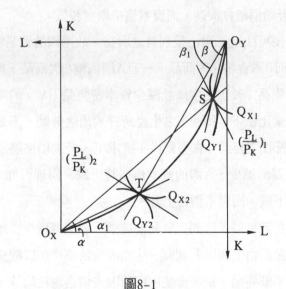

圖8-1

　　貿易前，B國在S點生產，為自給自足的經濟型態。此時B國生產Q_{X1}的 X商品與Q_{Y1}的Y商品，因素價格比為$(\frac{P_L}{P_K})_1$。由O_X，O_Y與S點的
連線分別決定了因素使用比例α（$\rho_X = \frac{K_X}{L_X}$）與β（$\rho_Y = \frac{K_Y}{L_Y}$），因α

小於 β，因而可確知X爲勞動密集，Y爲資本密集。貿易後，B國因爲輸出Y商品，使得Y商品的生產增加，因而，Y商品之產業部門擴張。相反的，貿易後，因X商品的輸入，B國生產X商品的產業部門將萎縮。然而，Y部門的擴張，將需要較多的資本以及較少的勞動，但X部門的縮小，卻僅能提供大量的勞動，而無法提供足量的資本。因此，若以X商品縮小生產之所餘提供Y商品增加生產之所需，其結果將造成資本不足與勞動過多的現象。勞動產生超額供給，使勞動價格（P_L）下跌；而資本之不足則使資本價格（P_K）上漲。即由 $(\frac{P_L}{P_K})_1$ 移至 $(\frac{P_L}{P_K})_2$，此時，$(\frac{P_L}{P_K})_1$ 會大於 $(\frac{P_L}{P_K})_2$（$(\frac{P_L}{P_K})_2 < (\frac{P_L}{P_K})_1$）。

此外，如圖8-1所示，貿易後在T點生產，儘可能的以勞動代替資本。所以，資本勞動使用比例（$\frac{K_X}{L_X}$）變小，而且（$\frac{K_Y}{L_Y}$）亦變小。雖然，α_1 小於 α，β_1 小於 β，但 α_1 仍小於 β_1，即因素密集情況不變。

而且，達均衡點後，整個社會經過變動，仍然達到充分就業。

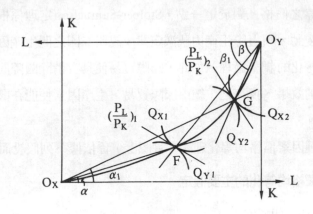

圖8-2

現再就A國的情形論之：在圖8-2中，A國貿易前在F點自給自足。連接O_X，O_Y 與F點之連線，可求得因素使用比例 α、β，α 小於 β，所以，X爲勞動密集產品，而Y則爲資本密集產品，產量分別爲Q_{X1}與Q_{Y1}。

　　貿易後，A國因為輸出X商品，使得生產X商品的產業部門擴張，相反地，Y商品的產業部門，則因Y商品的輸入而縮小。然而，X產業部門的擴張需要吸收較多的勞動以及少量的資本，Y部門縮小所釋出的是少量的勞動以及大量的資本。結果，A國將發生勞動不足，資本過多的現象。對勞動的超額需求（$S_L^Y < D_L^X$）導致勞動價格上升（$P_L \uparrow$），而資本上的超額供給（$S_K^Y > D_K^X$）將使資本的價格下跌（$P_K \downarrow$），即由（$\frac{P_L}{P_K}$）$_1$上移至（$\frac{P_L}{P_K}$）$_2$（由F點移至G點），此時之（$\frac{P_L}{P_K}$）$_2$會大於（$\frac{P_L}{P_K}$）$_1$。

$$（\frac{P_L}{P_K}）_1 \rightarrow （\frac{P_L}{P_K}）_2 \, , \, （\frac{P_L}{P_K}）_2 > （\frac{P_L}{P_K}）_1$$

換言之，貿易後，A國會在G點生產，此時，儘可能以資本代替勞動，因而X商品及Y商品的資本勞動比例（$\frac{K}{L}$）皆上升，但其因素密集度之相對關係不變（X商品仍為勞動密集，Y商品仍為資本密集）。

　　因素價格均等化理論是依據國際分工對生產因素需要的變化來調整生產因素之價格。對於這一點，Stolper-Samuelson定理係根據資本勞動比率的變動，與邊際生產力遞減定律，說明二國之間生產因素價格比率趨於均等化的調整過程。如此，國際貿易便具有消除國際間生產因素價格差異的效果。換言之，經由國際貿易，生產因素便能在國際間做間接的移動。

　　這種因素價格均等化理論，實際上，係依據下列假設而建立的。

㈢因素價格均等化的主要假定

　　1.有二個國家；

　　2.生產二種商品；

　　3.使用二種生產因素（理論上假定為勞動與資本）；

　　4.邊際生產力遞減；

5. 已達充分就業；

6. 二國間同種物品之生產函數相同；

7. 自由貿易（沒有貿易障礙，運費爲零）；

8. 生產因素在國際間不能移動（惟有藉貿易使價格達均等化）；

9. 貿易不會使二國之生產達到完全專業化（即二國均同時有輸出產業與輸入競爭產業的存在）；

10. 二國對二商品之需要結構相同；

11. 貿易後二國之物品價格相等，而使因素價格相等，故$\dfrac{P_{AX}}{P_{AY}}=\dfrac{P_{BX}}{P_{BY}}$。

由前節之推導可知：

$$\frac{P_{AX}}{P_{AY}}-\frac{P_{BX}}{P_{BY}}=\left(\frac{1_X}{1_Y}\right)\left[\frac{(Q_B-Q_A)(\rho_X-\rho_Y)}{(Q_A+\rho_Y)(Q_B+\rho_X)}\right]$$

貿易後$\dfrac{P_{AX}}{P_{AY}}=\dfrac{P_{BX}}{P_{BY}}$，所以，上式爲零。而$1_X$、$1_Y$、$Q_A$、$Q_B$、$\rho_X$與$\rho_Y$皆大於零，因而，$(Q_B-Q_A)(\rho_X-\rho_Y)$會爲零，但$\rho_X$不等於$\rho_Y$（不同商品因素密集度不同），故可推知：當$Q_A$等於$Q_B$時，$\left(\dfrac{P_L}{P_K}\right)_A$會等於$\left(\dfrac{P_L}{P_K}\right)_B$，亦即達成因素價格的均等化。

四、Heckscher-Ohlin 貿易模型之圖示

分析上的假設與前節相同。二國家，分別爲勞動衆多的A國與資本豐富的B國；二種生產因素，有資本（K）與勞動（L）；二種商品，生產上勞動密集的X商品與生產上資本密集的Y商品。生產數量以Q_X、Q_Y表示之，而因素價格則以P_L、P_K代表之。

圖8-3(a)中AA_1及BB_1爲A、B兩國之生產可能曲線，因爲，兩國的需要相同，所以I_1爲兩國共同之社會無異曲線。圖中之S_1及F_1則分別爲A、B兩國貿易前之生產消費點。又圖中t_1t_1及t_2t_2爲兩國國內價格比率，而t_1t_1斜率小於t_2t_2，即$\left(\dfrac{P_X}{P_Y}\right)_A$小於$\left(\dfrac{P_X}{P_Y}\right)_B$，表示A國生產X商品有比

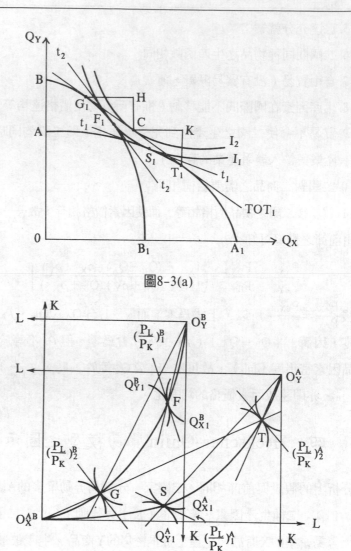

圖8-3(a)

圖8-3(b)

較利益，B國生產Y商品有比較利益，因此A國輸出X至B國，B國輸出Y至A國。

　　貿易後，相對價格發生變動，國際貿易條件（均衡貿易條件）會介於兩國之國內相對價格之間（$t_1 t_1 < TOT_1 < t_2 t_2$）。此價格線與較高的

無異曲線I_2相切於C點，顯示貿易能增進兩國之福利。就生產點而言，B國由F_1點移至G_1點，A國由S_1點移至T_1點；就消費點而言，則是由F_1、S_1點移至C點。A國比較專業化於X之生產，B國則比較專業化於Y之生產；A國會輸出CK之X商品與輸入KT_1之Y商品，B國則輸出CH的Y商品與HG_1的X商品。此時二國之貿易達成均衡，所以，A國的貿易三角形△CKT_1，會等於B國的貿易三角形△CHG。換言之，A國之輸出等於B國之輸入，B國之輸出等於A國之輸入（CK＝HG_1，CH＝KT1）。

由以上的分析，可發現：勞動眾多的A國將輸出勞動密集之X商品而輸入資本密集之Y商品；而資本豐富的B國則輸出資本密集之Y產品而輸入勞動密集之X產品。這就是「黑克夏－歐林」因素秉賦理論之貿易型態。

再就圖8-3(b)加以分析：

在貿易前A國之資源配置與生產點爲S點，B國爲F點，在各國國內則同一因素不論用於生產X或Y，均獲相同之報酬率。一旦兩國進行貿易，則因商品價格發生變動而導致兩國之生產與資源配置亦發生變動，A國擴張X商品之生產，減少Y商品之生產，因而其資源配置將從S點沿最大效率軌跡上移至T點，B國則擴張Y之生產，減少X之生產而使其資源配置從F點下移至G點。

A國由S點至T點，代表X與Y二種商品在生產上其（資本／勞動）比例變大，但因素密集度之關係保持不變，即X商品仍爲勞動密集，Y商品仍爲資本密集。不過，Y商品減產所釋出之資本大於X商品之增產所需，另一方面，Y部門所釋出之勞動則不足以供應X商品增產之所需，因而資本的價格下降，勞動的價格上升，即（$\frac{P_L}{P_K}$）$_1^A$小於（$\frac{P_L}{P_K}$）$_2^A$。

B國則由F點移至G點，代表X與Y二種商品在生產上其（資本／勞動）比例變小，不過，因素密集度關係維持不變。就勞動力而言，X商

品減產所釋出之勞動大於Y商品增產所需吸收之勞動；在資本方面則相反，X產品部門因減產所釋出之資本小於Y部門增加生產所需吸收之資本量。因而，資本的價格上升，勞動的價格下降，$(\frac{P_L}{P_K})^B$將變小，即 $(\frac{P_L}{P_K})_2^B$ 會小於 $(\frac{P_L}{P_K})_1^B$。這樣A、B兩國的因素價格做相反方向的變動，最後將使兩國的因素價格趨於均等。如圖8-3(b)中T點的 $(\frac{P_L}{P_K})_2^A$ 等於 G點的 $(\frac{P_L}{P_K})_2^B$。

綜合上面分析，可知A、B兩國在貿易前由於因素秉賦的不同，其因素價格亦不同，因而導致生產成本的差異與產品價格的不同，所以兩國之間便有比較利益或比較優勢存在，根據比較利益A、B兩國便可發生貿易，經由貿易的進行兩國之產品價格便趨於相等，即 $(\frac{P_X}{P_Y})_T^A = (\frac{P_X}{P_Y})_T^B = TOT_1$（圖8-3(a)）。最後，兩國之因素價格也趨於相等，即 $(\frac{P_L}{P_K})_2^A = (\frac{P_L}{P_K})_2^B$（圖8-3(b)）。

五、Heckscher-Ohlin貿易模型之檢定

為了檢定「黑克夏－歐林」貿易模型的適用性，各國學者便針對此一理論作了相關的實證研究：

(一)Leontief 的矛盾

對因素秉賦理論的檢定，W. Leontief曾利用1947年美國的產業關聯表來加以分析，而獲得下面的結果。

美國輸出品要較輸入品更為勞動密集。一般都認為美國是資本豐富的國家，依據因素秉賦理論，則美國應該輸出資本密集的商品，而輸入勞動密集的產品。Leontief研究的結果，如下表所示：

表 8-2　美國國內生產1百萬元輸出品與輸入品
所需要的資本與勞動量

	輸 出 品	輸 入 品
(K)資本 (1947年價格)	$ 2,550,780	$ 3,091,339
(L)勞動 (年勞動人數)	182	170
資本勞動比率(K/L)	$ 13,991元／人	$ 18,184元／人

來源：W. Leontief "Domestic Production and Foreign Trade: The
American Capital Position Reexamined" *Economia*
Internazionale, Feb. 1954.

由上表可知，美國輸出品的資本勞動比率爲13,991元／人，而輸入品的
資本勞動比率爲18,184元／人。故輸入品的資本密集度約爲輸出品的
1.3倍（18,184÷13,991＝1.3），亦即美國輸出勞動密集的產品，而輸
入資本密集的產品，此現象與Heckscher-Ohlin的理論相矛盾。

這種矛盾現象的發生，Leontief曾作如下的解釋：由於生產因素在
國際間其品質不同，在相同的資本量下勞動的生產力，美國約爲他國之
三倍，因此美國實擁有現存勞動量之 3倍的勞動量，所以與每1人勞動
所配合的資本量要比他國爲高，其每人勞動的生產力亦比他國爲高。這
樣從生產能力來看，美國爲勞動相對豐富的國家，而資本成爲相對稀少
的生產因素。採用這種角度加以解釋，則上述矛盾現象就不存在了。

關於Leontief 矛盾現象的討論有很多不同意見，但可歸納成二類：
其一爲有關Leontief的統計結果之分析方法；另一爲因素稟賦理論的檢
討。就後一類研究而言，除P. T. Ellsworth的論文（The Structure of
American Foreign Trade：New View Examined, *Review of Economics*
and Statistics, Aug. 1954）外，尚有其他許多文獻。

H. G. Johnson，利用Fisher的資本觀念，把熟練勞動當作廣義的資
本加以考慮。美國輸出品爲熟練勞動密集的產品，故可視爲是廣義的資

本密集產品。因此，Johnson認爲：Leontief的分析並不構成矛盾。（Fisher認爲廣義的資本，不僅包括生產工具與生產方法，而且也包括自然資源、人類的技能與生產知識等，而勞動卻指單純的人類勞動時間而已。）

㈡印度

R. Bharadwaj運用Leontief的檢定方法研究印度的對外貿易結構。Bharadwaj發現：印度的對外貿易是輸入資本密集的商品而輸出勞動密集的產品；不過，當印度與美國貿易時，則輸入勞動密集的產品而輸出資本密集的產品。若依H-O之理論，則印度成爲資本豐富之國家而美國則成爲勞動衆多之國家，此與事實不符。

㈢日本

M. Tatemato（建元正弘）與S. Ichmura（市村眞一）發現：日本爲人口過剩的國家，但與世界各國貿易時，卻輸出資本密集的產品，而輸入勞動密集的產品。反之，當與美國貿易時，則情形恰好相反，日本輸入資本密集的產品而輸出勞動密集的產品。此與 H-O理論相符。

㈣加拿大

D. F. Wahl發現加拿大之輸出品爲資本密集的產品，而輸入品爲勞動密集的產品。但加拿大的貿易大部份是與美國進行的，因此，這一現象與H-O模型相矛盾。

㈤東德

W. Stolper與K. Roskamp曾研究東德的輸出品與輸入品的特性。東德與東歐各國比較，東德是資本豐富的國家，根據H-O理論東德應輸出資本密集產品而輸入勞動密集產品。Stolper與Roskamp的研究亦發現東

德的輸出品爲資本密集的商品，而輸入品爲勞動密集的產品。此與H-O
模型完全符合。

　　從上面的實證研究，只有日本與美國之間的貿易，以及東德與東歐
各國之貿易與「黑克夏—歐林」的貿易模型相脗合，其他都與H-O理論
相矛盾。產生矛盾的原因很多，因爲「黑克夏—歐林」模型是建立在許
多嚴苛的假定之上，只要有一項不具備，則就會產生與模型不符的情
形。雖然「黑克夏—歐林」模型在實證上未能獲得強而有力的支持，
但其在國際貿易理論中占有舉足輕重的地位是不容忽視的。

第九章 因素價格均等化理論

研究國際貿易理論的主要目的之一，在於說明貿易如何影響貿易國間之價格與所得水準。現代貿易理論——Heckscher-Ohlin 模型就是在分析貿易的這一重要影響，它包括下面三點：①產品價格的變動，②因素價格的變動，與③貿易利益（Gains from Trade）。第一點即在於說明貿易能夠促使二個貿易國的商品價格（相對價格）趨於均等。第二點即有關因素價格均等化理論。此一理論說明在某些假定之下，自由貿易能促使二國的因素價格趨於均等。第三點可以說是貿易理論的基本問題，它說明何以自由貿易對一國而言，要比閉鎖經濟爲優越。因爲在自由貿易之下其眞實所得要比沒有貿易時爲高。

本章的研究要點在探討國際貿易如何影響商品價格的變動，再由商品價格的變動導致生產資源配置的變動，最後達成因素價格的均等化。

一、國際貿易與因素價格

生產因素價格與產品價格有直接的關係。貿易能使一國之輸出品價格上漲，而使輸入品的價格下跌，結果，輸出品的生產增加而輸入品的生產減少。因此，生產因素將從生產縮小的產業（輸入品產業）轉移到生產擴張的產業（輸出品產業），而生產因素的價格變動就取決於由輸入產業部門所釋出的，與輸出產業部門所吸收的生產因素之相對數量。

　　假定A國是資本豐富而勞動稀少的國家，則該國必輸入勞動密集的
產品而輸出資本密集的產品。而其輸出產業的擴大生產，必須吸收大量
的資本與少量的勞動，但其輸入產業的縮小生產，則剩下大量的勞動與
少量的資本。因為輸出產業是資本密集的產業，而輸入產業則為勞動密
集的產業，因而將造成資本的不足與勞動的過剩。結果，稀少生產因素
（勞動）的價格將下跌，而豐富的生產因素（資本）的價格將上漲。因
貿易將使輸出品的價格以及生產輸出品所需大量使用的因素（資本）的
價格都將上漲，而稀少生產因素的價格以及輸入品的價格都將下跌。

　　以下我們將進一步分析，由於貿易引起一國生產結構與生產量的變
動，然後再引起生產因素從輸入產業部門移動到輸出產業部門，而使生
產因素的價格發生變動的情形。如下面圖9-1所示。

　　由圖9-1(a)可知：X為資本密集產品，Y為勞動密集產品，假定因
素價格不變，則資本勞動之投入比例亦不變。貿易前，該國在A點生產
。若進行貿易，則會輸出X商品，使X商品之產業部門擴張，沿 $\overline{\alpha}$ 移動
；同時，會輸入Y商品，使Y產業部門縮小，而沿 $\overline{\beta}$ 移動（因為，要保
持兩商品的資本勞動比率不變，所以沿 $\overline{\alpha}$ 、 $\overline{\beta}$ 移動）。以圖(b)來看：
將圖(a)之A點移至圖(b)之原點，圖(a)之 $\overline{\alpha}$ 、 $\overline{\beta}$ 亦移至圖(b)中，當輸出
產業部門擴張時，X之產量由X_1增至X_2，輸入競爭產業部門（Y）縮
小生產時，Y之產量由Y_1減為Y_2，使其切於同一條因素價格線$t_1 t_1$，t_1
t_1平行於tt，表示因素價格仍為（ $\frac{P_L}{P_K}$ ）$_1$，即因素價格保持不變，而且
，X_2在 $\overline{\alpha}$ 上，Y_2在 $\overline{\beta}$ 上。圖(b)上之AF代表Y減少生產後所剩下之勞動，
EF代表Y減少生產後所剩下之資本，所以 Y之生產由A點移至E點，將釋
放AF之勞動與EF之資本以供給生產X商品之產業部門。同樣的，BD代表
X商品增加生產所需增加之勞動，BA代表X增加生產所需要之資本，X商
品之由A至D點，則產生BD之勞動需求與BA之資本需求。

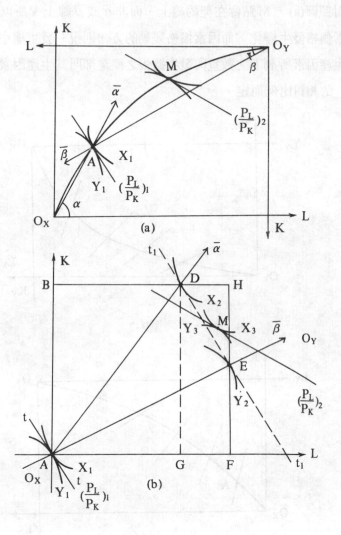

圖9-1

結果，勞動產生了DH之超額供給，即有DH之勞動失業，使得勞動價格（P_L）下降，而資本則發生HE之不足，造成資本價格（P_K）上升。因此，因素相對價格（$\frac{P_L}{P_K}$）上升，由（$\frac{P_L}{P_K}$）$_1$升至（$\frac{P_L}{P_K}$）$_2$；由於（$\frac{P_L}{P_K}$）$_2$小於（$\frac{P_L}{P_K}$）$_1$與原先假定不合。X_3，Y_3在（$\frac{P_L}{P_K}$）$_2$上相切於M

，對照圖(a)，M點會在契約線上，而非 $\overline{\alpha}$ 或 $\overline{\beta}$ 線上。所以，貿易會使因素價格發生變化，而因素價格變動的方向則視「發生縮小之產業部門其生產因素所剩下之數量與發生擴張之產業部門其生產因素所不足之數量」的相對比例而定。

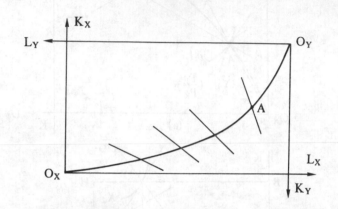

圖9-2

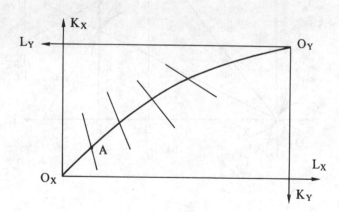

圖9-3

就箱形圖的分析而言：如果X為勞動密集產品，Y為資本密集產品（如圖9-2），圖中A點往下移動，表示X產業的縮小使勞動價格（P_L）下降，Y產業的擴張使資本價格（P_K）上升，因而因素價格比例（$\frac{P_L}{P_K}$）

愈來愈小。同理，假如X爲資本密集產品，Y爲勞動密集產品（如圖9-3），圖中A點往上移動，表示Y產業的縮小使勞動價格（P_L）下降，X產業的擴張使資本價格（P_K）上升，因此，因素價格比例（$\frac{P_L}{P_K}$）亦愈來愈小。

　　總括言之，貿易發生使產品價格變動，生產結構也隨之改變，而後，又造成生產量的變動，進而，生產因素之使用比例發生變動，再影響及因素價格比例的變動，即工資的上漲（下跌）與利率的下跌（上漲）。

二、因素密集度、因素價格與產品價格間之關係

　　設X、Y兩種商品之因素密集度分別以（$\frac{K}{L}$）x，（$\frac{K}{L}$）Y表示，產品價格比與因素價格比則分別以（$\frac{P_X}{P_Y}$）、（$\frac{P_L}{P_K}$）代表之。

㈠因素價格與產品價格之關係

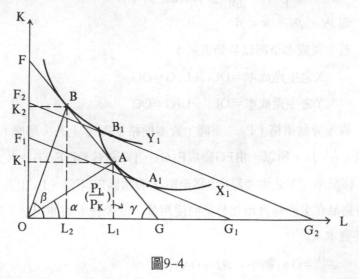

圖9-4

　　假定X、Y之等產量曲線只交於一點，即無因素密集度逆轉情形。另外，再假定X爲勞動密集產品，Y爲資本密集產品。因而，如圖9-4

所示：

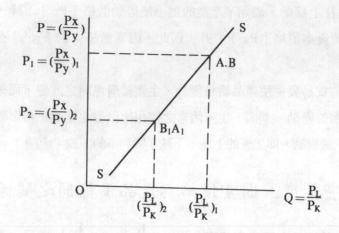

圖9-5

令 $\rho_X = (\dfrac{K}{L})_X = \dfrac{OK_1}{OL_1}$ ，即 $\overline{OA}$ 之斜率 α

　　 $\rho_Y = (\dfrac{K}{L})_Y = \dfrac{OK_2}{OL_2}$ ，即 $\overline{OB}$ 之斜率 β

而 $\rho_X < \rho_Y$ ， $\alpha < \beta$

若生產成本全部以勞動表示：

　　X之生產成本 $= OL_1 + L_1G = OG$

　　Y之生產成本 $= OL_2 + L_2G = OG$

假定勞動價格（ P_L ）下降，資本價格（ P_K ）上升，那麼（ $\dfrac{P_L}{P_K}$ ）$_2$ 會小於（ $\dfrac{P_L}{P_K}$ ）$_1$ ，所以，由FG變成 F_1G_1 ，作 F_2G_2 平行 F_1G_1 ，X之生產點由A移至 A_1 ，Y之生產點由B移至 B_1 ，表示因 P_L 下降， P_K 上升，故X、Y兩物品在生產時會增加勞動的使用量，減少資本的使用量，即以勞動代替資本。

　　 $\rho_X^{A_1} = OA_1$ 斜率 $< \rho_X^A = OA$ 斜率

　　 $\rho_Y^{B_1} = OB_1$ 斜率 $< \rho_Y^B = OB$ 斜率

　　 $\therefore \rho_X^{A_1} < \rho_Y^{B_1}$

∴X仍爲勞動密集，Y仍爲資本密集

在A₁點，X之生產成本爲OG₁，在B₁點，Y之生產成本則爲OG₂，

$$OG_1 < OG_2$$

因此，一種生產因素之價格下跌，則以此種因素爲密集因素所生產之產品其成本將變小，而相對的以另一種因素爲密集因素所生產之產品其成本將變高，價格變貴，即 $(\frac{Px}{Py})_1$ 大於 $(\frac{Px}{Py})_2$。

因而，生產因素價格的變動，就會影響產品價格，而且兩者呈同方向變動（見圖9-5所示）。

㈡因素密集度和因素價格之關係

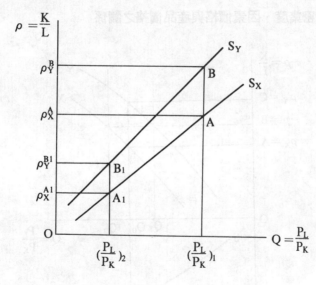

圖9-6

利用圖9-4，假設P_L下降而P_K上升，則$\frac{P_L}{P_K}$下降，移至 $(\frac{P_L}{P_K})_2$，因此，$(\frac{P_L}{P_K})_2$ 會小於 $(\frac{P_L}{P_K})_1$。X商品在生產上，以勞動代替資本，因而，

OA斜率 $= \rho_X^A$

OA₁斜率 $= \rho_X^{A1}$

∵OA斜率＞OA₁斜率

∴$\rho_X^A > \rho_X^{A1}$

在Y生產上，亦是以勞動代替資本，因而：

OB斜率＝ρ_Y^B

OB₁斜率＝ρ_Y^{B1}

∵OB斜率＞OB₁斜率

∴$\rho_Y^B > \rho_Y^{B1}$

由圖9-6可看出，B及B₁所代表的ρ_Y^B及ρ_Y^{B1}皆大於A及A₁所代表的ρ_X^A及ρ_X^{A1}，此表示，X、Y二產品之因素密集度沒有發生逆轉，亦因此，我們可知：生產因素價格之變動方向與因素密集度之變動方向一致。

(三)因素密集度、因素價格與產品價格之關係

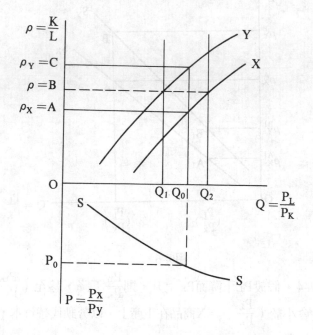

圖9-7

將圖9-5與圖9-6合併即可得圖9-7，從圖9-7中可看出因素密集度

、產品價格與因素價格三者間相互影響的情形。若 $\frac{P_L}{P_K}$ 在 OQ_0 時，則可決定產品X、Y的價格比率為 OP_0，此時X的因素密集度 ρ_X 等於OA，Y之因素密集度 ρ_Y 等於OC。現假設此國之因素秉賦 $\rho = OB$，若完全依照因素秉賦理論，則因素價格會在 OQ_1 與 OQ_2 之間變動。如果因素價格等於 OQ_1，則完全專業化於Y產品之生產；如果因素價格等於 OQ_2，則完全專業化於X產品之生產；如果因素價格介於 OQ_1 與 OQ_2 之間，則同時生產X、Y兩種產品。

以數學式表示：

$$L = L_X + L_Y$$
$$K = K_X + K_Y$$
$$= \left(\frac{K_X}{L_X}\right) \cdot L_X + \left(\frac{K_Y}{L_Y}\right) L_Y$$
$$= \rho_X L_X + \rho_Y L_Y$$
$$\rho = \frac{K}{L} = \frac{\rho_X L_X + \rho_Y L_Y}{L_X + L_Y}$$
$$\Rightarrow \quad \rho L_X + \rho L_Y = \rho_X L_X + \rho_Y L_Y$$
$$(\rho - \rho_X) L_X = (\rho_Y - \rho) L_Y$$
$$\therefore \rho_Y > \rho > \rho_X$$

此表示一個國家的因素秉賦比率落在X產品的因素密集度與Y產品的因素密集度之間才可能兩種產品都生產。

另外，我們亦可導出某一產品所使用之勞動佔總勞動的比率：

$$\rho = \frac{K}{L} = \frac{\rho_X L_X + \rho_Y L_Y}{L}$$
$$= \rho_X \left(\frac{L_X}{L}\right) + \rho_Y \left(\frac{L_Y}{L}\right)$$
$$= \rho_X \left(\frac{L_X}{L}\right) + \rho_Y \left(1 - \frac{L_X}{L}\right)$$

$$(\rho_X - \rho_Y)\frac{L_X}{L} = \rho - \rho_Y$$

$$\frac{L_X}{L} = \frac{\rho - \rho_Y}{\rho_X - \rho_Y} = \frac{OB - OC}{OA - OC} = \frac{BC}{AC} = \text{用來生產X商品所使}$$
用的勞動佔總勞動量
的比率

$$\frac{L_Y}{L} = \frac{AB}{AC} = \text{用來生產Y商品所使用勞動佔總勞動量的比率}$$

因此，假如OB等於OA（$\rho_X = \rho$）時，則完全專業化於X商品之生產，此時AB等於零，勞動全部配置於X產業部門。

而若OB等於OC（$\rho_Y = \rho$），則完全專業化於Y商品之生產，此時BC爲零，勞動全部配置於Y產業部門。

三、因素價格均等化與資源配置

(一)Harrod-Johnson分析法

假定A國爲勞動衆多，B國爲資本豐富，因此，A國之因素秉賦ρ_A（$=(\frac{K}{L})_A$）會小於B國之因素秉賦ρ_B（$=(\frac{K}{L})_B$）。

圖9-8中KL爲A國之因素價格變動的範圍，MN則爲B國之因素價格變動範圍。而其相重疊之部份，則爲因素價格均等化之可能範圍。

進行貿易之前，A國之因素價格等於Q_A，決定了該國產品之相對價格P_A（$=\frac{Px}{Py}$）；同理，B國之因素價格等於Q_B，決定了B國產品之相對價格P_B（$=\frac{Px}{Py}$）。

因爲，A國之勞動多、資本少，因此，勞動價格低，而資本價格高，反之，B國則是資本價格低，勞動價格高。即：

$$(\frac{P_L}{P_K})_A = Q_A < (\frac{P_L}{P_K})_B = Q_B$$

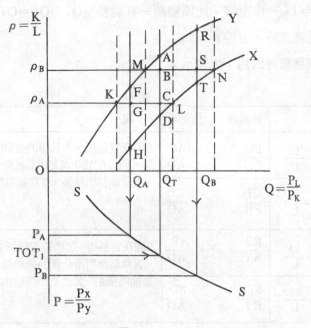

圖9-8

因而，

$$(\frac{Px}{Py})_A = P_A < (\frac{Px}{Py})_B = P_B$$

所以，A國會輸出X商品，輸入Y商品，使得國內X商品價格Px上升，Y產品價格Py下降，即P_A上升；B國則輸入X，輸出Y，使B國內X產品價格Px下降，而Y產品價格Py上升，亦即P_B下降。故進行貿易後：

$$(\frac{Px}{Py})_A^T = P_A^T = TOT_1 = (\frac{Px}{Py})_W = P_B^T = (\frac{Px}{Py})_B^T$$

　　T表示存有貿易下之情形

　　W代表世界市場

　　即由TOT_1決定了貿易後的因素價格為Q_T。另外，則因A國輸出X，輸入Y，使得工資（P_L）上漲、利率（P_K）下跌，$Q_A = (\frac{P_L}{P_K})_A$右移；而B國則因輸出Y，輸入X，使工資（$P_L$）下跌、利率（$P_K$）上漲

，$Q_B = (\frac{P_L}{P_K})_B$左移。此種變動一直調整至$Q_A = Q_T = Q_B$，即因素價格均等化達成時，方停止。

其過程可以用下表表示之：

表 9-1

		貿易前		貿易後	說　　　　　　　明
A 國	$\dfrac{L_X}{L}$	$\dfrac{FG}{FH}$	$<$	$\dfrac{AC}{AD}$	A國在貿易後，大部份的勞動分配於生產X產品，而分配於生產Y產品的勞動減少，所以，X產業部門擴張，Y產業部門縮小。
	$\dfrac{L_Y}{L}$	$\dfrac{GH}{FH}$	$>$	$\dfrac{CD}{AD}$	
B 國	$\dfrac{L_X}{L}$	$\dfrac{RS}{RT}$	$>$	$\dfrac{AB}{AD}$	B國在貿易後，Y產業部門所分到的勞動較多，X產業部門所分到的勞動較少，所以，Y產業部門擴張，X產業部門縮小。
	$\dfrac{L_Y}{L}$	$\dfrac{ST}{RT}$	$<$	$\dfrac{BD}{AD}$	

㈡箱形圖分析法

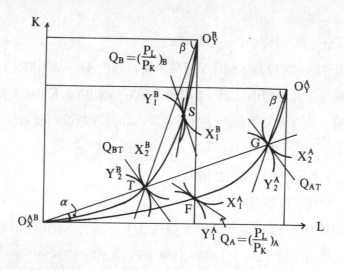

圖9-9

　　假定，A國爲勞動衆多，B國爲資本豐富。貿易前，A國在F點生產，B國在S點生產。因爲，A國之因素相對價格比Q_A（$= (\frac{P_L}{P_K})_A$）小於B國之因素相對價格比Q_B（$= (\frac{P_L}{P_K})_B$），由前面的分析可以了解，A國將輸出X商品，輸入Y商品，B國則將輸出Y商品，輸入X商品。因而，A國將增加勞動密集產業部門的生產，B國則增加資本密集產業部門的生產。A國的勞動工資因增加生產勞動密集的X產品而上升，資本價格則因Y商品的減產而下降，因素價格比例（$\frac{P_L}{P_K}$）上升，使F點往上移動，即（$\frac{P_L}{P_K}$）$_A$愈來愈大。相反地，B國則因增加Y產品生產，減少X產品生產而使得資本價格（P_K）上升、勞動價格（P_L）下降，亦即因素相對價格（$\frac{P_L}{P_K}$）下降，使S點往下移，即（$\frac{P_L}{P_K}$）愈來愈小。A、B兩國一直變動至其因素相對價格相等（$Q_{AT} = Q_{BT}$）時，才達到均衡。即如圖9-9所示，貿易後，A國在G點生產，B國在T點生產，因爲兩國以相同之（資本／勞動）比例來生產X、Y兩種產品，所以，G點及T點代表之因素密集度完全相同。

　　$O_X T$之斜率＝$O_X G$之斜率，　即$\rho_X^A = \rho_X^B$，

　　$O_Y^B T = O_Y^A G$，即$\rho_Y^A = \rho_Y^B$

　　$\alpha = \rho_X^A = \rho_X^B$；

　　$\beta = \rho_Y^A = \rho_Y^B$。

(三)等量曲線分析法

　　假定因素密集度沒有發生逆轉，Y爲資本密集產品，X爲勞動密集產品。貿易前，A國在A點生產X，在B點生產Y，B國在F點生產X，在G點生產Y；同時，我們分別以ρ_X^A、ρ_Y^A、ρ_X^B、ρ_Y^B代表OA、OB、OF、OG之斜率，即代表不同國家產品之因素密集度。

　　貿易後，A國輸出X，輸入Y，B國輸出Y，輸入X，因而，使得A國工資上漲（因X產品爲勞動密集），利率下跌，Q_A（$= (\frac{P_L}{P_K})_A$）上

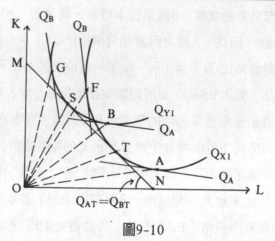

圖9-10

升，而B國則是工資下跌，利率上升，Q_B（$= (\frac{P_L}{P_K})_B$）下降，而使原先的因素價格比例差異漸縮小。當均衡達成時，兩國之因素相對價格將趨於一致，即$Q_{AT} = Q_{BT}$。

如圖9-10所示，在貿易後X產品之生產，A國將由A點移至T點，B國由F點移至T點；至於Y產品之生產，則是A國由B點移至S點，B國由G點移至S點。貿易的結果，使斜率變成MN一線。各國因素相對價格趨於一致（$Q_T = Q_{AT} = Q_{BT}$），同種商品在不同國間之因素使用比例亦趨於相同（$\rho_X^A = \rho_X^B = $OT斜率，$\rho_Y^A = \rho_Y^B = $OS斜率）。

由以上三種分析法皆可得知：貿易的存在，使兩國之生產資源的分配在輸出、輸入兩部門間發生變動，進而促成因素價格的均等化。

四、完全專業化與因素價格均等化

因素價格均等化的一個主要條件，在發生貿易後各國仍然繼續生產各種產品。換言之。要達成因素價格均等化必須排除一國的完全專業化。

(一)完全專業化與因素價格均等化可同時達成之例外情形

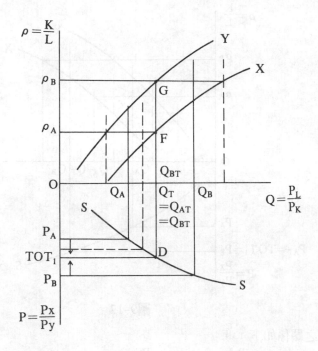

圖9-11

　　由圖9-11可看出，A、B兩國的因素價格變動範圍相重疊的只有Q_T一點，經由貿易要使兩國達到因素價格均等化，只有當貿易條件為TOT_1時，因素價格為$Q_T = Q_{AT} = Q_{BT}$，此時A國於F點專業化生產X，B國於G點專業化生產Y。在這種情況下，除非國際市場之貿易條件恰為TOT_1，否則因素價格均等化無法達成。

㈡小國的情形

　　假設有A、B兩個國家，其中A國為小國，並且假定A國為勞動眾多國家，B國為資本豐富國家，因此A國之（資本／勞動）比將小於B國，即$\rho_A < \rho_B$，$(\frac{P_L}{P_K})_A = Q_A < (\frac{P_L}{P_K})_B = Q_B$（見圖9-12）。如果X商品在生產上為勞動密集，Y商品為資本密集，則A、B兩國在貿易前其商品

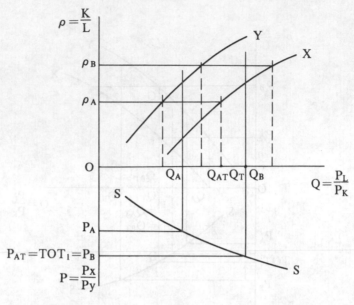

圖9-12

價格之關係如下：

$$P_A = (\frac{Px}{Py})_A < P_B = (\frac{Px}{Py})_B$$

表示A國在X商品的生產上享有比較利益，而B國在Y商品上享有比較利益。A、B兩國將進行貿易，A國輸出X商品至B國，而B國則輸出Y商品至A國。但因A國爲小國，所以在貿易後，國際市場的相對價格便由大國決定，即貿易條件等於B國之國內價格（ $TOT_1 = (\frac{Px}{Py})_B = P_B$ ），而A國之國內價格也必等於貿易條件（ $P_{AT} = (\frac{Px}{Py})_{AT} = TOT_1 = P_B$ ）。另一方面，產品價格的變動必影響因素價格的變動，當P_A移向P_B時，$Q_A = (\frac{P_L}{P_K})_A$必移向$Q_B = (\frac{P_L}{P_K})_B$，但當移至$Q_{AT}$時A國之生產已達完全專業化，全部資源均用於生產X商品，因素價格（ $\frac{P_L}{P_K}$ ）不能再變動。因此，在貿易後，A、B兩國的產品價格雖然趨於相等，但因素價格卻無法達到均等。

㈢兩國之因素秉賦相差太大時的情形

如果兩國之因素秉賦（ρ_A 與 ρ_B）相差太大時，如下面圖9-13所示：

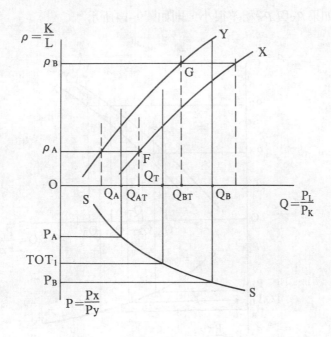

圖9-13

因 Q_A 小於 Q_B，亦即 P_A（$=(\frac{Px}{Py})_A$）小於 P_B（$=(\frac{Px}{Py})_B$），A、B兩國進行貿易，A國輸出X，輸入Y，B國則是輸入X輸出Y。A國X商品價格因而上升，Y商品價格下降，使得 P_A 上升，B國則反之，P_B 下降。貿易結果，使兩國的商品價格趨於一致（$P_{AT}=TOT_1=P_{BT}$），此時兩國因素價格應等於 Q_T。

A國，輸出X使工資（P_L）上漲，輸入Y使利率（P_K）下跌；B國輸出Y使得利率（P_K）上漲，輸入X使得工資（P_L）下跌。A國由 Q_A 移到 Q_{AT}，在F點達專業化不再移動，B國由 Q_B 移到 Q_{BT}，在G點達專業化，不再移動，兩國之因素相對價格因而未達一致（$Q_{AT} < Q_T < Q_{BT}$）

，即無法達成因素價格均等化。

㈣二種產品之因素密集度相差太小時的情形

如果 ρ_X 與 ρ_Y 相差很小，則如圖9-14所示：

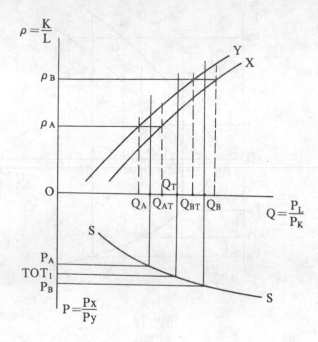

圖9-14

假設與前面相同：A國勞動衆多，B國資本豐富，X爲勞動密集，Y爲資本密集。因$P_A<P_B$，所以A國輸出X，輸入Y，B國輸出Y，輸入X商品。

貿易後，產品相對價格相同（$P_{AT}=TOT_1=P_{BT}$），對應地決定了因素價格比例Q_T。而其中，A國輸出X，輸入Y，使得工資（P_L）上升，利率（P_K）下降，由Q_A移到Q_{AT}，專業化於X產品，不再移動；B國則輸出Y，輸入X，使利率（P_K）上升，工資（P_L）下降，而由Q_B移到Q_{BT}，專業化於Y產品，不再移動。結果使得貿易後兩國之因素相對

價格不相同（$Q_{AT} \coloneqq Q_T \coloneqq Q_{BT}$），無法達成因素價格均等化。

　　以上所述者，即爲兩國之生產完全專業化時無法達到因素價格均等化的情形。

五、關稅與運費對因素價格均等化的影響

　　在國際貿易時，如果考慮關稅或運輸成本的負擔，則二國之間商品的價格便不可能因貿易而趨於相等，商品價格既然不相等，則因素價格均等化也就不可能達成。

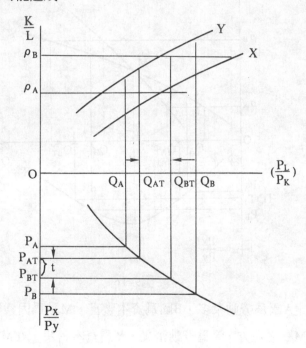

圖9-15

　　如圖9-15所示，貿易前A國之因素價格爲Q_A〔$Q_A = (\frac{P_L}{P_K})_A$〕，B國之因素價格爲$Q_B$，產品價格在A國爲$P_A$，$P_A = (\frac{P_x}{P_y})_A$，B國爲$P_B$，$P_B = (\frac{P_x}{P_y})_B$，因$P_A < P_B$，故A國將輸出X物品而輸入Y物品，B國則

輸出Y而輸入X。貿易後P_A上升為P_{AT}，P_B下降為P_{BT}，其中$P_{BT} - P_{AT}$
$= t$即表示關稅或運費。因此，在貿易後由產品價格所決定的因素價格
為Q_{AT}與Q_{BT}，$Q_{AT} < Q_{BT}$，可見無法達到因素價格均等化。

六、因素密集度逆轉與因素價格均等化

㈠Harrod-Johnson的分析法

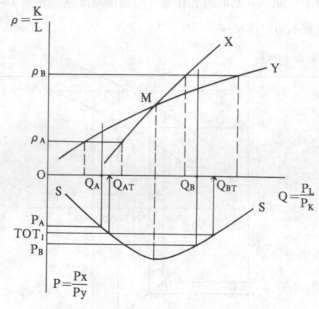

圖9-16

假定A國為勞動眾多，B國為資本豐富，M點為因素密集度的轉折
點，在M點之左方，X為勞動密集，Y為資本密集，在M點之右方，X
為資本密集，Y為勞動密集，SS亦對應於M點由正斜率轉為負斜率。

貿易前，A國之因素相對價格小於B國（$Q_A < Q_B$），因而產品相對
價格（$\frac{Px}{Py}$），A國亦小於B國（$P_A < P_B$）。發生貿易後，A國將輸出X
至B國，B國則輸出Y至A國，均衡的貿易條件為TOT_1（$P_{AT} = TOT_1 =$

P_{BT} ）。因A國輸出X使其密集使用之勞動價格因增產而上升，資本價格則因Y減產而下降，因而，A國之因素相對價格由Q_A升至Q_{AT}。同樣地，B國則因 Y 的增產與 X 的減產，使得勞動價格上升，資本價格下降（因有因素密集度逆轉），B國之因素相對價格也因而上升至Q_{BT}。故Q_A與Q_B乃做同方向變化，由於Q_{AT}小於Q_{BT}，所以無法達到因素價格均等化。

㈡箱形圖分析法

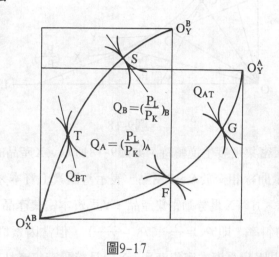

圖9–17

　　假定A國之X爲勞動密集，Y爲資本密集，B國之X爲資本密集，Y爲勞動密集。貿易前，A國在F點生產，B國在S點生產，因A國之因素相對價格小於B國（$Q_A < Q_B$），所以，A國輸出X，B國輸出Y。貿易後，A國之X產業擴張，Y產業縮小，勞動價格上升，資本價格下降，使F點上移，斜率愈來愈大，由Q_A升至Q_{AT}。B國則是Y產業擴張，X產業縮小，使得勞動價格上升，資本價格下降（因在B國X爲資本密集，Y爲勞動密集），S點下移，斜率亦愈來愈大，由Q_B升至Q_{BT}。由於Q_{BT}大於Q_{AT}，所以無法達成因素價格均等化。

(三)等量曲線分析法

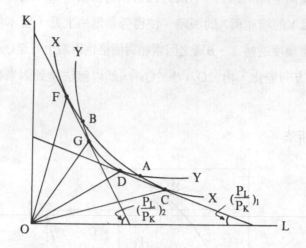

圖9-18

當因素密集度發生逆轉時，如圖9-18所示，X產品的等量曲線與Y產品的等量曲線相交於A、B兩點，表示當因素（資本／勞動）價格比較低如（$\frac{P_L}{P_K}$）$_1$時X爲勞動密集產品，Y爲資本密集產品（因$\overline{OC}$的斜率小於$\overline{OD}$的斜率，即$\rho_X = \frac{K_X}{L_X} < \rho_Y = \frac{K_Y}{L_Y}$），但當因素價格較高，爲（$\frac{P_L}{P_K}$）$_2$時，則X變爲資本密集產品，Y變爲勞動密集產品（因$\overline{OF}$之斜率大於$\overline{OG}$之斜率，即$\rho_X = \frac{K_X}{L_X} > \rho_Y = \frac{K_Y}{L_Y}$）。

現設有A國與B國兩個國家，A爲勞動衆多國家，B爲資本豐富國家，因此A國的因素價格（$\frac{P_L}{P_K}$）$_A$令其等於（$\frac{P_L}{P_K}$）$_1$，而B國的因素價格（$\frac{P_L}{P_K}$）$_B$令其等於（$\frac{P_L}{P_K}$）$_2$。當A、B兩國發生貿易後，A國將輸出X商品至B國，而從B國輸入Y商品，B國則輸出Y商品，輸入X商品。但B國爲資本豐富國家，然而由於因素密集度逆轉，Y商品在B國爲勞動密集，X商品爲資本密集，因此B國的對外貿易構成Leontief的矛盾。

在貿易後，B國將增加Y商品（屬勞動密集）的生產，而減少X商

品的生產，結果必使B國的P_L上升，P_K下降，即（$\frac{P_L}{P_K}$）$_B$變大。同樣地，A國因增加X商品（屬勞動密集）的生產，減少Y商品的生產，將導致其勞動價格P_L上升，資本價格P_K下降，即（$\frac{P_L}{P_K}$）$_A$亦將變大。如此一來，A、B兩國之因素價格因做同方向的變動，結果因素價格均等化便無法達成。

七、因素供給增加對因素價格均等化之影響 —— Rybczynski 的案例

傳統的國際貿易理論，通常假定各國國內生產因素之供給數量固定不變，即其供給彈性等於零。但是如果將此假定取消而令其可以變動，就像經濟學家Rybczynski所假設的那樣，令一國之勞動供給數量增加，但資本量保持不變，則對因素價格均等化能否達成就有很大影響。亦即在Rybczynski所提出之假設下因素價格均等化將無法達成。

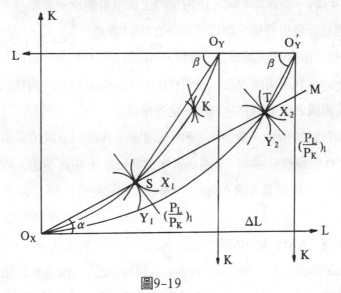

圖9-19

在圖9-19中，設X商品為勞動密集，Y商品為資本密集（因 $\rho_X = \alpha$ < $\rho_Y = \beta$ ）。並假定本國為一勞動衆多國家，外國為資本豐富國家。因此，若與外國進行貿易，則本國將輸出勞動密集的X商品，而輸入資本密集的Y商品，結果X產業部門的生產擴張，Y產業部門的生產縮小。在生產因素供給量固定不變之下，S點將沿著最大效率軌跡$O_X SKO_Y$移向K點，此時勞動價格（P_L）上升，資本價格（P_K）下降，因而（$\frac{P_L}{P_K}$）將變小，在K點時之（$\frac{P_L}{P_K}$）$_2$將小於S點的（$\frac{P_L}{P_K}$）$_1$。如此變動才有可能與外國之因素價格達到均等化。

現在假設在貿易後勞動增加了 ΔL，因勞動供給的增加，紓解了X產業部門因貿易擴張後對生產因素，特別是勞動，所產生超額需求的困境，使X部門的（資本／勞動）投入比例得以維持不變，同時Y部門也不變。此時，S點沿著$O_X M$線向外移動，一直移到T點。T點為勞動增加ΔL之後，新最大效率軌跡$O_X TO'_Y$線上之一點，S點與T點所代表的 $\frac{K_X}{L_X} = \alpha$ 與 $\frac{K_Y}{L_Y} = \beta$ 均相同。因兩部門之資本勞動比例皆維持不變，表示因素價格未發生變動，即因素價格在S與T皆為（$\frac{P_L}{P_K}$）$_1$。由此可知，兩國之因素價格不因貿易而發生變動，所以因素價格均等化定理不能成立。

下面再利用兩國模型，說明在Ryhczynski案例下，兩國間之貿易無法促使兩國之因素價格達到均等化的情形。

如圖9-20所示，設有A、B兩個國家，其資源秉賦情形由圖中可知，A國為勞動衆多國家，B國為資本豐富國家。在貿易前，兩國之資源配置與生產情形為A國在S點，B國在F點，此時二國之因素價格之關係為（$\frac{P_L}{P_K}$）$_1^A$ <（$\frac{P_L}{P_K}$）$_1^B$，表示A國勞動衆多，B國則資本豐富。又依據H-O模型，A國將輸出勞動密集之X商品而輸入資本密集之Y商品，B國則輸出Y而輸入X。現引入Rybczynski的假設，二國之輸出產業部門所密集使用之生產因素，其供給量增加，即A國之勞動量增加ΔL，資本

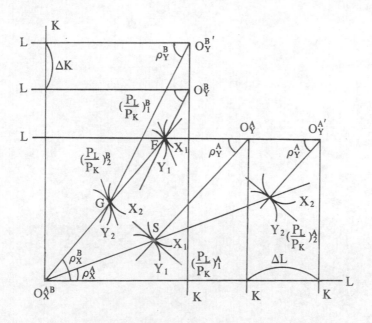

圖9-20

量保持不變，B國之資本量增加 ΔK，勞動量保持不變（見圖9-20），結果A國之X產業部門擴張，Y產業部門縮小生產，資源配置與生產點由S點移至T點，但因素價格保持不變，即 $(\frac{P_L}{P_K})_2^A = (\frac{P_L}{P_K})_1^A$。至於B國，則是Y產業部門擴張，X產業部門縮小，表示資源配置與生產點由F點移至G點，因素價格保持不變，即 $(\frac{P_L}{P_K})_2^B = (\frac{P_L}{P_K})_1^B$。由此可知，在因素供給量可增加的假設下，國際貿易不會使二國間的因素價格趨於均等。

第十章 國際貿易理論的新發展

自從1960年代以來，由於世界經濟的快速發展，引起經濟環境的急劇變化。在新的環境中，便容易產生新觀念與新理論。因而，國際貿易的研究在最近二、三十年間，就有許多新的學說（理論）被提出來。這些理論約可歸納成下面三類：㈠重視技術進步的理論，包括研究與發展因素理論，技術差距理論，熟練勞動理論等；㈡重視所得水準或需求條件的重複需要理論；㈢產品循環（週期）理論。茲分別介紹如下：

一、研究發展因素理論（Research & Development Theory）

凱因斯（J. M. Keynes）認為由於世界各國之間技術傳播的結果，使各國之間的比較成本之差異縮小，因此，經由貿易而使各國達到完全專業化的可能性變小❶。D. H. Robertson ❷也認為纖維製品之貿易衰退的現象，可以用同一觀點加以解釋。他們都很重視技術進步對貿易的影響。特別是晚近，由Gruber，Mehta與Vernon等三人的共同研究❸，發現「研究與發展」是發生貿易的主要原因。而後，經D. B. Keesing的提倡，研究與發展因素理論乃特別受到重視。Keesing以美國的實證分析，認為一個產業部門如果從事於研究發展的專家與品質較高的勞動者多

，則其國際競爭力較強，輸出比率也較大。按Keesing的研究，如表10-1所示，是以國際市場上最有競爭力的十個工業國家（即美、英、西德、法、日本、比利時、荷蘭、瑞典、加拿大、義大利）在1962年的產業別輸出總額中，美國所佔的輸出比率，做爲貿易競爭力指標，並以美國各產業部門中從事R＆D的科學家、工程師等人數佔全體就業人數的比率做爲R＆D因素指標，來研究兩者之間是否具有密切的相關。結果顯示，在18個產業部門中，這二個指標的相關程度很高。

表 10-1　研究發展(R＆D)與輸出比率之關係

產　　　　　　　業	美國輸出額佔10國總輸出之比率(％)1962	R＆D之人數佔全部就業人數之比率(％)1961
航　空　機　械	59.52	7.71
專　務　機　械	35.00	5.09
藥　　　　　品	33.09	6.10
其　他　機　械	32.27	1.39
各　種　器　具	27.98	4.58
化　　學　　品	27.32	3.63
電　氣　機　器	26.75	4.40
橡　　　　　膠	23.30	0.95
汽　　　　　車	22.62	1.14
石　油　製　品	20.59	2.02
金　屬　製　品	19.62	0.51
非　鐵　金　屬	18.06	0.69
紙　及　紙　製　品	15.79	0.47
玻　　　　　璃	15.22	0.60
運　輸　工　具	13.71	0.46
木　材　及　其　製　品	11.68	0.03
紡　　織　　品	10.92	0.29
鋼　　　　　鐵	9.14	0.43

來源：D. B. Keesing, "The Impact of Research and Development on U.S. Trade," *Journal of Political Economy*. Feb. 1967.

因此，在資本、天然資源、熟練勞動，與規模經濟等四個構成競爭力的主要因素當中，Keesing認爲R & D是提高競爭力的最有力因素。

Gruber等三人的研究結果也顯示，美國的輸出比率與R & D指標有著密切的相關，與Keesing的研究得到同一結論。Gruber等人的研究證實R & D因素是貿易發生的主因，也就是說，R & D大的企業具有對外直接投資的傾向。所以，R & D因素是使一國國內的企業轉變爲輸出產業的先決條件。

二、技術差距理論（Technological Gap Theory）

技術進步的國家在世界市場上，擁有獨占的地位。但是技術進步國與他國之間的技術上的差距，可以通過國際貿易的示範效果（Demonstration Effect），專利權的轉讓與直接投資等方式，而使他國也能利用新技術，並縮小技術差距。不過，在他國國內的生產不能充分滿足國內需要的時候，貿易便可繼續不斷地進行下去。這就是技術差距理論。

M. V. Posner（"International Trade and Technical Change," *Oxford Economic Papers*, Oct. 1961）把貿易期間的模倣落後與需要落後（demand lag）予以分開。

模倣落後就是指技術進步國家開始生產到他國能夠模倣其新技術從事生產的期間，這期間又可分爲二階段，①先進國家開始生產，直到追隨國對於此種商品的生產發生反應的階段，②然後技術落後國開始學習新技術來生產，一直達到與先進國同一技術水準爲止，這一階段稱爲學習階段。

而需要的落後則是指從先進國開始生產的時點到落後國家對此種商

品發生需要，而開始輸入的階段。

如以L代表模做落後，D代表需要落後，則L-D的階段（期間）即表示新產品從先進國輸出到其他國家的階段，也就是技術落後國對於新產品發生需要而輸入該種產品，一直到在他們國內能獨立生產此種產品以滿足國內需要停止輸入的期間爲止，這一期間的貿易就是由於技術差距而發生。其間關係，可以用下圖所示❹：

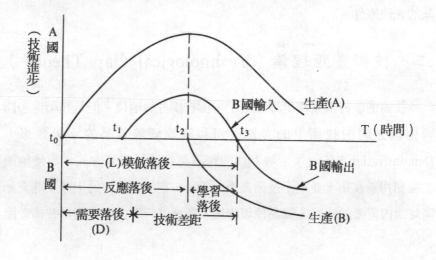

圖10-1

在圖10-1中，T線上方，表示技術進步國（A）的生產量與輸出量，下方表示B國的生產與輸出量（A國之輸入）。t_0表示先進國家（A）開始生產新產品，t_1爲B國開始輸入A之產品，$t_0 t_1$爲需要落後期間，t_2爲B國國內開始生產點，$t_0 t_2$爲反應期間，這表示t_2之後，B國開始生產，所以A國之輸出開始減少。t_3表示A國之輸出爲零（B不需輸入），$t_2 t_3$爲學習落後期間，$t_0 t_3$爲模做落後時間，因此，根據技術差距而進行貿易的期間爲$L - D = t_0 t_3 - t_0 t_1 = t_1 t_3$。反應期間之長短，取決於企業家的行爲（企業精神等）；學習期間的長短，則要看學習新技術的能

力而定。至於需要落後期間,則視二國之間所得水準的差異與市場的大小而定。如果所得水準相差不大,市場大小相同,則落後期間也隨之縮短。

三、熟練勞動理論(Labor Skills Theory)

Keesing認爲熟練勞動是工業產品貿易的主要原因,其理由有三:
(1)在工業國方面,熟練勞動是最重要的生產因素,要使勞動熟練,並不是容易而且也不是短期內所做得到的。(2)熟練勞動對經濟成長有重要的貢獻,而經濟成長又與貿易有密切的關聯。(3)資本容易向低成本的地方移動,而勞動則難以向高成本的部門移動。初級產品的貿易是依賴自然資源的豐富,而二次產品的貿易則取決於勞動與資本在生產上的優勢。以資本與勞動比較,其移動費用低,容易向各國移動,所以資本的邊際生產力比較平均,因此,二次產品(工業品)在生產上的比較優勢主要是取決於勞動的品質。

根據Keesing的分析,香港與印度的輸出品都是屬於未熟練或半熟練勞動生產的商品,而輸入品則爲熟練勞動生產的商品。先進國家的情形則恰好相反,特別是美國,其輸出品差不多全是高度的專門技術與熟練勞動的產品。熟練勞動理論亦可用以解釋前已於第八章中分析過之Leontief 逆說,請自行參閱❺。

四、代表性需要或重複需要理論(Representative Demand or Overlapping Demand Theory)

瑞典經濟學家Staffan B. Linder 從需求面探討國際貿易發生的原因,而認爲兩國之間貿易關係的密切程度是由兩國間的需要結構及所得水準來決定。因此,他提出代表性的需要或重複需要理論,其要點如下❻:

㈠一種產品之能發展成爲可輸出品之先決條件，必需是這種產品先在國內有其市場，即可在國內投資生產並銷售，當企業家決定是否投資生產某種物品時，完全要看他所能獲得利潤之多少，使生產者獲取較多利潤的要件是對其產品的「有效需要」，而貿易就是使一國的有效需要擴展到國境以外的重要管道。總之，企業家是根據消費者的所得水準與需要結構來決定其生產方向與內容，而生產的必需條件是對其產品的有效需要。因此，促進企業界生產則必須要有國內市場的需要，而促進輸出則必須要有國外市場的需要。

㈡如果二國之間平均每人所得水準相近，則需要結構亦必相似，例如歐、美高所得水準的經濟先進國家需要高爾夫球場及設備，而非洲未開發地區亦可能對這種球場設備有所需要，但這種需要不是代表性的需要，因爲在未開發地區只有少數富有者有能力從事這種運動，所以不是這些國家的人民普遍大量需要的物品。而且歐美與非洲地區的所得水準相差很大，需要結構有顯著的差異。

㈢如果二國之間的需要結構相同，則二國之貿易關係便非常密切。例如A、B二國其需要結構相同，則A國的輸出品與可輸入品的全部，都將與B國的輸出品與輸入品相同。貿易關係的密切，並不只是指貿易量很大，而是指他們的輸入額在所得中佔有很高的比率，即彼此間的貿易依存度很高。

　　如圖10-2所示，橫軸表示平均每人所得水準（y），縱軸表示所需要的各種產品的品質等級（The Degree of Product Quality，以q表示）。所需物品愈複雜（精巧），或愈高級，則其品質等級就愈高，而平均每人所得愈高，則每人所需物品的品質也愈高，茲以直線OP表示這二者的關係：

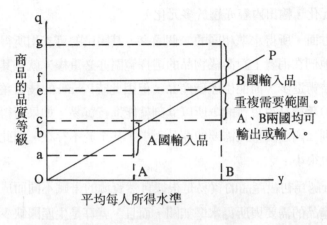

圖10-2

H. G. Johnson也認爲，當每人平均所得增高的時候，他們的需要就會趨向多元化，現在他們所需要的物品要比在所得水準低時所購買物品的品質爲高。而且，當所得水準提高時每人的時間價值也提高。因此，每小時工資將上升，從而每人所要滿足慾望的物品的品質也要大大地提高。

現在，假定A國的所得水準爲OA，則A國所要購買的物品的品質等級以b點爲基準，在b點上方的e與下方的a爲其上下限（即最高點爲e，最低點爲a）。又B國的所得水準爲OB，則所需物品之品質等級以f點爲基準，而以gc爲其上下變動範圍。在此範圍外的物品不是太過高級就是太過劣等，而不能或不願購買，所以ae與cg範圍內的物品有些是A、B二國的輸出品或輸入品，而介在ce之間的物品，則爲二國重疊的物品，即具有重複需要的物品，二國重複需要的物品都有可能成爲貿易品。當二國的所得水準相似時，則重複需要的範圍擴大，而貿易可能性亦加大。

重複需要理論亦可做如下的說明：當二國的所得水準相等時，則由國民所得所產生的投資率也相同，而投資是會刺激技術進步的，所以二

國的技術水準亦將相同,而二國都有生產高品質商品的能力。並且由於供給的多元化,輸出內容亦趨於多元化。

另一方面,所得水準相同的二個國家,其國民的可支用所得亦將相同,所以他們在消費上對高級物品的選擇範圍亦必重複。就是其中任何一國發生技術進步,而能生產新產品,但因此時Posner的技術差距理論中的需要的落後是很短暫的,所以立刻就能進行貿易。如果所得水準相差懸殊,則二國之間重複需要的商品很少,甚至於不存在,因此貿易的密切程度也很小。

Linder認為初級產品的貿易是根據自然資源的秉賦不同而成立的,所以初級產品的需要與所得水準無關。而且,就算是生產國缺少國內需要,也可以成為輸出品。也就是說,初級產品可以在所得水準相差很大的國家之間進行貿易,所以初級產品的貿易可以用因素秉賦理論來說明,它是一種垂直式貿易。

至於工業品的貿易卻必需應用代表性的需要理論來說明,重複需要理論其與因素秉賦理論是相對立的。根據因素秉賦理論,則資本豐富的國家與勞動豐富的國家之間,其貿易關係較為密切,但因素秉賦不同的國家,其所得水準相差較大,因而所得水準相差較大的國家之間將進行貿易。但是,代表性的需要理論卻認為資本與勞動比率相差較大的國家之間,其工業品的重複需要範圍將較小,所以貿易將縮小。因此工業品的貿易是在資本豐富國家與資本豐富國家之間密切地進行。其原因就是重複需要,亦即是一種水平式貿易,這也就是S. B. Linder的主張。

依據代表性的需要理論,如果各國的國民所得不斷地增加,則由於所得水準提高,新的重複需要的商品便不斷地出現,貿易也不斷地擴大。

五、產品週期（循環）理論（Product Cycle Theory）

Vernon認為產品與生物一樣,從出生、成長、成熟而衰老,完成

一次循環❼。

1. 初生期（Introduction）

商品的新生期即指該商品的發明或發現階段。在這一階段中，科學家與技術人員集合其精力從事研究。資本豐富的國家能夠在研究設備方面投入大量資本，故佔有比較優勢。資本豐富的國家工資都比較高，故非常希望能夠獲得勞動節約的技術創新，也就是說，勞動節約的生產方法是他們研究發展活動的主要誘因。而且這種國家通常所得水準比較高，因此新產品要比從前一般商品為高級，就是價格上高些，也能夠保有國內市場。在此階段中研究與發展能力就是密集因素（集中於研究與發展），又由於設計與實驗的改進，單位成本可能會較高，不過要在初生期具有比較優勢，則所得水準對需要面的影響是最重要的條件。

兼具這種需要面的條件與具有高度技術水準及可供冒險性投資所需之大量資本的存在──即供給面的條件的國家，就是初生期商品的輸出國家。

2. 成長期（Growth）

當此種商品進入成長期以後，由於商品已達到某程度的普及化，乃著重於大量生產與大量銷售方法之運行，而在生產上從研究發展密集轉變為資本密集。

在這個階段中，由於專利權的消失，使生產技術能普遍地被採用，新參加的廠商並不會受到技術上的限制。因此企業擴張，生產者之間的競爭激烈，廠商為擴大其市場規模，乃加強對消費者的服務，管理方面及行銷方面尤為重要。商品的需要與價格之間較有彈性，此時管理、經營能力上所需的人力資本就是這個階段比較優勢的決定因素。一般而言，只有先進國家才具備這種條件。

這期間商品從先進國向發展中國家輸出，商品開發國家也有輸出之

可能。

3. 成熟期（Maturity）

一種商品經過成長期而進入成熟期，此時該商品已達到標準化，並普及於廣大的市場中，也達到大量生產及最適規模之生產。在這一階段中，勞動工資低廉是最重要的。換言之，低工資的勞動包括未熟練勞動及半熟練勞動之豐富爲本期（成熟期）具有比較優勢的重要條件。具有這一條件的國家是發展中國家，特別是在工業化方面已獲致相當成效的後進國家。因此可以向商品開發國家輸出，也可以向先進國家輸出。

以上是R. Vernon的產品循環論的要點，可簡要的以下表說明之：

表 10-2　Vernon 之產品循環過程

期　　　間	初　　生　　期	成　　長　　期	成　　熟　　期
比較優勢	技術進步之資本豐富國家	一般經濟先進國家	發展中國家尤其是在工業化方面相當成功的國家
應具備之條　　件	科學家與技術人才衆多，研究設備健全爲必備條件。	對售後服務以及管理與行銷技術等因素特別重要。即以具有經營能力的人力資本爲要件。	擁有豐富的低工資勞動（包括未熟練及半熟練勞動）爲要件。
產　　品特　　點	工資較高，所得水準亦較高。新產品價格雖高，但至少有國內市場。 新產品屬研究與發展密集。	產品已達普及化大量生產與大量銷售，競爭激烈。 產品由 R&D 密集變爲資本密集。	產品達到標準化，市場廣大，大量生產達最適規模。 產品由資本密集變爲勞動密集。
貿易方向(輸出方向)	新產品可由開發國輸出到所得水準較高之經濟先進國家。	產品可由先進國輸出到發展中國家。	產品由發展中國家輸出到先進國家及原商品開發國。

除了R. Vernon的說法外，另一學者L. J. Wells認爲技術進步國家以美國爲中心的貿易循環可分爲以下四階段：第一階段，成功地完成技術

創新的美國居於獨占的地位，向各國輸出新產品。第二階段，新產品從
美國傳播到其他各國去，市場擴大，各國開始模倣生產，並與美國產品
在他國市場上發生競爭。第三階段，由於外國生產者從競爭中獲得經
驗，學習到新技術，成本降低，勞動成本亦較低廉，所以在他國市場
上的競爭力勝過美國，因此美國的輸出成長率降低。第四階段，外國
生產者在本國國內市場及他國市場大量生產，而且其生產成本較美國
爲低，因此美國的絕對輸出數量便開始減少，以至於不能再輸出❽。
總而言之，Wells的四個階段與Vernon的產品循環大致相同（請見圖10-3
及圖10-4）。

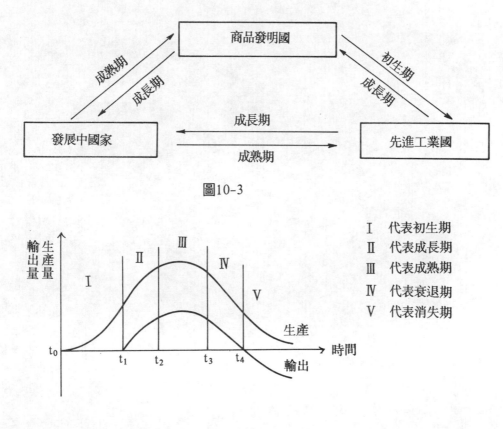

圖10-3

圖10-4

　　在圖10-4中，第Ⅰ階段（t_0至t_1）表示新產品的開發國開始生產此產品並只能在國內銷售，未能輸出為初生期。第Ⅱ階段（t_1至t_2）表示新產品的生產量不斷增加，並開始輸出他國，是為成長期。第Ⅲ階段（t_2至t_3）表示生產量與輸出量均達到最大，此時產品已進入成熟期。第Ⅳ階段（t_3至t_4）為衰退期，生產量萎縮，輸出不斷地減少，以至於不能輸出為止。第Ⅴ階段（t_4以後）表示此種產品從輸出品類中消失，原產品開發國可能變為輸入國而開始輸入該產品。

〔附註〕

❶J. M. Keynes, "Nature of Self-sufficiency," *Yale Review,* June 1933.

❷D. H. Robertson, "The Future of International Trade," *Economic Journal,* 1938.

❸Gruber, Mehta, and R. Vernon, "The R & D Factor in International Trade and Investment of U. S. Industries," *Journal of Political Economy,* Feb. 1967.

❹G. C. Hufbauir, *Synthetic Materials and the Theory of International Trade.* (Duckworth, 1965.)

❺Peter B. Kenen, "Nature, Capital and Trade," *Journal of Political Economy,* (Oct. 1965) pp.437–460.

❻S. B. Linder, *An Essay on Trade and Transformation.* Cambridge, M. I. T. Press, 1961.

❼R. Vernon, "International Investment and International Trade in the Product Cycle," *Quarterly Journal of Economics,* May 1966.

❽L. J. Wells, "A Products Life Cycle for International Trade?" *Journal of Marketing,* July 1968.

第十一章　關稅與保護貿易

一、保護貿易之意義與方法

「保護貿易」是指保護本國生產效率較低的幼稚工業。而幼稚工業則是指某一產業在設立初期，由於生產效率較低，無法與國際自由市場上之相關產業競爭，而需經一段時間的保護，使其逐漸成熟，技術有所進步，產量有所增加，而能享受規模經濟之利益。此時，即使撤除保護，也能與國外同種產業相抗衡。若一種產業需要永久的保護才能生存，則不能稱此種產業爲幼稚工業，因其既無發展潛力，亦無保護價值。

至於對幼稚工業的保護措施，一般可採用下列三種方式：

㈠對輸入品課徵保護關稅

其目的在提高輸入品之國內價格，使本國產品能與之在國內市場競爭。因本國產品在生產之初，成本高、價格貴，無法與較便宜的進口品競爭，加上一般人偏好進口品的心理，若國產品之價格高於進口品，則國產品的發展必受阻礙，故對進口品課徵關稅，提高進口品的國內價格，期使國內消費者轉而購買本國產品，促進本國產業的發展。

爲了促進國內產業的成長，關稅多是針對製成品課徵，進口原料則

多不課稅或課徵較低的關稅,因為若對生產所需原料課徵關稅,將提高國內產品的生產成本,降低該產品的競爭能力,反而無法達成保護產業、促進產業發展之目的。

㈡數量限制

主要方法有進口限額及外匯管制。數量的限制將影響產品的貿易量,使進口減少。由於進口減少,國內供給隨之減少。供給的減少自然使進口品的價格上漲,而使得國內目前生產效率較低的產業得以生存下去。

㈢支付國內生產者補助金

利用政府的補助金鼓勵業者的生產,即降低業者的生產成本,使產業享有較強的價格競爭力,而得以發展。

二、保護貿易之福利效果

本節將討論在自給自足、自由貿易與保護貿易下之福利效果的差異,並且就關稅、數量限制與補助金等不同的保護措施,分析不同保護方法所產生的福利效果。

㈠自給自足

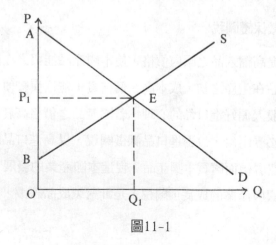

圖11-1

　　因爲是自給自足，所以可以不管國際市場之影響。由圖11-1我們可看到市場之均衡價格爲P_1，均衡交易量爲Q_1。此時之社會福利（生產者剩餘加上消費者剩餘）爲：消費者剩餘$\triangle AEP_1$加上生產者剩餘$\triangle BEP_1$，即$\triangle AEP_1 + \triangle BEP_1 = \triangle AEB$。

㈡自由貿易

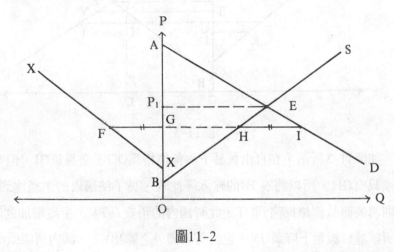

圖11-2

　　圖右爲國內市場，圖左則爲國際市場，XX線代表輸出曲線（指國際市場）。在自由貿易下，達成均衡的條件爲本國的輸入與外國的輸出相等，如圖中之HI＝FG，而世界之均衡價格爲OG。此時，國內的消費爲GI，由於生產只有GH，所以需有HI的輸入。

　　就本國而言，消費者剩餘爲$\triangle AIG$，生產者剩餘是$\triangle GHB$，與自給自足經濟比較，消費者的福利增加了$\square P_1 EIG$，生產者福利減少了$\square P_1 EHG$，總計本國福利增加了$\triangle HEI$，而外國福利則增加了$\triangle FGX$，二者之和就是世界福利增加的部分，即$\triangle HEI + \triangle FGX$。

㈢保護貿易

　　保護貿易措施可就關稅、輸入限額及補助金三種情況加以分析。

1.關稅

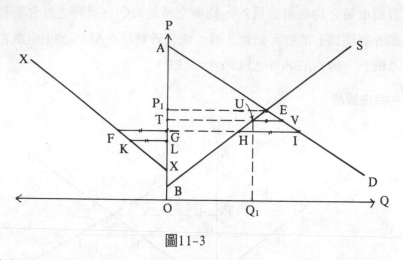

圖11-3

　　如圖11-3所示，在自由貿易下均衡價格爲OG，交易量GI，但本國生產只有GH，所以將有HI的輸入。此時，爲了使國內的生產達到OQ，則需將商品價格提高到OT，此時國內的消費爲TV，生產增加到OQ₁，所以進口數量下降爲UV，也恰等於國外之輸出KL。國內所課徵的關稅t＝TL，其中GL部分由外國生產者負擔，而GT部分則由本國消費者負擔。此時，本國的福利在消費者言，則爲△AVT，比自由貿易時少了▱TVIG，但比無貿易時多了▱P₁EVT，就生產者而言爲△TUB，比自由貿易時多了▱TUHG，比無貿易時少了▱P₁EUT。就本國福利言，此時本國福利較自給自足時增加了△EUV，但小於自由貿易下之△EHI；就外國福利的增加言，此時爲△KLX，依然小於自由貿易之△FGX。由上述可知，自由貿易下之福利最高（世界福利達到最大），惟保護貿易下之福利仍優於自給自足之無貿易狀態。

　　課徵關稅使輸入品之國內價格提高，國內生產者因而可由消費者剩餘中（自由貿易時）移轉一部分成爲生產者剩餘。就圖11-3而言，消費

者剩餘由△AGI變爲△ATV，損失了▱TGIV，生產者剩餘則由△BGH變爲△BTU，增加了▱TGHU，其中由消費者移轉的是▱TGHU。換言之，該國因保護所發生的短期淨損失爲△UHIV。

2.輸入限額（Import Quota）

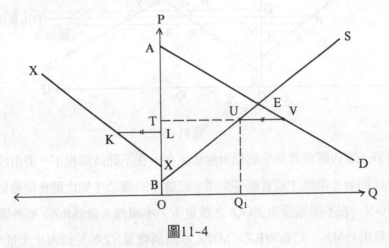

圖11-4

如圖11-4所示，令輸入限額爲UV，也等於國外之輸出KL，國內產量將爲OQ_1，而該商品之國內價格爲OT，但在國際市場上則下降至OL。因此時之限額恰爲維持課徵關稅後之國外輸出（與上小節作比較），所以其福利效果與關稅之分析相同。所不同者在於課徵關稅時TL爲政府所得，而在限額之下，TL則爲擁有本國政府之輸入許可證的進口商所獲取，因爲，此商品由國外進口之價格爲OL，而在國內卻以OT之價格出售。

3.對國內生產者支付補助金

爲了分析、比較福利效果，假設廠商接受補助後之產量與課徵關稅、輸入限額等限制下之產量相同，即均等於OQ_1。

補助金之方法是在自由貿易下給予國內生產者貼補，所以，國內價格與國際價格相同。假設國內廠商之成本較高，若讓其與國外廠商自由

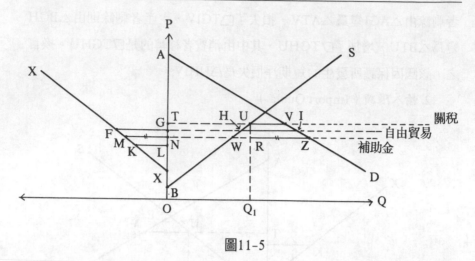

圖11-5

競爭，國內廠商將發生虧損而無法生存。在不課徵關稅下，需由政府給予補助金，廠商才願意從事生產一定數量的商品。如此則會使價格下降至ON。在本國廠商生產OQ_1之數量下，本國輸入量為RZ，而外國之輸出量則為MN，均衡時RZ＝MN。本國消費量NZ等於國內生產量NR加進口量RZ，政府的補助金支出則為☐NRUT（因要廠商生產OQ_1之數量，則價格需要升至OT，廠商才願生產，現只有ON，所以政府每單位要補助NT）。

　　與關稅福利效果之比較，在補助金下，本國消費者剩餘增加了☐TVZN（△AZN－△AVT）。生產者之福利不變，而外國福利則增加了☐MNLK（△XMN－△XKL），所以，世界福利增加了☐TVZN＋☐MNLK，但政府支出了☐NRUT，故世界福利之淨增加為☐TVZN＋☐MNLK－☐NRUT＝☐RZVU＋☐MNLK。因此，利用補助金方式下之福利較利用關稅多了☐RZVU＋☐MNLK之福利。

　　由以上的分析，我們了解，如要保護國內產業至一定之規模，同時又要考慮到世界經濟福利的情形下，支付生產者補助金的方式不失為維

持自由貿易下之最佳選擇。

三、幼稚工業保護理論

所謂幼稚工業（Infant Industry），即指在保護政策下能改進生產技術，累積更多資本，而在將來能成為具有比較利益之工業。因此，一種工業如果沒有發展性，要永久依靠保護才能繼續生存，則這種工業便不能稱做幼稚工業，也沒有接受保護的資格。所以，幼稚工業的判斷，必須比較現在與將來的發展性才能決定。

㈠幼稚工業的判定標準

1. J. S. Mill的標準

為扶植國內某一產業，如果技術水準不夠，生產成本高於在國際市場的一般售價，若任其自由競爭，必然遭致虧本，故須由政府給予一段時間的保護，使其技術進步、生產力提高、成本降低。其最後目的是，在經過保護期間之後，縱然撤除保護，此一產業亦能生存且可獲得利潤。

2. C. F. Bastable的標準

經濟學家C. F. Bastable認為判斷一種工業是否應加以保護，必須以現在保護幼稚工業的社會成本與將來該工業所能獲致的預期利潤之現在價值加以比較才能決定。所以他認為一種工業必須符合將來利潤的現在價值大於保護的社會成本之原則，才有加以保護的必要。亦即要求被保護的產業在經過相當時間的保護之後，不但能夠自立，且必須能夠補償社會在保護期間所蒙受的損失。

3. M. C. Kemp的標準

Kemp綜合上述二人之標準而提出下列二個準則：

⑴某一產業符合Mill及Bastable的標準，但若經一段時間之後，所

得的利益全爲受保護的產業所享有而無外部經濟的效益，則雖然
將來利潤的現值大於保護的社會成本，政府仍無加以保護的必要
。因爲，以私人投資經營法則來看，在不保護的情形下，前幾年
固然會有損失發生，但經過一段時間之後，產業有所發展，成本
下降了，其後所獲得的利益足以補償初期的損失。如此，就算政
府不加以保護，私人亦會自行斥資發展該產業。

(2)不符合Bastable標準的產業，即在保護期間所肇致的成本大於預
期利潤的現在價值，只要其在受到保護之後，能夠產生外部經濟
的效益，則仍有加以保護的必要。因爲在保護期間，該產業的技
術進步會導生外部經濟，使整個工業進步，其他的相關產業也將
因而獲益。雖然此一受保護產業的現在價值無法補償保護期間所
產生之損失，但可使相關產業皆蒙其利，所以政府仍需加以保護。

㈡幼稚工業的保護過程中之成本與利益

下面我們利用局部均衡分析，來探討幼稚工業的保護過程。圖11-6
表示：幼稚工業的生產成本高，其供給曲線如圖中的NS曲線（表示成
本高，供給量少），假設在自由貿易下價格爲OG，則在此價格下國內
產業完全不能供給。國內需要量爲GI而輸入爲FG，FG＝GI。現在爲
保持國內生產水準爲OA，而給予國內產業補助金以爲保護。此時價格
是由輸入數量YZ與外國的輸出數量UV相等的地方所決定，故價格爲
OV，國內需要量爲VZ，其中VY由國內產業所供給，YZ爲輸入。此時
消費者剩餘爲△MZV，比以前增加了▱GIZV，外國之福利爲△UVX
，比以前減少了▱FGVU。政府必須支付▱NBYV的補助金。補助金減
消費者剩餘之增加數加上外國剩餘之減少數（▱NBYV－▱GIZV＋
▱FGVU）即爲保護的社會成本。

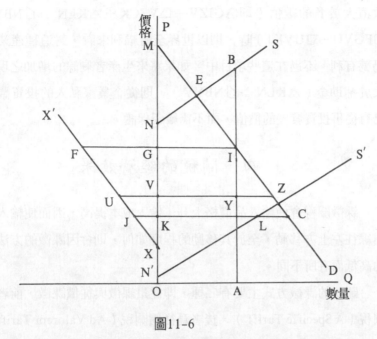

圖11-6

　　現在我們可再利用圖11-6加以分析。經過一段時間的保護之後，幼稚工業成長了，故供給曲線向右下方移動而成爲S′N′，表示生產力提高，生產成本降低，而能在自由貿易下與外國工業競爭。此時，價格將下跌爲OK，國內需要量增爲KC，其中KL爲國內工業所供給，LC爲輸入，LC＝JK（外國的輸出量）。由於幼稚工業的成長結果，消費者剩餘爲△MCK，計增加了▭KCZV，而生產者剩餘則由零增爲△KLN′，外國生產者剩餘則減少了▭JKVU。

　　如果把現在與將來各種剩餘綜合考慮，則增加（正）的有圖11-6中之▭GIZV（現在消費者剩餘之增加）及▭VZCK（將來消費者剩餘之增加），和△KLN′（將來生產者之剩餘）。而減少（負）的項目有：圖11-6中之▭NBYV（補助金或產業界成本之損失），▭FGVU（現在外國剩餘之減少），以及▭UVKJ（將來外國剩餘之減少）。如果正的

數值大於負的數值（即△GIZV＋△VZCK＋△KLN′＞△NBYV＋
△FGVU＋△UVKJ）時，則以世界全體福利來看，對這種產業的保護
仍屬有利。不過在這些項目中，如果將來生產者剩餘的增加之現在價值
大於補助金（△KLN′＞△NBYV），則從企業家私人的投資觀點看，
已有從事投資發展的價值，而不需給予保護。

四、關稅的經濟效果

課徵關稅會使輸入品價格上升，輸入成本提高，因而使輸入品供給
曲線往左上方移動，至於其移動的程度如何，則會因課徵的方法及稅率
的高低而有所不同。

關稅的課徵方式主要有二種，即從量課徵與從價課徵，前者是從量
關稅（A Specific Tariff），後者爲從價關稅（Ad Valorem Tariff）。

從量關稅爲針對每單位商品課徵一定金額（α元）之稅，稅收T＝
$\alpha \cdot Q$，Q代表輸入量。

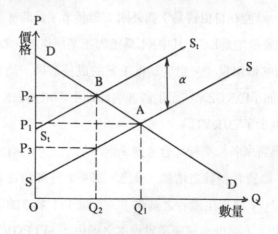

圖11-7

以圖11-7表示，無關稅時，輸入品之供給曲線爲SS，國內需要曲線

為DD，國內市場之均衡點在A，消費者以OP₁之價格購買OQ₁之商品。現在對每單位商品課徵 α 元之關稅，則輸入品之供給曲線SS，將因而向上平行移動 α 距離，代表每單位商品之邊際成本上升了 α 元。即由SS向上移至 S_tS_t，均衡點則從A移到B點。國內消費者現需以較高之價格 OP_2 來購買輸入品，而國外廠商所獲得的單位價格卻下降至 OP_3，關稅 $\alpha = P_2P_3$，其中 P_2P_1 為國內消費者所負擔，P_1P_3 則由國外廠商負擔，二者負擔比例的大小，則須視該商品的需求彈性與供給彈性之大小而定。

設以 e_d 代表需求彈性，e_s 代表供給彈性，則國內消費者負擔關稅的比例等於 $\dfrac{e_s}{e_d+e_s}$，而國外生產者負擔比例為 $\dfrac{e_d}{e_d+e_s}$。若屬小國，則其所面對之供給曲線為水平，其供給彈性無窮大，因此 P_1P_3 等於零。此時，若課徵從量關稅，稅賦將悉數由國內消費者負擔。反之，若供給曲線垂直，即供給彈性等於零之情況下，從量關稅將悉數由國外生產者負擔。

從價關稅為針對商品之價格課徵某一百分比的稅，如以 t % 代表其稅率。稅收則等於價格乘 t % 再乘輸入數量。（$T = t \cdot P \cdot Q$）

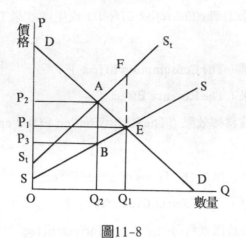

圖11-8

當數量Q增加或價格P上升時，稅收T皆會隨之增大，所以，T隨P

或Q而改變，從價關稅事實上亦可視爲對總收益課稅。收益（P·Q）愈高，稅負也隨之增加。

在針對價格課稅時，若要將其轉嫁出去，則要將其計入成本之中，如此，價格將上升，而稅負也將增加，所不同者只是移動幅度的差異而已。而課徵關稅（從價關稅）對需要曲線並無影響，只是使供給曲線移動。在未課徵從價關稅時，均衡點爲E，價格OP₁，交易量OQ₁。現假定課徵50％之從價關稅，其結果將使輸入品價格上漲，進口成本提高，供給減少，並使SS往上移動到S_tS_t。在50％之從價關稅下，輸入品的供給價格，或進口成本，將增加OP₁×50％等於$\frac{1}{2}$EQ₁，故必須將之加在EQ₁之上，而得到FQ₁。FQ₁等於EQ₁（1＋50％）＝OP₁（1＋50％），如此，可求得S_tS_t上各點。所以S_tS_t（課徵50％關稅後的供給曲線）將與DD交於A點，AB即等於$\frac{1}{2}$BQ₂（50％之關稅），因此，圖11-8中之A點表示課稅後市場之均衡點。

現在利用圖形分析法說明關稅的經濟效果。綜合相關文獻之分析，關稅的效果至少有下列八項：

(1)保護效果（The Protective Effect）或生產效果（The Production Effect）；

(2)消費效果（The Consumption Effect）；

(3)收益效果（The Revenue Effect）；

(4)再分配或移轉效果（The Redistribution Effect or Transfer Effect）；

(5)貿易條件效果（The Terms of Trade Effect）；

(6)競爭效果（The Competitive Effect）；

(7)所得效果或因素所得效果（The Income Effect）；

(8)國際收支平衡效果（The Balance of Payments Effect）；

此外尚有，

⑼因素移動效果（The Factor Flow Effect）；

⑽就業效果（The Employment Effect）；

⑾保護的成本效果（The Cost Effect of Protection）。

1. 生產效果

生產效果又叫做保護效果（Protection Effect），即指因課徵關稅使受保護工業的生產得以增加。政府課徵關稅後，國內廠商生產增加的部分，如圖11-9中之$Q_1 Q_3$所示。現假定關稅課徵國爲一小國，則其所面對的國際市場之供給曲線爲一條水平線，如圖11-9中之S_w，即表示其供給彈性爲無窮大。

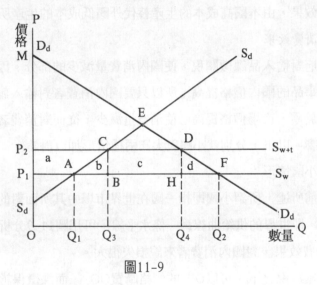

圖11-9

圖中DD表示國內的需要曲線

　　S_d表示國內的供給曲線

　　S_w表示國際市場供給曲線

在自給自足下，其均衡點爲E。但在開放經濟下，價格由國際市場

決定，則均衡點在F，價格為OP_1，需要量為OQ_2——其中國內生產量為OQ_1，輸入量為Q_1Q_2。現政府為使國內廠商有較大的市場以擴大生產，享受規模經濟，採取保護措施。若欲使生產達到OQ_3，則價格需提高為OP_2，如此則需課徵每單位商品P_1P_2的關稅。課稅後，國際市場供給曲線從原來的S_w平行移動至S_{w+t}，消費量減為OQ_4，輸入量減為Q_3Q_4。

Q_1Q_3原由外國進口以供國內消費，但在課徵關稅後，改由本國廠商供應，Q_1Q_3即為關稅的生產效果或保護效果。由圖11-9中可發現，原來消費的Q_1Q_3係向外國購買，所花費的代價為$\square Q_1ABQ_3$，現由本國廠商生產，無需向外國購買，但生產Q_1Q_3所花費的成本為$\square Q_1ACQ_3$，如此損失了$\triangle ABC$。所以，$\triangle ABC$為保護效果的損失。這是因為要達到生產效果，由本國高成本的生產替代外國低成本的生產所致。

2.消費效果

政府對輸入品課徵關稅，使國內消費量減少的部分。因為關稅會使輸入競爭品的國內價格提高，所以只要國內消費者對輸入競爭品的需求彈性大於零，市場價格提高必使消費量減少，從而對消費者的福利有不利的影響。以下，分別就小國與大國兩種情形加以討論。

⑴小國情形：

如前所述，所謂小國即指一國在世界市場中其所面對的供給彈性為無窮大，即世界的供給曲線為一條水平線，可用圖11-9分析之。圖中Q_2Q_4為消費效果，對國內消費者來說損失很大。

在無關稅之下，可以OP_1的價格購買OQ_2，而課徵保護關稅後需以OP_2的價格購買OQ_4，負擔增加，且消費量減少。所以，國內消費者損失為$\square P_1FDP_2=a+b+c+d$。

在自由貿易之下，消費者可消費OQ_2，所花費的成本為$\square OQ_2FP_1$；在課徵關稅後只消費OQ_4，所花費成本為$\square OQ_4DP_2$，減少了Q_4Q_2

的消費量，但可節省□Q_2FHQ_4的成本，不過滿足程度卻降低，福利水準下降（從△OQ_2FM減爲△OQ_4DM）。若以貨幣表示，所減少的效用爲△Q_2FDQ_4，因此□Q_2FDQ_4－□Q_2FHQ_4＝△DFH爲國內消費者的損失。再以圖11-10解釋，減少了Q_2Q_4的消費，其效用則減少了△Q_2BCQ_4。若以貨幣表示，則減少了△Q_2FEQ_4，但減少消費可節省了□Q_2FBQ_4的支出，不過仍損失了△BFE，△BFE即圖11-9所示的△DFH。

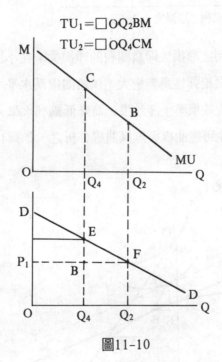

$$TU_1＝□OQ_2BM$$
$$TU_2＝□OQ_4CM$$

圖11-10

　　經由上面分析，我們如果把生產效果與消費效果相加起來，則可得到關稅的貿易效果，即：

　　　生產效果＋消費效果＝關稅的貿易效果（Trade Effect）

　　圖11-9中之$Q_1Q_3＋Q_2Q_4＝Q_1Q_2－Q_3Q_4$爲關稅的貿易效果。而生產效果損失＋消費效果損失＝關稅的淨損失＝關稅的成本（Cost of

Tariff），即圖11-9中之△ABC＋△DFH＝b＋d的部份，此為關稅的淨損失。但生產者剩餘由△S$_d$AP$_1$增為△S$_d$CP$_2$，增加了a，a即為由消費者手中移到生產者的部分。c部分為稅收，歸政府享有。因而，關稅的總合效果可以整理如下：

$$本國消費者損失 = (a＋b＋c＋d) \ominus$$
$$本國生產者利益 = a \oplus$$
$$本國政府收益 = c \oplus$$
$$\overline{}$$
$$社會福利之淨損失 = b＋d$$

因而，社會福利之淨損失即為關稅的淨損失。在小國的情形下，其所面對的國際市場供給彈性為無窮大（供給曲線為水平），故課徵關稅會同時產生負的消費效果與生產效果，而降低福利水準。

下面再利用生產可能曲線與無異曲線分析之，如圖11-11。

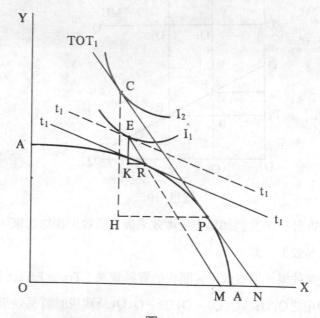

圖11-11

假定A為小國，其生產可能曲線為AA，在自由貿易下，國內市場價格等於國際市場價格（TOT₁），貿易三角形為△CHP。此即表示該國在P點生產，在C點消費，亦即輸出HP的X物品以換取CH的Y物品之輸入。但在課徵關稅之後，使輸入品（Y）在國內市場價格上漲，若價格線為t_1t_1，則t_1t_1＜TOT₁，生產點由P移至R，輸出品（X）之生產減少，輸入競爭品之生產增加。

t＝國內價格－國外價格

由R畫一線ER平行於TOT₁，在E點作一線平行於t_1t_1而與無異曲線I_1相切於E點，則△EKR為新貿易三角形。P至R為保護效果（等於GH），表示對國內輸入競爭品產業的保護。消費水準從C（在I_2上）點降到E點（在I_1上）表示消費者福利下降（滿足程度降低），此即為關稅的消費效果（等於CF）。國民所得（以X物品表示之實質所得）從自由貿易的ON減少為OM，所減少的MN即為國民福利的損失。

(2)大國情形

若本國所面對世界之供給曲線彈性並非無窮大，則課徵關稅時，福利就不一定減少。因為關稅的一部分由外國生產者負擔，如果由外國所負擔的部分關稅大於生產效果之成本與消費效果之損失兩者之和，則將對本國有利。

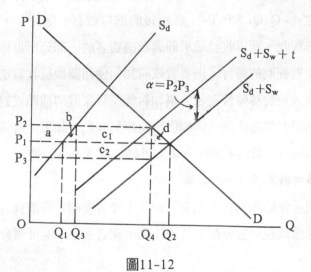

圖11-12

DD——本國需要曲線

S_d——本國供給曲線

S_w——本國所面對的國際市場供給曲線，S_d 加 S_w 要比 S_d 平坦

$S_w + t$——課徵關稅後所面對的國際市場供給曲線

　　圖中 $Q_1 Q_3$ 爲生產效果，$Q_2 Q_4$ 爲消費效果，a，b，d 所代表的意義與小國情形同，課徵的關稅爲 $P_3 P_2 = \alpha$。其中政府稅收爲 $c_1 + c_2$，c_1 爲本國消費者負擔的部份，c_2 則是外國生產者或出口商負擔的部份。總合效果可整理如下：

$$本國消費者損失 = a + b + c_1 + d \ominus$$
$$本國生產者利益 = a \oplus$$
$$本國政府之利益 = c_1 + c_2 \oplus$$
$$\overline{}$$
$$本國福利之變化 w = c_2 - b - d$$

　　故當 $c_2 > b + d$ 即 $w > 0$ 時，本國福利增加；反之，當 $c_2 < b + d$ 時，即 $w < 0$ 時，本國福利減少。

3.收益效果

　　所謂收益效果就是指政府由於課徵關稅所獲得的全部收入。如圖 11-9 中之 $c = Q_3 Q_4 \times P_1 P_2$（課稅後的進口數量×關稅），即海關所得到的全部稅收，所以收益效果即表示消費者的一部分所得移轉到政府手中。至於對福利的影響，則要看政府如何使用關稅稅收而定。如果政府把這些收入用於移轉性支付（例如對低所得家庭的補助或對企業界補助）則可能引起需要曲線或國內供給曲線的變動。如果供給彈性不是無窮大，則關稅收益將由本國消費者與外國生產者共同負擔。

4.移轉效果或再分配效果

　　關稅，使國內消費者損失，而使生產者獲利，即消費者的一部分福利會因課徵關稅而被分配（移轉）到生產者手中。這種再分配效果如圖

11-9之a的面積。因爲徵收關稅將提高國內物價並增加生產這些產品的生產因素的報酬。移轉性支付a，即表示因國內物價上漲而使消費者多付的部份，也表示生產這些產品的生產因素的報酬比以前增加的部份（即高過於使他們從事這種產業之生產所必須支付的代價）。a的面積就是經濟租（Economic Rent）的增加。

5.貿易條件效果

如果輸入品的供給彈性不是無窮大，則課徵關稅，使本國之進口數量減少而使世界市場的價格下跌。如果出口價格不變，則進口價格的下跌即表示貿易條件的改善，亦即若以課稅後國際市場的進口價格來衡量，貿易條件將變爲對關稅課徵國有利。

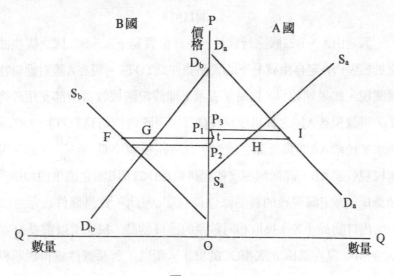

圖11-13

如圖11-13所示，A國課徵進口關稅，則A國之國內價格上升爲P_3，而B國生產者所得到的價格（即A國之進口價格）下跌爲P_2，其間之差$P_2 P_3$即爲關稅。此時，就A國而言，課稅後之貿易條件（TOT_1）優於課稅前之貿易條件（TOT_0），即$TOT_1 = \overline{P_x} / P_2 > TOT_0 = \overline{P_x P_1}$，故

對A國有利。

現在利用提供曲線分析看關稅對貿易條件的影響：

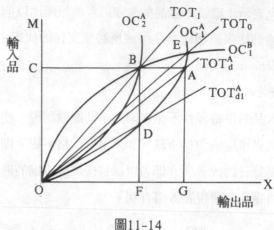

圖11-14

假定由A、B二國進行貿易，在自由貿易下A、B二國之提供曲線相交於E點，決定自由貿易下的貿易條件爲TOT_0。現在A國對進口物品課徵關稅，如果關稅以X物品來表示（即假定關稅收益全部支用於輸出品），則課稅後A國之提供曲線爲OC_2^A，而國內價格爲TOT_d^A，OC_2^A與OC_1^A的水平距離AB即爲所課之關稅，此時關稅稅率爲$t = \dfrac{AB}{BC}$，以X表示之關稅稅收爲AB。課徵關稅後的提供曲線OC_2^A與B國之提供曲線OC_1^B之交點爲B，決定關稅後的貿易條件爲TOT_1，此一貿易條件表示可以用較少的出口物品（X）換取相同數量的進口物品（M）（以前爲AC的X換OC的M；現在爲BC的X換OC的M）。所以，貿易條件變得對關稅課徵國即A國，有利。但A國的消費者所面對的進口品價格則較前昂貴，故關稅對A國消費者不利（TOT_0變爲TOT_d^A）。因爲A國國內的交換比率顯示要以更多的X商品，方能換取同一數量的輸入品（M）。如與自由貿易下的貿易條件比較，則課徵關稅後使A國對外貿易條件改善，而國內貿易條件惡化。此外，關稅亦可以用輸入品來表示（即假定關稅收益

全部支用於輸入品），如圖11-14所示，課徵進口關稅使A國的提供曲線移到OC_2^a，關稅稅收爲BD的可輸入品，關稅稅率爲$t = \dfrac{BD}{DF}$（註）。

　　關稅對本國國內相對價格的影響，會因外國提供曲線之彈性的大小而不同。上面所討論的，是假定外國提供曲線之彈性大於1的情況。如果外國提供曲線之彈性小於1時，則如圖11-15所示。

　　當A國課徵關稅，使其提供曲線移到OC_2^a時，如果以進口物品（M）來表示關稅BD，則對A國國內價格之影響與上圖11-14相同。不過關稅如以出口物品（X）來表示，則爲AB。此時進口物品之國內相對價格將下跌爲TOT_2^a，$TOT_2 > TOT_2^a > TOT_1$，故關稅不但改善A國之對外

　　（註）：此時$\dfrac{BD}{DF}$不等於$\dfrac{AB}{BC}$，如欲令其相等，則以輸出品（X）表示之關稅（全部支用於輸出品）與以輸入品（M）表示之關稅（全部支用於輸入品），其提供曲線移動幅度應不相同，如下圖所示，假定關稅收益全部支用於輸出品，則課徵關稅 AB，稅率$t = \dfrac{AB}{BC}$，提供曲線將從 OC_0 移到OC_1，課稅後之貿易條件爲TOT_1。假定關稅收益全部支用於輸入品，則課徵關稅FA，稅率$t = \dfrac{FA}{AG}$，提供曲線必通過TOT_1上之F點，因此將從OC_0 移到OC_2，這時$\dfrac{FA}{AG} = \dfrac{FA}{BD} = \dfrac{AB}{OD} = \dfrac{AB}{BC}$二者相等。

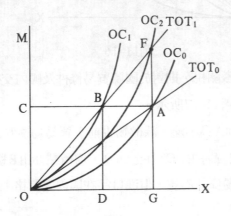

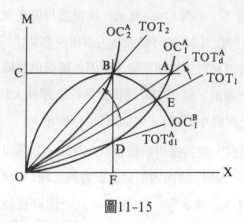

圖11-15

貿易條件，亦使進口品的國內價格下跌。在這種情形下，上述生產、消費、再分配及因素價格等效果將呈相反方向的變動。如果均衡點落在A國提供曲線彈性小於1之處，則情形與上面二國之提供曲線的彈性都大於1的情況相同，如下面圖11-16所示。

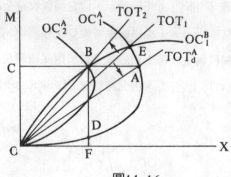

圖11-16

如果是小國課徵關稅，則對於國際貿易條件及國內交換比率（TOT_d）之影響將如下面圖11-17所示。

假定B是大國而A為小國，課徵關稅前，貿易均衡點為E，現若A國課徵關稅t，提供曲線將由OC^A移至OC^A_t，均衡點亦由E移至G點。此時，稅率為$\dfrac{FG}{GH}$，貿易條件不變，但進口品在國內之價格上漲。

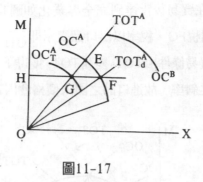

圖11-17

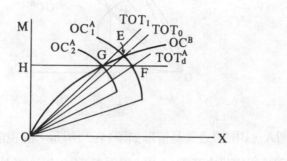

圖11-18

　　依然假定B為大國、A為小國，不同的是，B國之提供曲線之彈性大於1但小於無窮大，如圖11-18中之OC^B所示。則在A國課徵關稅t（以出口品表示）後，貿易條件將改善，而進口品在國內之價格也將上升。

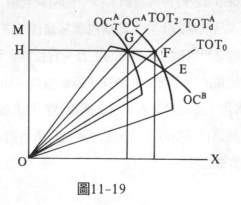

圖11-19

如果兩國在貿易後皆達到完全專業化如圖11-19所示，均衡點在E。若A國課徵關稅FG，稅率以出口品表示即$\frac{FG}{GH}$，課稅後貿易的均衡點為G。此時，貿易條件由TOT_0變為TOT_2獲得了改善，而國內交換比率為$TOT_d^A = OF$之斜率，故進口品之國內價格會因課徵關稅而下跌。

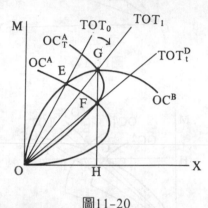

圖11-20

設A、B兩國之貿易情形如圖11-20所示，課稅前均衡點為E（提供曲線OC^A與OC^B之交點），現A國課徵FG（以進口品表示）的關稅，稅率為$\frac{FG}{GH}$，均衡點由E變為G。此時，貿易條件由TOT_0變為TOT_1，發生惡化之現象，而進口品（M）在國內之價格亦上漲。

Stolper-Samuelson定理的反例：Metzler案例與Lerner案例。Stolper-Samuelson定理告訴我們，當一個國家對輸入品課徵關稅時，會造成國內輸入品價格的上升，即國內貿易條件下降（TOT_d下降）。此時，輸入產業部門因輸入品價格的上升，將使其密集使用的因素價格上升，即密集使用的生產因素之實質所得會提高，如圖11-21所示。從圖11-21可以看出：美國對輸入品課徵關稅使提供曲線OC_1^{US}移至OC_2^{US}，稅後世界的貿易條件為TOT_t^W，而國內之相對價格則降為TOT_t^d，表示輸入品的相對價格上升。

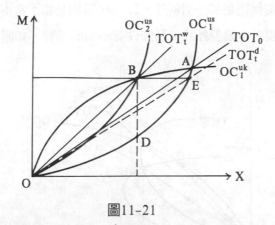

圖11-21

Metzler 案例是指：當本國所面對的外國相互需求彈性小於1時，關稅對本國輸入競爭品產業將產生負面的效果，如圖11-22所示。

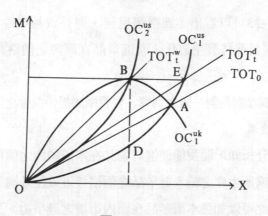

圖11-22

從圖11-22可以看出：課徵關稅後，提供曲線變爲OC_2^{US}，國際貿易條件爲TOT_t^w，而關稅在以出口品表示時，國內之貿易條件（價格比率）TOT_t^d反而較TOT_0爲大，即國內市場之輸入品價格在課徵關稅後反而下降。換句話說，輸入競爭產業部門所密集使用之因素其價格將下跌，亦即輸入競爭產業部門密集使用因素之所得將下降，而與Stolper-Samuelson 定理不符。

　　Lerner 案例則是另一個例外。Lerner 案例是指：當本國之需求彈性很小時，關稅對本國對外的貿易條件有不利的影響，如圖11-23所示。

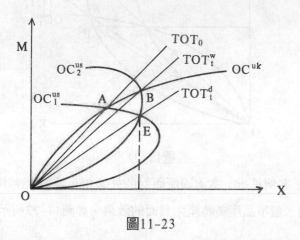

圖11-23

　　從圖11-23可以看出：課徵關稅後，對外貿易條件由TOT_0下降為TOT_t^w，即貿易條件發生惡化，而進口品在國內之價格亦是呈現上漲的情形。

　　因此，課徵關稅對一國之利弊，要看兩國提供曲線之彈性方能論定。

　　6.競爭效果

　　由上面分析知，關稅能使進口物品在本國國內之價格上漲，而使外國物品與本國所生產之輸入競爭品之價格接近或使外國物品較本國物品為昂貴，因此可以加強本國產品在國內市場之競爭力。另一方面，關稅之取消可使本國之產業面對激烈之競爭，而可以促進技術進步、生產方法的改良和品質的提高。持平而論，課徵關稅可使本國之產品能夠與外國物品競爭；反之，取消關稅則可刺激本國產業力求進步。

　　7.所得效果或因素所得效果

　　即政府課徵關稅將影響因素所得之效果。Stolper-Samuelson認為國際貿易與因素所得間存有密切之關係，擴大貿易能使輸入競爭品生產時

所密集使用之生產因素的價格及實質所得降低。相反地，課徵關稅、限制貿易則能夠使這些因素的價格及所得增加。茲說明如下：

　　假設，輸入品（Y）與輸出品（X）之因素密集度不同，而且輸出品產業為勞動密集，輸入競爭產業則為資本密集，因一國只生產此二種商品，使用二種生產因素（L和K），故其生產狀態可以箱形圖表示之：

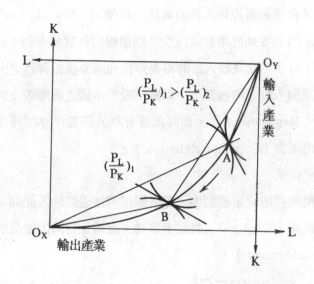

圖11-24

　　在自由貿易時，生產點在A點，因素價格比為（$\frac{P_L}{P_K}$）$_1$，若課徵關稅，則生產點由A移至B。此時，輸入競爭品Y將增加生產，使資本（K）需求增加，因而使資本價格（P_K）上漲；相反的，X商品將減產，使勞動發生超額供給，因而勞動之價格將下降。如此，資本勞動之價格比率變小，（$\frac{P_L}{P_K}$）$_2$ <（$\frac{P_L}{P_K}$）$_1$。廠商將以勞動代替資本，使（資本／勞動）比率變小，其結果是終將引起資源的再分配，所得將由勞動者移轉到資本所有者手中，造成所謂的「所得效果」。

　　8.國際收支平衡效果

　　關稅可提高進口物品的國內價格，而使輸入減少，亦即關稅使本國對國外市場的支出降低。所得若不用於購買國外物品，則大部分將用於對國內物品的支出。因此，關稅能減少本國消費者對國外物品的支出，而具有改善國際收支的作用。在這種情況下，關稅的效果與匯率貶值的效果相同。另一方面，由於所得效果與就業效果的作用（由於貨幣所得增加），又會通過邊際輸入傾向而使進口增加（$M = M_0 + mY$）。至於對進口物品的需要到底增加或減少？則須視對外貿易乘數（k_t），邊際輸入傾向（m），以及輸入品的需要彈性和國外供給彈性之大小才能決定。在所謂損人利己的政策下，以關稅改善本國之國際收支將會引起外國的反彈（Repercussion），而降低其有利的影響，亦即將面對來自貿易對手國的報復（Foreign Retaliation）。

　　9.就業效果

　　在國民所得的決定模型中，課徵關稅將使邊際輸入傾向下降，國內的總支出曲線（C＋I＋G）將向上移動，而增加對國內產品的總合需要（Aggregate Demand）。

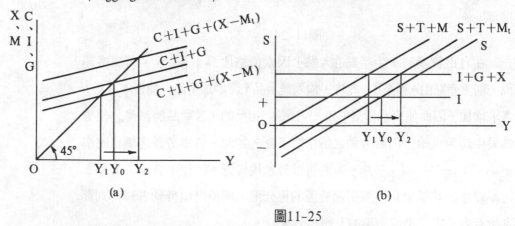

圖11-25

　　此時，如果國內的資源處於不充分就業的狀態（如上圖中Y_2爲充分就業水準，則Y_1爲不充分就業水準），則課徵關稅可使輸入從M減

少為M_t，而使左圖之總合需要曲線從（C＋I＋G＋X－M）向上移動為（C＋I＋G＋X－M_t），結果使國民所得水準從Y_1增加為Y_2而達成充分就業。因此，關稅具有增加對國內物品支出的作用。而後，經由乘數效果的發揮，可增加國民所得與就業。但如果Y_1為充分就業，則課徵關稅引起總合需要的增加，結果只會造成通貨膨脹的壓力。

　　不過這種以課徵關稅方式防止蕭條或不景氣的短視政策，對貿易對手國不利，必將招致外國的報復。因為，一國的輸入即為另一國的輸出，所以關稅對國外的就業有反作用。當外國的輸出減少時，則其國民所得與就業水準亦必降低，再經由外國的邊際輸入傾向（或貿易乘數）的作用，他們的進口亦將減少，終將導致本國出口的減少，而使本國也蒙受不利的影響。可見，這種「損人利己」（Beggar Thy Neighbor）的關稅政策是行不通的。

　　10.因素移動效果

　　我們在分析自由貿易時，曾假定二國之間的生產因素不能移動，而發生成本的差異，使二國各生產具有比較利益的物品，然後從事貿易，互相交換他們的產品。但另一方面，課徵關稅會阻礙物品在國際間流通，將造成國際間因素價格的差異，而這種差異將刺激生產因素——特別是資本——的移動。勞動因受到語言、生活習慣、文化背景、政治因素以及法律（如移民法）等因素的限制，較不易在國際間流動，但資本則不然。例如1960年代，由於歐洲共同市場（EEC）的關稅政策，而使美國的資本經由投資的方式大量地移往歐洲。因為共同市場中彼此之間沒有關稅而對外則課徵高關稅，所以在美國生產的物品無法在歐洲市場立足，美國的廠商只有直接在共同市場各國投資設廠從事生產就地供應歐洲市場。這就是關稅刺激生產因素在國際間移動的效果。

　　11.保護的成本效果

政府課徵關稅會使生產與消費發生變動，結果將導致實質所得降低，可分析如下：

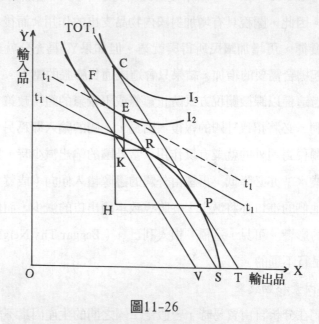

圖11-26

如圖11-26所示，貿易後，將在C點消費而在P點生產，自由貿易之貿易三角形爲△CHP。現若課徵關稅使得輸入品（Y）之價格上升，將使價格線由TOT_1變爲$t_1 t_1$，而且，$t_1 t_1$會小於TOT_1，因而生產點由生產可能曲線上P移至R，至於消費點則由C移至E，貿易三角形變爲△EKR。此時本國消費者需要支用OS的實質所得方能在無異曲線I_2上的E點消費，因而商品相對價格（$\frac{Px}{Py}$）與邊際代替率（$MRS_{XY} = \frac{MU_X}{MU_Y}$）並不相等。即$MRS_{XY}^E = \frac{\triangle Y}{\triangle X} = \frac{MU_X}{MU_Y} = TOT_d = \frac{Px}{Py(1+t)} < \frac{Px}{Py} = TOT_1$（t表示關稅率）。若在自由貿易下，維持相同的滿足程度，即在無異曲線I_2上的F點消費只需支付OV即可。因而，OS與OV之差距VS（OS－OV＝VS）即爲保護之消費成本。換言之，課徵關稅後，需支用較多的所得，才能達到相同的滿足程度。

　　至於生產上之效果則可說明如下：未課徵關稅前在P點生產，其所得爲OT，而課徵關稅後，則在R點生產，其所得爲OS，OT與OS之差額ST（OT－OS＝ST）即爲保護之生產成本。換句話說，課徵關稅之後，使用相同的生產資源只能用以生產較少的產品。

　　由圖11-26可知，在自由貿易下，國內廠商於生產可能曲線上的P點生產，實質國民所得等於OT。在課徵關稅後，國內廠商改在生產可能曲線上的R點生產，實質國民所得降爲OS。（因爲$MRT_{XY}^{R} = \dfrac{MC_X}{MC_Y} = TOT_d < TOT_1$。）

　　綜合上述之消費成本與生產成本，可求得關稅保護之總成本如下

　　　　$VS + ST = OT - OV = VT = $ 保護成本（Protection Cost）

　　上式表示，課徵關稅後實質國民所得，相較於自由貿易下之實質所得而言，總共減少了VT。

第十二章 最適關稅、最大收益關稅與關稅的有效保護率

一、最適關稅（The Optimum Tariff）

(一)最適關稅之意義

當一國課徵關稅時，如果關稅的稅率恰好使該國之利益達到最大，這種關稅就叫做最適關稅。亦即此關稅使該國達到最高之社會無異曲線。

(二)局部均衡分析

我們如果利用局部均衡分析法，研究進口量與關稅的關係，則最適關稅的決定就類似在不完全競爭的因素市場上專買的生產者之求取利潤極大的問題。因而，我們可應用因素市場為專買（Monopsony）時，生產因素價格與雇用量之決定原則來分析最適關稅。

假定因素市場為完全專買而產品市場為完全競爭，可分析如下：

MFC_L 代表邊際因素成本　　VMP_L 代表邊際生產值

AFC_L 代表平均因素成本　　D_L 為生產因素需求曲線

MRP_L 代表邊際生產收益　　S_L 為生產因素之供給曲線

若因素市場為完全競爭，則均衡點為E，決定了雇用量$L = OL_1$及

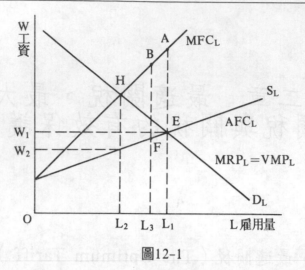

圖12-1

工資$W = OW_1$。然而,現在只有一個廠商購買,在求其利益之最大的行為下,廠商若雇用至OL_1,則最後的邊際單位只能創造EL_1的產值,而所花的MFC為AL_1。因此,若不雇用第L_1則可得到AE之利益;若雇用到OL_3,即減少$L_3 L_1$的僱用,則減少的產值為$\square L_1 EFL_3$,但節省的成本為$\square L_1 ABL_3$,故可獲得$\square$EABF的利益。因此,廠商會繼續減少雇用一直到H點而使所得到利益達於最大,即$\triangle$HEA。此時廠商之雇用量為OL_2,工資則為OW_2。同理,若雇用量少於OL_2時,則因為VMP仍高於MFC,所以利潤未達於最大,故廠商之雇用量不會少於OL_2。即均衡時$MRP = VMP = MFC > AFC = W_2$。

　　在了解因素市場為專買情形時之分析後,接下來即可介紹最適關稅之局部均衡分析。

　　如下圖所示,進口物品的供給曲線(S_M)就如同平均因素成本(AFC,AC),而進口的邊際成本如同邊際因素成本(MFC)。圖12-2中之MC_M即為進口的邊際成本(Marginal Cost of Imports),而進口物品的需要曲線就是邊際生產收益曲線(MRP),專買者(Monopsonist

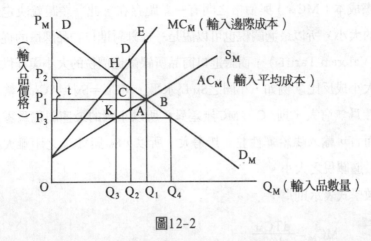

圖12-2

）為求利潤之最大，必定使其MRP＝MFC。現在利用此一理論說明最適關稅的決定：在沒有關稅或輸入限制之下，輸入品的價格為OP_1，即由供給（S_M）與需要曲線（D_M）的交點所決定。此時，如果減少輸入則將增加該國的福利。例如進口從OQ_1減少為OQ_2時，則其支出或成本將減少▱DEQ_1Q_2，而消費者的滿足（價值）或效用將減少◿CBQ_1Q_2。一方面，因輸入減少而使消費者的滿足（價值）減少（損失），而另一方面，則可節省支出或成本（利益），故淨利益為▱DEQ_1Q_2－◿CBQ_1Q_2＝▱$DEBC$。如果輸入不斷減少則淨利益將繼續增加，直到進口數量為Q_3時，淨利益達到最大（△BHE），此時該進口國所面對的國際價格下跌為OP_3。如果國內消費者的價格是OP_3，則他們將購買更多的數量（較OQ_3為多，如OQ_4），故欲使他們只購買OQ_3則可用關稅或其他限制輸入之方法，以使國內的價格恰好上漲為OP_2，此時最適關稅等於$P_2$$P_3$＝t（如上圖）。因此，最適關稅必須使國內價格等於進口的邊際成本（P_2＝MC_M）。假定輸入的供給彈性為無窮大，則S_M為水平線，此時輸入的邊際成本（MC_M）與S_M疊合，而最適關稅等於零。除此一情況外，供給曲線都是向右上方延伸的（Upward Sloping），所以進口的

邊際成本（MC_M）與價格之間有一差距存在，此一差距就決定最適關稅的大小。所以最適關稅也可以說是一種針對進口物品課徵的從價稅（Ad Valorem Tariff），而對進口商品所課徵從價稅的大小與其供給彈性的大小成反比。例如，小國之S_M爲水平，$MC_M = S_M = AC_M$，輸入供給彈性爲無窮大，則AC，MC無差異，所以小國的最適關稅爲零。然一般而言，輸入供給彈性並非無窮大，所以，S_M與MC_M之距離大小決定了最適關稅之大小。

以數學式表示則爲：

$$MC_M = \frac{dTC_M}{dQ_M}$$

$$= \frac{d(P_M \times Q_M)}{dQ_M}$$

$$= P_M + Q_M \cdot \frac{dP_M}{dQ_M}$$

$$= P_M \left(1 + \frac{Q_M}{P_M} \cdot \frac{dP_M}{dQ_M} \right)$$

$$= P_M \left(1 + \frac{1}{e_S} \right)$$

$$t_{opt} = P_2 P_3$$

$$= HK$$

$$= MC_M - P_M$$

$$= P_M \left(1 + \frac{1}{e_S} \right) - P_M$$

$$= P_M \cdot \frac{1}{e_S}$$

故供給彈性 e_s 愈大，t_{opt} 愈小。

㈢一般均衡分析

利用貿易提供曲線及社會無異曲線來分析，最適關稅爲一國課徵關稅後，使這國家達到在最高一條無異曲線消費，此時福利達到最大。

1. 圖形分析

以下我們利用提供曲線與社會無異曲線以求取最適關稅：

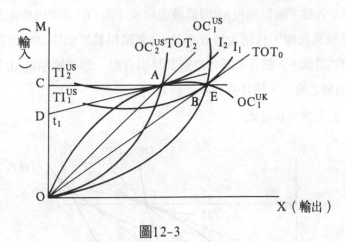

圖12-3

TI^{US}表示美國之貿易無異曲線

OC^{US}表示美國之提供曲線

OC^{UK}表示英國之提供曲線

　　如果一國所面對的外國提供曲線其彈性不是無窮大（$e_{Rd} < \infty$），則該國可以變動其貿易條件而獲得利益，這時必須課徵最適關稅以求利益之最大。因此，所謂最適關稅，在一般均衡分析下，即指「一國課徵關稅其稅率恰好使該國達到最高一條的社會無異曲線，也就是使其福利水準達到最高之關稅」而言。在此種情況下，必須就二種相反的力量加以比較：一方面由於該國課徵關稅而使其貿易比率愈來愈有利；但另一方面，關稅愈高則其進口數量愈來愈小。所以最適關稅就是指由前者所獲得的利益超過後者帶來的損失且其差額達到最大（淨利益最大）的一種情況。

　　如圖12-3所示，在自由貿易下美國（US）與英國（UK）的提供曲線相交於E點，其貿易比率爲TOT$_0$，現在美國課徵關稅，如果關稅稅

率恰好等於$\dfrac{AB}{AC}$，則美國的提供曲線將從OC_1^{US}而移到OC_2^{US}，此時與OC_1^{UK}相交於A點，貿易條件爲TOT_2，而美國之貿易無異曲線TI_2^{US}恰與OC^{UK}相切於A點。所以關稅AB即爲最適關稅。而TI_2^{US}爲美國所能達到的最高一條無異曲線，任何大於或小於AB之關稅其所能達到的無異曲線都要比TI_2^{US}爲低。A點爲美國之最適貿易組合點，即美國輸出AC的X以交換OC的M之輸入，使其福利達到最大。

2. 最適關稅公式

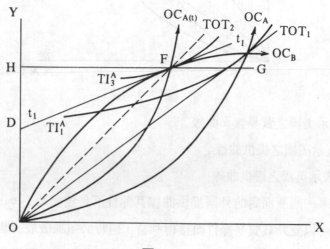

圖12-4

從F點作一切線$t_1 t_1$，與TI_3^A，OC_B在F點相切，則$t_1 t_1$的斜率表示A國國內的價格比率。圖12-4中，$t_1 t_1$斜率＜TOT_2，表示進口品在A國國內之價格上漲。由圖12-4中可亦知，A國國內價格比率（$t_1 t_1$）與國際價格比率（TOT_2）不同：國際市場課關稅後的價格比率$TOT_2 = \dfrac{FH}{OH}$；而國內價格比率$t_1 t_1 = \dfrac{FH}{HD}$。最適關稅稅率t必須使這二個價格比率相等，即：

$$(1+t) \cdot \frac{FH}{OH} = \frac{FH}{HD}$$

因此：

$$1+t = \frac{FH}{HD} \times \frac{OH}{FH} = \frac{OH}{HD}$$

$$\therefore t = \frac{OH}{HD} - 1 = \frac{OH-HD}{HD} = \frac{OD}{HD} \quad \cdots\cdots\cdots\cdots\cdots\cdots\cdots(1)$$

$$e_{Rd}^{B} = \frac{OH}{OD} = \frac{HD+OD}{OD} = \frac{HD}{OD} + 1 \quad \therefore e_{Rd}^{B} - 1 = \frac{HD}{OD} \cdots\cdots\cdots(2)$$

將(2)代入(1)得　$t = \dfrac{1}{e_{Rd}^{B} - 1}$

$$t_{opt} = \frac{1}{e_{Rd}^{B} - 1}$$ 即爲最適關稅公式（Optimum Tariff Formula）

　　如已知外國的相互需要彈性，便可求出最適關稅。其中，值得一提的，有下列三種特殊情況：

(1)當 $e_{Rd}^{B} = \infty$ 時，$t = 0$。

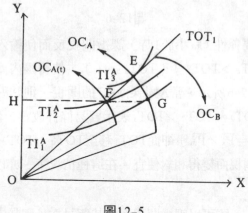

圖12-5

OC$_A$表示A國課稅前之提供曲線

OC$_{A(t)}$表示A國課徵關稅後之提供曲線

　　在此小國的情形下（即國外提供曲線彈性爲無窮大），小國（A）以不課關稅爲最有利。上圖中，如課徵關稅，均衡點由E移至F，無異曲線由TI$_3^A$降至TI$_2^A$，滿足程度反而下降，亦即福利反而減少。

(2)當 $e_{Rd}^B = 1$ 時，$t = \infty$。

表示本國可用任何數量的輸出品交換一定數量的輸入品，此時本國所課關稅愈重則福利愈大。

(3)當 $e_{Rd}^B < 1$ 時，$t < 0$。

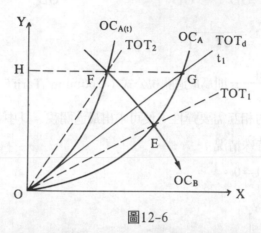

圖12-6

在相互需要彈性 e_{Rd}^B 小於1時，課徵關稅反而使輸入品在國內市場價格下跌（$TOT_d > TOT_1$）（$TOT_1 \rightarrow t_1$），使得國內產品的競爭力更形削弱。如圖12-6所示，當A國課徵FG的關稅，則其對外貿易條件將從TOT_1移至TOT_2，$TOT_2 > TOT_1$表示貿易條件改善，但A國國內之相對價格（$TOT_d = \overline{P_x} / \overline{P_m^d}$）卻從$TOT_1$移至$TOT_d$，$TOT_d > TOT_1$表示輸入品因被課徵關稅而變得相對便宜。在這種情況下，亦以不課徵輸入品關稅較爲有利。

概括而言，一國可以課徵關稅而使其貿易在外國較有彈性的提供曲線上的一段進行，以求利益之最大，而其最適關稅之稅率如前所述爲 $t_{opt} = \dfrac{1}{e_{Rd}^B - 1}$。

二、最大收益關稅與最適關稅之比較

最適關稅係指爲使課稅國之福利達到最大之關稅，而最大收益關稅

（Maximum Revenue Tariff）則是使課稅國之關稅收益達到最大的關稅，兩者並不相同。

以下我們將介紹最大收益關稅的決定以及其與最適關稅的差異。

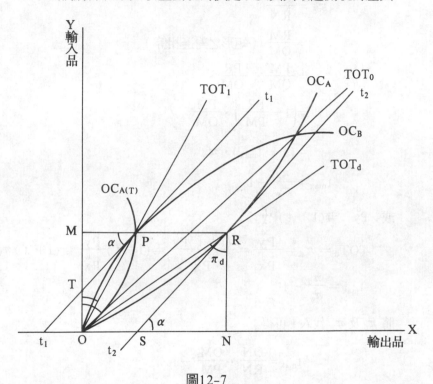

圖12-7

如上圖所示，設課稅國（A）在自由貿易時之提供曲線爲OC_A，課稅後之提供曲線爲$OC_{A(T)}$。假定$OC_{A(T)}$在P點與OC_B相交，如果OC_B在P點的切線t_1t_1之斜率與OC_A在R點之切線（t_2t_2）之斜率相等，即t_1t_1∥t_2t_2，則OC_A與OC_B之水平距離在PR時爲最大。由此可見關稅爲PR時關稅收益最大。$\dfrac{PR}{PM}$即爲產生最大收益之關稅率。

因 t_1t_1斜率$=\dfrac{MT}{PM}=\dfrac{RN}{SN}=t_2t_2$之斜率

令 $TOT_d=\pi_d=\dfrac{Py}{Px}=\dfrac{X}{Y}=\dfrac{ON}{RN}$

$$TOT_w = \frac{PM}{OM}$$

最大收益關稅率 t_{max} ：

$$\pi_d = \frac{ON}{RN}$$

$$= \frac{RM}{OM} \quad (\text{矩形之對邊相等})$$

$$= \frac{PM}{OM} + \frac{PR}{OM}$$

$$= \left(1 + \frac{PR}{PM}\right) \cdot \frac{PM}{OM}$$

$$= (1 + t_{max}) \cdot \pi_w$$

$$t_{max} = \frac{\pi_d}{\pi_w} - 1$$

或　$P_y^d = (1 + t)P_y^w$

$$TOT_d = \pi_d = \frac{P_y^d}{P_x^d} = \frac{(1+t)P_y^w}{P_x^w} = (1+t)\frac{P_y^w}{P_x^w} = (1+t)\pi_w$$

$$t_{max} = \frac{\pi_d}{\pi_w} - 1$$

將 π_d 及 π_w 代入，可得：

$$t_{max} = \frac{ON}{RN} \cdot \frac{OM}{PM} - 1$$

設 $\alpha = \frac{MT}{PM} = \frac{RN}{SN}$

$$\therefore \quad t_{max} = \frac{ON}{\alpha \cdot SN} \cdot \frac{OM}{\frac{MT}{\alpha}} - 1$$

$$= \frac{ON}{SN} \cdot \frac{OM}{MT} - 1$$

故　$t_{max} = E_{off}^A \cdot E_{off}^B - 1$

E_{off}^A：A 國提供曲線之彈性

E_{off}^B：B 國提供曲線之彈性

$$\because E_{off}^A = r_A = \frac{1+\dfrac{1}{e_A}}{1-\dfrac{1}{\eta_A}} \quad ; \qquad$$
e_A：A 國對輸出品 (X) 之供給彈性

η_A：A 國對輸入品 (Y) 之需要彈性

$$\because E_{off}^B = r_B = \frac{1+\dfrac{1}{e_B}}{1-\dfrac{1}{\eta_B}} \quad ; \qquad$$
e_B：B 國對輸出品 (Y) 之供給彈性

η_B：B 國對輸入品 (X) 之需要彈性

$$\therefore t_{max} = \left(\frac{1+\dfrac{1}{e_A}}{1-\dfrac{1}{\eta_A}} \right) \cdot \left(\frac{1+\dfrac{1}{e_B}}{1-\dfrac{1}{\eta_B}} \right) - 1$$

令　$e_A = \infty$

$\quad\ e_B = \infty$

$$t_{max} = \frac{1-(1-\dfrac{1}{\eta_A})(1-\dfrac{1}{\eta_B})}{(1-\dfrac{1}{\eta_A})(1-\dfrac{1}{\eta_B})}$$

$$= \frac{\dfrac{1}{\eta_A}+\dfrac{1}{\eta_B}-(\dfrac{1}{\eta_A})(\dfrac{1}{\eta_B})}{(1-\dfrac{1}{\eta_A})(1-\dfrac{1}{\eta_B})}$$

　　此亦爲最大收益關稅率之公式，但這是在關稅收入全部支用於輸出品（X）之假定下所導出。而由以上的分析，我們可知最大收益關稅率存在於二國提供曲線較有彈性的一段之間。因此，$E_{off}^A \geq 1$、$E_{off}^B \geq 1$、$\eta_A \geq 1$、$\eta_B \geq 1$，這與最適關稅率之情形相同。

　　但是，最適關稅率與最大關稅率其間仍有差異：

$$t_{max} - t_{opt} = \frac{\dfrac{1}{\eta_A} + \dfrac{1}{\eta_B} - \dfrac{1}{\eta_A} \cdot \dfrac{1}{\eta_B}}{(1 - \dfrac{1}{\eta_A})(1 - \dfrac{1}{\eta_B})} - \frac{\dfrac{1}{\eta_B}}{1 - \dfrac{1}{\eta_B}}$$

$$= \frac{\dfrac{1}{\eta_A}}{(1 - \dfrac{1}{\eta_A})(1 - \dfrac{1}{\eta_B})}$$

因為只有當 $\eta_A \to \infty$，$\eta_B \to \infty$ 時 $t_{max} = t_{opt}$。在一般情形下，$1 < \eta_A < \infty$，$1 < \eta_B < \infty$，因而，

$t_{max} - t_{opt} \geq 0$　　即　$t_{max} \geq t_{opt}$

因此，如果課稅國（A）之輸入需要彈性 $\eta_A = \infty$ 時，則 $t_{max} = t_{opt}$。如果A為大國，B為小國時，A國之最大收益關稅也是最適關稅；反之，如果A為小國，B為大國時，A國之最適關稅為零（$t_{opt} = 0$），但A國最大收益關稅不為零（$t_{max} > t_{opt}$）。

三、關稅的有效保護率（Effective Protective Tariff Rate，簡寫為EPR）

㈠有效保護率之意義

有效保護（Effective Protection）的基本概念是基於下面重要事實而成立：對於中間產品或原料課徵關稅，將使這些產品的價格上漲，而增加國內使用者的負擔，因而將導致生產成本的提高，以及使最終產品的關稅所產生的增加生產效果（Production-Increasing Effect）變小。所以從任何一種中間投入品的使用者來看，對投入品課徵關稅，其效果就如同對生產課稅，將提高國內的生產成本，而降低了國內生產的附加價值。

　　爲更進一步說明保護（Protection）之意義，我們假設某進口商品其一單位的國際市場價格以新臺幣表示是1,000元，且此商品在國內也能生產。現假定此商品進口時會被課30％的從價關稅，故此一輸入品的國內價格將上漲到1,300元。因而，此商品如在國內生產其價格也可提高到1,300元，這也表示支付給國內的勞動或資本等生產因素的報酬當中包括了關稅所課的金額。由於對生產因素的報酬決定於生產過程中所增加之價值即附加價值（Value Added），所以保護可以說是提高國內生產的附加價值。

　　如此，由於保護意味著提高國內生產的附加價值，所以保護的程度必須以國內生產的附加價值之提高來測度。不過在上例中，關稅率及國內附加價值的增加率同爲30％。在一般情況下，生產時會使用輸入原料以及對輸入原料課徵關稅，因而關稅率的表面高度便不一定與其所引起的國內附加價值之增加率相同，例如：

　　假定在國內生產其商品一單位時，需使用500元的輸入原料則此商品的附加價值只有（1,000－500）元，即500元。現假定對此商品的輸入也與上例相同地課以30％的關稅。因爲30％的關稅是對最終產品的價值課徵，所以關稅額是1,000元×0.3即300元，而課稅後此商品的國內附加價值是800元（1,300元－500元）。所以原來500元的國內附加價值將因關稅而提高300元，其增加率是300元÷500元＝0.6，即60％。也就是說，對於製成品課以30％的關稅會使其國內附加價值增加60％。

　　其次，若對500元的輸入原料也課徵20％的關稅。當然對最終產品的關稅假定與前面相同仍爲30％。然而，對於進口原料的關稅負擔額爲100元（500元×20％），輸入原料的國內價格也會上漲此數。因此，由於關稅的國內附加價值之增加額比上面情況減少了100元而成爲

200元（800元－600元），其增加率爲：

$$200元 \div 500元 = 0.4，即40\％$$

亦即對於最終產品課30％之關稅與對於進口原料課20％之關稅會使國內附加價值增加40％。

現在，如果對於輸入原料的關稅率如非20％而是40％，則國內附加價值的增加率將只有20％。如果對於輸入原料的關稅率爲60％，國內附加價值的增加率將爲零。又對於輸入原料的關稅率如爲80％，則國內附加價值將反而降低，成爲所謂負的附加價值（Negative Value Added）。對於輸入原料課徵各種不同關稅率之結果如下列表12-1所示：

表 12-1

	1	2	3	4	5	6
最終產品之價格 p_j	1,000	1,000	1,000	1,000	1,000	1,000
輸入原料之價格 p_i	0	500	500	500	500	500
國內附加價值 $p_j - p_i$	1,000	500	500	500	500	500
最終產品之關稅率 t_j	30％	30％	30％	30％	30％	30％
最終產品價格之增加 $t_j p_j$	300	300	300	300	300	300
輸入原料之關稅率 t_i	0％	0％	20％	40％	60％	80％
輸入原料價格之增加 $t_i p_i$	0	0	100	200	300	400
國內附加價值之增加 $t_j p_j - t_i p_i$	300	300	200	100	0	-100
有效保護率 $\dfrac{t_j p_j - t_i p_i}{p_j - p_i}$	30％	60％	40％	20％	0％	-20％

從表12-1可以看出：關稅率之高低與國內附加價值之增加率間之關係相當複雜，而且兩者並不一定相同。由關稅等保護政策所引起的國內附加價值之增加率稱爲有效保護率（Effective Rate of Protection）。如前所述，所謂保護是指提高國內生產的附加價值，所以眞正的保護程度並不是用名目關稅率來測度，而是要用有效保護率來測定。因此，我們

可以說，有效保護率就是表示關稅或其他保護政策之實質效果。

㈡有效保護率之測定

1.有效保護率與因素價格及因素使用量

保護政策之能提高國內生產的附加價值已在上面第一節中闡明。有效保護率當可定義爲「利用關稅等的保護政策之結果所產生的國內生產附加價值之變動率」。根據此一定義，則某一商品j的有效保護率可表示如下：

$$e_j = \frac{V_j' - V_j}{V_j} \quad \cdots\cdots(1)$$

式中 e_j：代表j物品的有效保護率（ERP）

V_j：代表在自由貿易下，一單位j物品之國內生產的附加價值

V_j'：代表在關稅等的保護政策下，一單位j物品之國內生產的附加價值

附加價值是生產因素價格與生產因素使用量之乘積，而生產因素使用量依照固定投入係數的假定，認爲不管在關稅等的保護政策之課徵前或課徵後都是一定。如此，有效保護率當亦可定義爲「因保護政策的結果所引起的國內生產因素價格之變動率」。亦即，如果生產因素只有一種，則有效保護率可表示如下：

$$e_j = \frac{p_i' - p_i}{p_i} \cdots\cdots(2)$$

p_i：代表在自由貿易時，投入於j物品之生產的國內生產因素一單位之價格

p_i'：代表在保護政策下，投入於j物品之生產的國內生產因素一單位之價格

上面(1)，(2)兩式是同一事物的二種表示方法，因爲：

$$V_j = p_i q_i \text{，} V_j' = p_i' q_i$$

q_i：表示為生產一單位 j 物品所需投入之生產因素的數量

下面擬利用(1)式之變形以探討保護政策對生產因素的影響。現我們假定生產 j 物品所需投入之生產因素有勞動 L 與資本 K 兩種，其國內生產之附加價值在保護前後分別為：

$$V_j = P_L \cdot L + P_K \cdot K$$

$$V'_j = (1+w) P_L \cdot L + (1+r) P_K \cdot K$$

P_L：代表工資，即勞動的價格

P_K：表示資本的價格

L：表示生產一單位 j 物品所需要的勞動量

K：表示生產一單位 j 物品所需要的資本量

$w = \dfrac{\Delta P_L}{P_L}$：施行保護政策後，$P_L$ 之變動率

$r = \dfrac{\Delta P_K}{P_K}$：施行保護政策後，$P_K$ 之變動率

將上面兩式代入(1)式中，可得 j 物品的有效保護率如下：

$$e_j = \frac{V'_j - V_j}{V_j} = \frac{(P'_L L + P'_K K) - (P_L L + P_K K)}{P_L L + P_K K}$$

$$= \frac{[(P_L + \Delta P_L) L + (P_K + \Delta P_K)K] - P_L L - P_K K}{P_L L + P_K K}$$

$$= \frac{[(1+\frac{\Delta P_L}{P_L})P_L L + (1+\frac{\Delta P_K}{P_K}) P_K K] - P_L L - P_K K}{P_L L + P_K K}$$

$$= \frac{(1+w) P_L L + (1+r) P_K K - P_L L - P_K K}{P_L L + P_K K}$$

$$= \frac{w \cdot P_L L + r \cdot P_K K}{P_L L + P_K K}$$

$$e_j = w \left(\frac{P_L L}{P_L L + P_K K} \right) + r \left(\frac{P_K K}{P_L L + P_K K} \right)$$

$$e_j = \alpha w + \beta r \quad \cdots\cdots\cdots(3)$$

$$\alpha = \left(\frac{P_L L}{P_L L + P_K K} \right)：代表所得中分配給勞動報酬的$$

比率，即勞動的所得分配率

$$\beta = (\frac{P_K K}{P_L L + P_K K}) : 代表所得中分配給資本報酬的$$

比率，即資本的所得分配率

且　　　$\alpha + \beta = 1$

如此，則有效保護率可以用勞動價格的變動率（ w ）與資本價格的變動率（ r ）分別以勞動及資本的所得分配率（ α 與 β ）做為其權數表示出來。

又(3)式亦可不用各生產因素價格的變動率，而以各生產因素的供給彈性來表示，亦即：

$$e_j = \alpha (\frac{1}{e_L} \frac{\Delta L}{L}) + \beta (\frac{1}{e_K} \frac{\Delta K}{K}) \cdots\cdots(4)$$

$$e_L = \frac{1}{w} \frac{\Delta L}{L} : 代表勞動的供給彈性$$

$$e_K = \frac{1}{r} \frac{\Delta K}{K} : 代表資本的供給彈性$$

由(4)式可知，供給彈性小的生產因素，其所得分配率越大，則有效保護率亦越大。同時，我們又可知，如其中一種生產因素的供給彈性為無窮大，則有效保護率將由另外一種生產因素所決定。舉例而言，如假定資本能在國際間自由移動，因此資本的供給彈性便成為無窮大，則有效保護率將只取決於勞動這一項生產因素，這種情形下的有效保護率特別稱之為勞動的有效保護率（ Labor Effective Rate of Protection ）。同樣地，在存有大量勞動失業或潛在性失業的情況，其勞動的供給彈性可視為無窮大，故有效保護率當只取決於資本這一項生產因素，這種情形下的有效保護率可稱為資本的有效保護率（ Capital Effective Rate of Protection ）。

最後說明有效保護率的大小對於各產業部門吸引生產因素的影響，

亦即，有效保護率的資源分配效果。上面第(4)式已假定投入、產出關係之生產函數為已知，而所有生產因素的投入係數固定不變，則因$\frac{\Delta L}{L}=\frac{\Delta K}{K}$，故下面之關係便能成立：

$$\frac{\Delta L}{L} 或 \frac{\Delta K}{K} = e_j\ (\ \alpha\frac{1}{e_L}+\beta\frac{1}{e_K}\ )^{-1} \cdots\cdots(5)$$

由(5)式可知，如生產因素的供給彈性與所得分配率固定，則有效保護率愈高愈能吸引更多的生產因素。反之，有效保護率愈低，則所能吸引的生產因素愈少。總之，由此可知，資源將按照有效保護率的高低被配置於各種商品的生產。換句話說，若名目關稅率是消費選擇效果的指標，則有效保護率是資源分配效果的指標。

2.有效保護率與名目關稅率之關係

現以一種產出品與一種投入品構成的模型來說明名目關稅率與有效保護率之關係。在以下分析中，以從價關稅（ Ad Valorem Tariff ）做為保護政策的代表。現假定最終產品j的生產是使用投入品i，而對j物品（產出品）與i物品（投入品或原料）各課徵關稅。然則 j物品的生產過程之國內附加價值，如以投入係數之方式表示，則如下式：

課徵關稅前：

$$V_j = p_j - b_{ij}p_i$$

$$= p_j\ (\ 1 - a_{ij}\ )$$

$$= p_j\ [\ 1 - a'_{ij}\ (\ \frac{1+t_j}{1+t_i}\ )\ ]$$

課徵關稅後：

$$V'_j = p_j\ (\ 1 + t_j\ ) - b_{ij}p_i\ (\ 1 + t_i\ )$$

$$= p_j\ \{\ (\ 1 + t_j\ ) - a_{ij}\ (\ 1 + t_i\ )\ \}$$

$$= p_j\ (\ 1 - a'_{ij}\ )\ (\ 1 + t_j\ )$$

式中p_j：表示j物品（最終產品）的單位價格

p_i：代表i物品（投入品）的單位價格

b_{ij}：代表生產一單位j物品所需投入之i物品的數量（技術投入係數）

a_{ij}：代表在自由貿易的價格下，每生產一元j物品所需投入之i物品的價值（價值投入係數）

$$a_{ij} = \frac{p_i\, q_i}{p_j\, q_j} = \frac{p_i}{p_j} \left(\frac{q_i}{q_j} \right) = \frac{p_i}{p_j} b_{ij}$$

$$b_{ij} = \frac{q_i}{q_j}$$

a'_{ij}：代表在課徵關稅後的價格下，每生產一元j物品所需投入之i物品的價值（價值投入係數）

$$a'_{ij} = \frac{p'_i}{p'_j} b_{ij}$$

$$= \frac{1+t_i}{1+t_j} \left(\frac{p_i}{p_j} b_{ij} \right)$$

$$a'_{ij} = \frac{1+t_i}{1+t_j} a_{ij}$$

$$p'_i = (1+t_i)p_i$$

$$p'_j = (1+t_j)p_j$$

現將上面各關係式代入(1)式中，則得有效保護率g_j如下：

$$e_j = \frac{p_j t_j - p_i b_{ij} t_i}{p_j - p_i b_{ij}} \quad\cdots\cdots\cdots\cdots\cdots\cdots(6)$$

$$或\quad e_j = \frac{t_j - a_{ij} t_i}{1 - a_{ij}} = t_j + \frac{a_{ij}(t_j - t_i)}{1 - a_{ij}} \quad\cdots(7)$$

$$或\quad e_j = \frac{\dfrac{t_j}{1+t_j} - \dfrac{a'_{ij} t_i}{1+t_i}}{\dfrac{1}{1+t_j} - \dfrac{a'_{ij}}{1+t_i}} \quad\cdots\cdots\cdots\cdots\cdots(8)$$

上面(6)式是，使用技術投入係數的情形下，有效保護率與名目關稅率之關係。(7)式是，使用價值投入係數的情形下，有效保護率與名目關

稅率之關係。而第(8)式則是，使用依據課徵關稅後的價格之價值投入係數情形下，有效保護率與名目關稅率之關係。不過，學者通常都用(7)式表示有效保護率與名目關稅率之關係。現在，就利用第(7)式來說明：對最終產品課徵關稅，或對投入品課徵關稅，對有效保護率的影響。

(a)如果$t_j = t_i$，則 $e_j = t_j = t_i$

(b)如果$t_j > t_i$，則 $e_j > t_j > t_i$

(c)如果$t_j < t_i$，則 $e_j < t_j < t_i$

(d)如果$t_j < a_{ij} t_i$，則 $e_j < 0$

(e)如果$t_j = 0$，則 $e_j = -\left(\dfrac{a_{ij} t_i}{1 - a_{ij}} \right)$

(f)如果$t_i = 0$，則 $e_j = \dfrac{t_j}{1 - a_{ij}}$

(g)$\dfrac{\partial e_j}{\partial t_j} = \dfrac{1}{1 - a_{ij}}$

(h)$\dfrac{\partial e_j}{\partial t_i} = \dfrac{-a_{ij}}{1 - a_{ij}}$

(i)$\dfrac{\partial e_j}{\partial a_{ij}} = \dfrac{t_j - t_i}{(1 - a_{ij})^2} \gtrless 0$ 由$t_j \gtrless t_i$而定

以上這些結果都是由W. M. Corden所闡明的，尤其是(a)至(d)式可視爲有關於有效保護率的主要定理，以下我們就稱它們爲Corden定理（Corden Theorems）。

現在簡單說明這些結果的意義。(a)式是表示有效保護率等於名目關稅率之情形，其條件是對最終產品的關稅率與對投入品的關稅率相等。(b)式與(c)式分別表示有效保護率比名目關稅率爲高或低之情形，其條件仍取決於對最終產品的關稅率係高於或低於輸入投入品的關稅稅率。(d)式表示在(c)式中，有效保護率成爲負數之情形。不過讀者要注意的是，如果是輸入原料的場合，名目關稅率縱然是正數，有效保護率還是有成爲負數的可能，也就是說有成爲反保護（Anti-Protection）之可能。(e)式是表示最終產品不課徵關稅而只對投入品課徵關稅時，有效保護率將

成爲負數。(f)是表示相反的情形，即對投入品不課徵關稅，而只對最終產品課徵關稅時，有效保護率將成爲正值。衆所周知，關稅的主要目的是在保護國內的產業，亦即擔任一種補貼的任務。然而，在多種產業的情形下，通常是將其他產業的產品當做該產業的投入品使用，或將該產業的產出品提供給其他產業做爲投入品使用。因而，同樣是關稅，我們卻必須進一步區別最終產品的關稅與投入品的關稅。又從第(f)式可知，對於最終產品的關稅雖具有同於提供該保護產業國內生產的補助金之效果，但如(e)式所示，對於可輸入投入品課徵關稅將削弱對使用該投入品的產業之保護程度，亦即擔負了所謂賦稅的任務。將(e)式與(f)式合併起來，就是有效保護率的公式第(2)式，此式表示有效保護率是由補助金因素與賦稅因素所共同構成。如此，關稅因其係對產出品課徵抑或對投入品課徵，而擔負了補助金性質或賦稅性質，亦即保護性或非保護性兩種相反的任務。有效保護率理論的最大貢獻就是將此事予以明白地表示出來。又第(g)與(h)式是將關稅的保護與非保護效果，各以變動率的形式表示出來。投入係數值愈大，其效果也愈大。最後，第(i)式是投入係數本身對有效保護率的影響。由此式可知，究竟產生正的效果或負的效果，視最終產品的關稅率與輸入投入品的關稅率之相對大小而定。

(註)：本章第三節關稅的有效保護率參考山本繁綽《貿易政策的理論》。

第十三章　非關稅貿易障礙
（ Non-Tariff Trade Barriers ）

　　近年來國際貿易政策之主要發展是以非關稅貿易障礙（ Non-Tariff Trade Barriers，簡稱NTB ）來代替關稅。這種貿易政策的轉變有時也叫做新重商主義（ New Mercantilism ）或新保護主義（ New Protectionism ）。在最近的多邊貿易談判中，非關稅貿易障礙是被廣泛討論的重要課題，非關稅貿易障礙主要包括限額（ Quota ）、補助金（ Subsidies ）、市場協定（ Orderly Marketing Agreements, OMA ）、自製率限制（ Local Content Requirements ）、對銷稅（ Countervailing Duties ）、傾銷（ Dumping ）與反傾銷（ Antidumping ）以及其他的非關稅障礙，如政府的經濟制裁、互購協定與技術上、行政上的限制等。本章之主要目的即在檢討非關稅貿易障礙之運用及其經濟效果。

一、輸入限額（ Import Quota ）

　　在傳統上，關稅是用來從事保護的一個重要手段，但並不是唯一的手段。除關稅外，尚有許多非關稅的限制貿易措施，其中最重要的一種就是限額。限額有許多效果與關稅完全相同，但限額是一個更具限制性的手段。

　　輸入限額（ Import Quota ）是指一國限制其輸入數量，即在自由貿

易情況下限制數量的方法。雖然限額主要是用來保護國內生產者，但也可以用來改正國際收支之赤字以及增進國內之就業。輸入限額通常是由政府發給國內進口商輸入許可證。

㈠限額的福利效果

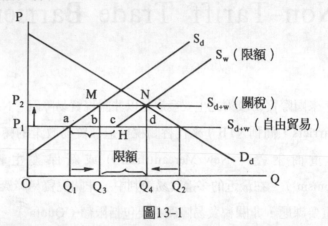

圖13-1

假定討論的對象是小國，其所面對的世界供給曲線爲一條水平線。在自由貿易時，國內生產OQ_1，進口Q_1Q_2，均衡價格爲P_1。現爲保護國內生產，使其能生產至OQ_3，亦即採限額措施，限額爲$MN=Q_3Q_4$。此舉將使國內價格上漲爲OP_2，國內生產增加爲OQ_3，國內消費減少爲OQ_4，進口數量由Q_1Q_2減少爲Q_3Q_4。此項限額措施有如下幾種效果：

消費者剩餘之減少＝（a＋b＋c＋d），其中a爲生產者剩餘之增加（再分配效果），b則是生產（保護）效果之損失，d則是消費效果之損失。概括言之，b＋d爲限額之淨損失（Net Loss of Quota）。至於c，在關稅時爲收益效果，此時則可稱爲限額收益（Quota Revenue），此項收益可歸本國進口商或外國出口商獲得，成爲他們的壟斷利潤（Monopoly Profit）。如果外國的供給彈性無窮大，且政府除了實施限額以外，不對進口採取其他干涉，則此部分由本國進口商獲得；如果政府

以出售「輸入許可證」方式以達到限額目的，則此部分由政府獲得；如果政府不採取任何干涉，外國出口商亦有能力提高價格，則此部分收益將全部或一部分由外國出口商獲得。

　　以上爲局部均衡分析，我們亦可利用提供曲線分析限額的貿易效果。

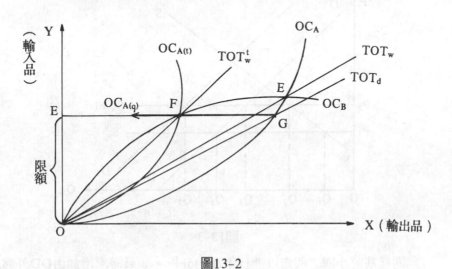

圖13-2

　　在圖13-2中，假定A國爲保護其國內產業而將限額訂爲OE，此時A國之貿易提供曲線將變爲$OC_{A(q)}$，即自由貿易時之OC_A在G點以後變爲水平而與OC_B相交於F點，FG即爲限額之利潤。在限額下，國內之相對價格$TOT_d = (\frac{Px}{Py})_d$會下降（$TOT_d < TOT_w$），$TOT_w$爲自由貿易時世界市場之貿易條件，$TOT_w^t$則爲課徵關稅後之世界貿易條件。在限額的情形下，貿易條件的變動範圍爲TOT_w^t與TOT_d之間（$TOT_d \leq TOT_w^q \leq TOT_w^t$）。假使國內爲壟斷，而國外爲完全競爭，則貿易條件效果與關稅相同（課徵FG之關稅）；反之，則不相同。另外，若二國皆有壟斷力（Monopoly Power）則均衡會在FG兩點之間。具體言之，貿易條件（TOT）愈靠近F點，表示對設限之貿易國愈有利。

㈡需求增加下，關稅與限額之比較

1. 輸入關稅

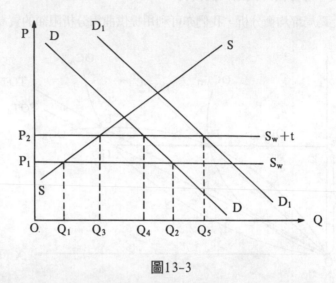

圖13-3

同樣基於小國之假定以進行下面的分析。如果需求增加由DD外移至$D_1 D_1$，如稅率不變，國外供給曲線仍爲$S_w + t$，價格爲OP_2，需要量會由OQ_4增至OQ_5，而國內生產量仍爲OQ_3，輸入量則由$Q_3 Q_4$增加爲$Q_3 Q_5$。故當需要增加後，只造成輸入的增加，對國內價格與生產量沒有影響。

2. 輸入限額

一般假設與上文討論輸入關稅時相同。同樣，亦假定需求由DD增加至$D_1 D_1$，因爲在此是採限額方式，其所限定數量不變，所以，在SS到$D_1 D_1$的水平距離中，找一段等於原來限制量MN之M′N′，如圖13-4所示MN＝M′N′。此時，國內價格由OP_2上漲至OP_3，需要量由OQ_4增加爲OQ_6，國內生產量亦由OQ_3增至OQ_5，輸入量則仍維持不變，$Q_3 Q_4 = Q_5 Q_6$。故當需要增加時，輸入量不變，但國內價格、生產量均告上升。

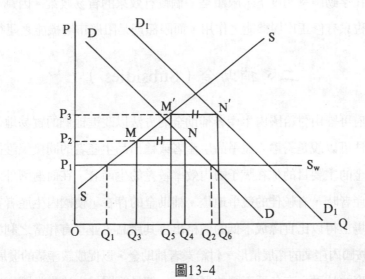

圖13-4

3.二者之比較

由前面的分析可獲致以下幾點結論：

(1)輸入限額較輸入關稅對貿易更有限制性。

(2)輸入限額是由政府直接限制輸入數量，而關稅則是由政府對輸入品課徵關稅致使國內價格高於國際市場的價格。（如果課徵的是從價稅，則國內價格與國際價格兩者之差即爲單位關稅）

(3)在政府課徵關稅之下，國內消費者如願意而且有能力負擔關稅，則其所能購買的輸入品數量不受限制。但在輸入限額之下，則國內消費者受到嚴格限制，無法增加輸入量。

(4)收益之歸屬不同，關稅係歸本國政府享有，限額的歸屬則須視情況而定。

(5)限額在行政管理上較關稅容易，但政府沒有稅收。

(6)限額的設置較能符合時效的要求，關稅必須透過立法程序有時緩不濟急。

⑺在浮動匯率制度下，限額是一個較有效果的貿易政策。因為，關稅只有修正市場機能之作用，而限額則是阻礙市場機能之運行。

二、補助金（Subsidies）

政府可經由付給國內生產者補助金的方法以改進他們的貿易地位。這種方法可以說是對輸入競爭品生產者或輸出品生產者的間接保護措施。補助金的主要目的係在賦予國內效率較差的生產者，在面對國外效率高的生產者時，有較佳的競爭地位。補助金的存在，使國內生產者在其產品市場上得以比實際成本低的價格出售其產品，並享有相當之利潤。政府可按國內產業的拓展情形，付給業者補助金，以促成該產業的發展。

政府的補助金有各種不同的形式。一個最簡單的方法是當國內出口商完成一筆交易（銷售）之後由政府直接以現金支付，其支付金額可為出口商之實際成本與銷售金額之差額，或按其所出售之每單位商品付給一定金額之補助。其結果均在使出口商享有成本上之優勢。不過關稅暨貿易總協定（General Agreements on Tariffs and Trade）禁止締約各國對製造業採行這種出口上的直接補貼。因此工業化國家經常以其他各種間接補助方法取代。例如，政府對他們的出口提供優惠措施，包括賦稅減免（Tax Concessions）、保險以及低於市場利率的貸款（優惠融資）等。政府也可以將剩餘物資以優惠的價格出售給國內出口商。另一方面政府可以用較高的價格購買國內廠商之產品，然後以低價向外國市場傾銷。與對國內生產者直接給付現金之效果相同，間接補助之目的也在於使本國生產者可以用較低價格向外國市場出售其產品，以擴展本國之對外貿易。像美國之輸出入銀行就鼓勵美國廠商將其產品銷售海外市場，並給予直接貸款與保證，也貸款給外國購買者使其樂於購買美國產品與

勞務。以1975年爲例，美國政府對國際貿易的補助有：①直接現金支付、②賦稅補助、③信用補助與實物補助等。

㈠補助金的經濟效果

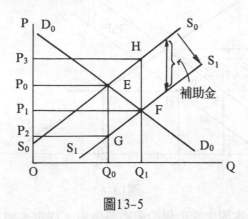

圖13-5

對於接受補助的生產者，補助金即等於負的賦稅（Negative Tax），它可以使生產者實際得到的淨價格等於購買者所付價格加上單位補助金。因爲補助金可提供給生產者成本上的優勢，因此它可以在消費者所付價格下提供更多的數量，因而使廠商的供給曲線向右下方移動（如上圖中S_0S_0移至S_1S_1）。

如上圖所示，假定原來之供需曲線爲D_0D_0及S_0S_0，則E爲其均衡點。現政府對每單位商品給予P_0P_2之補助金（$P_0P_2＝EG＝HF$），則供給曲線將由S_0S_2平行下移至S_1S_1，則$OP_0－OP_2＝P_0P_2$爲補助金。此時市場均衡點爲F。在新均衡點上，購買者所付價格從OP_0降至OP_1，生產者所得到之淨價格從OP_0上升至OP_3。生產者價格與購買者價格間之價差P_1P_3即爲單位補助金。根據圖13-5可知在補助金保護下，供給者將擴大其生產。

㈡輸入補助金（Import Subsidy）

　　在小國之假設下，輸入競爭品的補助金之貿易與福利效果可以下圖加以說明。

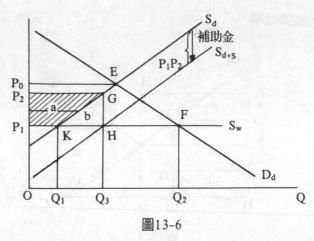

圖13-6

　　S_d 與 D_d 爲本國之國內供給與需要曲線，假定本國爲小國，貿易政策之變動不影響貿易條件，輸入品之世界市場價格固定不變，即世界之供給曲線 S_w 表示其供給彈性爲無窮大，即供給曲線爲水平線。此時，在自由貿易之下，其價格爲 OP_1，國內生產爲 OQ_1，消費爲 OQ_2，而輸入則爲 $Q_1 Q_2$。

　　現爲保護國內生產，政府給予輸入競爭品之國內生產者以每單位 $P_1 P_2$ 之補助金，則本國供給曲線將從 S_d 平行移至 S_{d+s}。藉由補助金所提供之成本優勢，將使國內生產者之產量增爲 OQ_3，即增加 $Q_1 Q_3$ 之生產，此爲補助金之生產效果。輸入量則減爲 $Q_3 Q_2$，比自由貿易時減少了 $Q_1 Q_3$，即爲補助金之貿易效果。至於補助金對社會福利之影響，從上圖中亦可看出：在補助金之保護下，國內廠商可增加生產至 OQ_3，此時廠商之供給價格爲 OP_2，此爲消費者所付價格 OP_1 與單位補助金 $P_1 P_2$ 兩者之和。因此，本國政府保護國內生產者之總成本爲 $P_1 P_2 \times OQ_3 =$ □$P_1 HGP_2$ 之面積。

此總額（補助金）之一部份係以經濟租或生產者剩餘之形態再分給國內生產者，如上圖中之a。另一部份則爲保護效果之淨損失，如圖中之b。這是因爲補助金的存在，導致以國內效率較差之生產者代替國外效率較高之生產者的結果。國外生產Q_1Q_3之成本爲$\square Q_1Q_3HK$，而國內之生產成本爲$\square Q_1Q_3GK$，多了$\triangle KHG=b$，此即爲補助金保護之淨損失。

政府可藉關稅課徵或輸入限額以保護國內輸入競爭品的生產者，但關稅或限額所導致之社會福利的損失要比直接給予生產補助金來得大。而補助金，又與關稅或限額不同，關稅或限額會扭曲國內消費者的選擇（因爲會減少國內對輸入品的需要），結果保護的消費效果出現，使消費者剩餘減少。但這種情形在補助金之下不會發生。因此，補助金對國內生產者之保護效果與關稅或限額相同，但社會福利的損失較小。

㈡輸出補助金（Export Subsidy）

除了對國內輸入競爭產業部門給予保護之外，許多國家也以補助金方式，包括特別賦稅減免以及優惠利率融資等，以提高輸出能力。補助金除了給予國內生產者以成本優勢之外，尚可經由降低國外購買者之價格以提高貿易對手國的進口意願，結果輸出品之國外價格要比國內價格便宜，而使外國消費者受益。

輸出補助金對國內經濟至少有下列兩種直接效果：(1)貿易條件效果，以及(2)輸出收益效果。因爲補助金可使本國輸出品之國外價格降低，因此本國之貿易條件將不利。但是輸出品國外價格之下跌可以刺激輸出數量之增加。如果外國對輸出品之需要比較有彈性，則輸出數量增加率將大於價格下跌之百分率，結果將導致本國之輸出收益隨之增加。

如下圖所示，在自由貿易之下給予出口品輸出補助。在自由貿易下

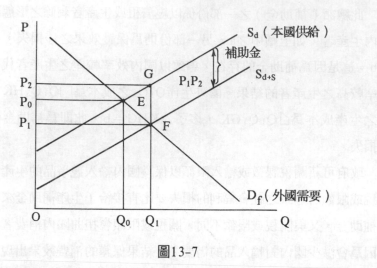

圖13-7

，均衡點在E，此時之輸出量為OQ_0，價格為OP_0。如果政府給予本國
出口商每單位商品$P_1 P_2$的從量補助金（A Specific Subsidy），則本國之
供給曲線將從S_d平行移至S_{d+s}。此時，市場均衡點將從E移到F點。國
外消費者面對之價格將下跌為OP_1，而本國輸出數量將增為OQ_1。此時
輸出收益是否增加，就要看四方形□$OQ_0 EP_0$與□$OQ_1 FP_1$之相對大小
而定。不過由於本國出口商所得到的價格（包括補助金）為OP_2，較原
有之均衡價格OP_0為高，因此國內生產者會增產而大過自由貿易時之產
量（$P_2 G = OQ_1 > OQ_0 = P_0 E$）。

　　在國內出口商與國外消費者獲利的同時，補助金對國內消費者的福
利卻有兩點不利的影響。第一，國內消費者將發現他們要支付比國外消
費者為高的價格，以幫助政府進行貼補。例如日本消費者發現日本彩色
電視機在日本國內的價格要比在美國市場貴得多，因此他們就對國內生
產者加以抵制。第二，國內消費者也是納稅人，因此，他們至少負擔了
給予國內生產者之補助金的一部份。

㈣關稅、輸入限額與輸入補助金之比較

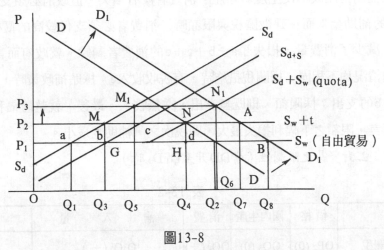

圖13-8

在自由貿易下（小國模型），國內價格爲OP_1，生產爲OQ_1，消費爲OQ_2，輸入量爲Q_1Q_2。現在如要保護國內產業使其能生產至OQ_3，則利用關稅保護時需課徵P_1P_2之關稅，或者是設定MN之輸入限額，或者是給予輸入補助金R＝MG，以達到保護效果。爲便於了解，茲以列表方式比較這三種非關稅貿易障礙之經濟效果暨其所造成貿易限制性之差異：

1.經濟效果之比較

表 13-1

	生產	消費	價格	輸入量	消費者損失	經濟租	政府稅收	政府支出	福利損失(w)
自由貿易	OQ_1	OQ_2	OP_1	Q_1Q_2	－	－	－	－	－
關稅	OQ_3	OQ_4	OP_2	Q_3Q_4	a＋b＋c＋d	a	c	－	w=b+d
限額	OQ_3	OQ_4	OP_2	MN $=Q_3Q_4$	a＋b＋c＋d	a	0	－	B+d≤w≤b+d+c
補助金	OQ_3	OQ_2	OP_1	Q_3Q_4	0	a	0	a+b	w=b

由表13-1可知，不管是關稅、限額還是補助金，國內生產者皆會增產至OQ_3，增加a的經濟租。消費者所受的影響則不同，若以補助金方

式補貼生產成本使生產者增產，消費者沒有損失，但政府必須支出a＋b的補助金；而在課徵關稅與限額時，消費者必須支付較高的價格OP_2，減少了消費量，損失了a＋b＋c＋d的消費者剩餘。就政府而言，三種情況均不相同。採關稅措施時，有稅收收入c；採貼補政策時，則有a＋b的支出；採限額，則既無支出，亦無收入。最後，就整體福利損失而言，限額之下福利損失最大，關稅次之，補助金最小。

2. 對貿易之限制性（當DD升至$D_1 D_1$時）

表 13-2

	價格	國內生產	消費	輸　　入　　量	
關稅	OP_2 (0)	OQ_3 (0)	OQ_7 (＋)	$Q_3 Q_7$ (＋)	0表示不變
限額	OP_3 (＋)	OQ_5 (＋)	OQ_6 (＋)	$M_1 N_1 = Q_5 Q_6 = Q_3 Q_4$ (0)=MN	＋表示增加
補助金	OP_1 (0)	OQ_3 (0)	OQ_8 (＋)	$Q_3 Q_8$ (＋)	
自由貿易	OP_1 (0)	OQ_1 (0)	OQ_8 (＋)	$Q_1 Q_8$ (＋)	

就上表而言，當需求由DD上升至$D_1 D_1$時，可明顯的看出：以貿易（輸入量）的限制效果而言，限額最為有效，而以補助金方式最小，關稅居中。在國內的反應上，當國內需求增加時，三種非關稅障礙之影響亦不盡相同。國內價格只有在採限額方式之下才會上升，國內生產才有增加；若是採關稅或補助金，則無影響，國內之價格、生產數量維持不變。消費數量則以補助金方式增加最多，關稅方式次之，限額方式最小。因此，我們可以了解到，在限制貿易的效果上，以限額為最直接且最有效，其次為關稅，最差的是補助金。

三、市場協定（Orderly Marketing Agreements）

最近這幾年來，從事國際貿易的國家已經發現到另一種保護主義形

式的出現，即伴隨著關稅、限額所出現的一種主要的限制自由貿易的工具，一般稱之爲市場協定（Orderly Marketing Agreements，簡稱OMA）。這種市場協定本質上是一種貿易夥伴間的市場配額（Market-Sharing）的協定，主要的目的在緩和國際競爭的壓力，使較不具效率的國內生產者能夠取回被較具優勢的國外競爭者所奪去的市場，而能在國內生存下來。

　　市場協定的訂定是經由出口國與進口國的協商來達成，而非如關稅、限額是片面的決定。但實際上，兩者並無太大差異。進口國與出口國之所以進行協商無非是希冀貿易對手國不採取關稅或非關稅之保護貿易措施，期能避免貿易戰的發生。

　　以下，我們將介紹市場協定中，對於出口國最典型的一種限制方式──自動出口設限（Voluntary Export Restraints），並分析其貿易與福利效果。

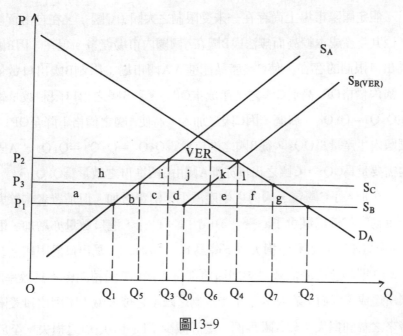

圖13-9

　　現在利用小國模型來說明。如圖13-9所示，設A國爲小國，國內的

供給曲線、需要曲線分別為S_A與D_A，面對大國（B國）的供給曲線為S_B。在自由貿易時，均衡價格為OP_1，國內生產量為OQ_1，消費量為OQ_2，進口數量為Q_1Q_2。假定經由兩國協商，B國決定採行自動出口設限（VER），限制的數量為$V = Q_1Q_0$。因為此種限制，將使國內的需要量大於供給量，而使得B國能將價格提升至OP_2。此時，國內生產量將上升至OQ_3，而進口數量仍為$V = Q_3Q_4 = Q_0Q_1$，國內消費為OQ_4減少了Q_2Q_4。

在福利效果上，消費者之消費者剩餘減少了$a+b+c+d+e+f+g+h+i+j+k+l$，其中$a+h$移轉為國內生產者之收益，$d+e+j+k$則代表了自動設限國之出口配額的收益效果（即為限制數量Q_3Q_4與其所造成之價格上升P_1P_2之乘積），而$b+c+i$與$f+g+l$則為此項限制措施的福利淨損失。

假定國際市場上尚存在一未受限制之大國（C國），在自由貿易時，因其生產成本較高而無法與B國在A國國內市場競爭。現在，因B國自動出口限制的存在，使C國產品能進入A國市場（限制B國出口數量後，國內價格OP_2高於C國之生產成本OP_3）。若B國之出口限制數量維持在$Q_3Q_4 = Q_1Q_0$，那麼，因C國之加入，將使A國之價格下降至OP_3，A國國內生產量為OQ_5，從B國之進口量為$Q_5Q_6 = Q_3Q_4 = Q_1Q_0$，A國國內需要量為OQ_7，C國之出口亦即A國由C國進口之數量為Q_6Q_7。

在加入了C國後，國內之生產減少，消費增加。但消費者剩餘與自由貿易時相較仍減少了$a+b+c+d+e+f+g$，進口數量亦增加，因為B國出口設限的福利淨損失也下降為$b+g$，而$c+d$為出口設限國之利益，$e+f$則為進口分散效果，即因將部份生產由B國轉向較不具效率的C國所造成。因而，在加入了未受限制之國家之後，減少了因出口設限所帶來之福利損失。以A國為例，總計減少了$i+j+k+l$之損失。至於自動出口設限（VER）對貿易條件之影響，可利用提供曲線分析如下：

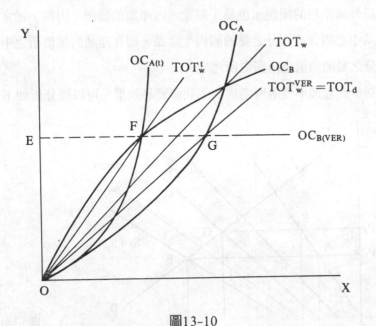

圖13-10

上面圖13-10中，OC_A 與 OC_B 表示自由貿易下，A、B二國之貿易提供曲線，$OC_{A(t)}$ 表示A國課徵關稅後之提供曲線，$OC_{B(VER)}$ 代表B國自動出口設限後之提供曲線。因假定B國限制其出口數量為OE，因此其提供曲線從原點沿 OC_B 至F點後成為水平線而與 OC_A 相交於G點。此時，均衡貿易條件為 TOT_w^{VER} 等於A國之 TOT_d，表示A國之輸入品（Y）不但在A國國內價格上漲，且在國際市場其價格也上漲，貿易條件變得對A國不利。FG為VER利潤，歸B國所享有。至於VER與關稅及輸入限額間之異同，請就圖13-10與前面圖13-2相互比較即可瞭解。

四、自製率

自動出口設限的協定雖然可幫助國內產業隔離來自國外生產者的競爭壓力，但自願出口設限無法有效解決自國外進口原料的問題。為了解

決進口外國原料的問題，也爲了鼓勵國內產業的發展，因而，通常會要求產品中必須含有百分之幾的國內生產品，即在產品的總價值之中必須有百分之幾的價值是由國內所產製。

對於此自製率要求所造成的福利與貿易效果，可以圖分析如下：

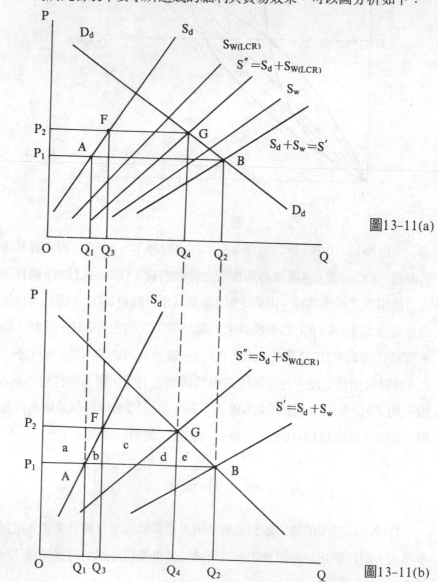

圖13-11(a)

圖13-11(b)

S_d：本國之供給曲線

D_d：本國之需要曲線

S_w：他國之供給曲線

S'：本國供給曲線與他國供給曲線之水平加總

$S_{w(LCR)}$：在加上自製率要求後之他國供給曲線

S''：本國供給曲線和$S_{w(LCR)}$之水平加總

在自由貿易的情況下，均衡價格為OP_1，本國將生產OQ_1，消費OQ_2，而進口Q_1Q_2。假定本國為了減輕國內之競爭壓力而要求國外產品必須有一定百分比之自製率，此舉將使國外產品的生產成本上升，因而國外的供給曲線將由S_w變為$S_{w(LCR)}$（如圖13-11(a)）。本國與外國之供給曲線的水平加總變為S''而不再是S'。此時，貿易的均衡點在G點，均衡價格為OP_2，國內的生產增加為OQ_3，而國外的供給量降為Q_3Q_4，國內需求量也降為OQ_4，故自製率的要求將使國外產品之供給減少，國內之生產增加，消費減少。

就福利效果而言，自製率的要求使貿易均衡點由A移至B（如圖13-11(b)），消費者剩餘減少了a＋b＋c＋d＋e，其中a移轉為國內生產者的生產者剩餘，b代表保護效果的損失，c＋d則是國外生產者因價格上升所增加的收益（各別而言，d是較高生產成本所引起的，其性質與b相同，c則是在本國生產之國外產業的生產者剩餘）。概括言之，因自製率的要求所造成本國福利之淨損失（Dead-Weight Losses）為b＋d＋e。

五、對銷稅（Countervailing Duties）

在前面我們曾介紹了一國如何利用「輸出補助金」（Export Subsidy）的方式來增加本國產業在國際上的競爭力，其方式為利用政

府的補助金降低產業的輸出成本,因而在國際市場上可以以較低的價格來增加競爭力。前面是就輸出該受補助商品之國家而分析,在此節則就輸入該受補助商品的進口國家加以分析。

一國(假定為B國)若對其輸出品給予補助,則該商品之國際價格勢必降低,就輸入此受補助商品國(假定為A國)而言,其國內之消費者得以享受低廉之商品。但就同種商品之國內產業而言,則面臨了不公平的競爭。因而,輸入國(A國)為了謀求國內產業之發展,恢復一公平競爭的市場,就會對該受補助商品課徵對銷稅(Countervailing Duties)以減少其對本國(A國)產業的衝擊。

以下,我們就課徵對銷稅對於貿易與本國經濟福利之影響加以說明:

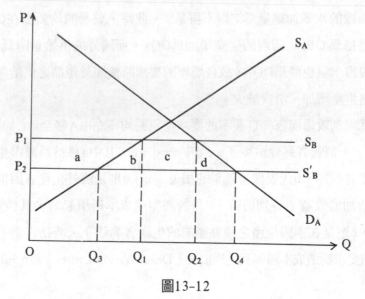

圖13-12

S_A:A國之供給曲線

D_A:A國之需要曲線

S_B:B國之供給曲線

S'_B:補助後之B國供給曲線

自由貿易時，均衡價格為OP_1，國內生產OQ_1，輸入Q_1Q_2，消費為OQ_2。假定B國對出口品每單位給予P_1P_2的補助金，則A國所面對之B國供給曲線S_B將下降至S'_B，表示B國可以以較低的價格OP_2出售其商品，此時，均衡價格為OP_2，國內生產下降為OQ_3，進口增加為Q_3Q_4，消費量亦增加為OQ_4。但是，A國為了國內產業之發展，決定消除不公平競爭，因而對B國進口商品課徵P_1P_2之對銷稅。如此一來，將使S'_B回復至S_B，均衡價格回到OP_1，國內之生產、消費亦還原為OQ_1與OQ_2。

然而，若就福利效果而言，B國給予出口至A國的商品補助金，以降低其國際價格，此舉將使得A國消費者剩餘增加了$a+b+c+d$，雖然其中的a是A國內生產者的剩餘移轉至消費者。然總括而言，A國計增加了$b+c+d$的福利。但是，一國常基於保護國內產業與公平競爭而對此種受補助的進口品課徵對銷稅，以保障國內產業的發展。

六、傾銷（Dumping）與反傾銷（Antidumping）

「傾銷」事實上是一種在國際市場間進行的一種差別價格（Price Discrimination）行為。它所指的是對於同一種商品，他國購買者比其國內購買者支付了較低的價格，此處之價格係指已扣除運費及關稅以後的價格而言。在實務上，傾銷通常是指在國外之銷售價格低於其生產成本。就傾銷的型態而言，可分為以下三種：

㈠偶發性或紓困性傾銷（Sporadic or Distress Dumping）

這種傾銷的發生，通常是因為無法預測的供給或需求的變化，或者是不當的生產計畫造成商品的超額庫存，為了解決超額庫存的問題而進行傾銷，即以低於國內價格的定價出售。

雖然，此種傾銷對消費者有利，但對於國內生產進口商品的廠商而

言，仍是一種打擊，會造成其在短期間內必須面對銷售的減少和損失。暫時性的關稅可以保護國內之廠商，但是這種偶發性的傾銷對國際貿易的影響極小，因而，政府一般不願大費周章的以暫時性關稅或以反傾銷稅（Antidumping Duties）加以限制。

(二)掠奪性傾銷（Predatory Dumping）

此種掠奪性傾銷的發生，通常是廠商暫時性的壓低其商品的價格，目的在於排除市場上的競爭者，一旦廠商的策略成功，消除了市場上的競爭者，獲致了壟斷力後，廠商將立即提高以前被策略性壓低的價格。而且，此新價格必須足以彌補廠商在先前因壓低售價所造成的損失。此外，此廠商亦必須有能力排除可能的新廠商的加入，或保有一段時間的壟斷力，才能確保先前的付出能夠收回。

就進口國政府而言，此種掠奪性傾銷，通常被認為是一種追求壟斷地位的行為。因而，進口國通常會對其採取反傾銷的關稅課徵以消除價格上的差異，以保障市場之公平競爭性及國內產業的發展。

(三)持續性傾銷（Persistent Dumping）

正如其名所述，此種傾銷之存在是無期限的，目的在於求取經濟利潤之極大。而進行此種傾銷的理由就是所謂的國際差別價格（International Price Discrimination）。

假定廠商在國內有壟斷力，在國外則是較為競爭的景況。換句話說，即該廠商在國內所面對的需要曲線其彈性較小；反之，在國外則面對較有彈性的需要曲線。依差別價格理論，我們可了解到，廠商會對在國內銷售之商品訂定較高之售價，而在國際上訂定較低的價格以求其利潤之極大。因為，市場的區隔在國家與國家間（有關稅、運費的限制）比在國內市場間來得容易，因而，實行差別價格以謀求極大利潤亦較有可

能。

　　雖然傾銷對於國內進口商品的消費者有利，但政府通常會對傾銷的商品課徵反傾銷稅（Antidumping Duties）。因為，傾銷會對國內進口品的生產者造成相當大的影響，甚至危及他們的生存。因而，國內生產者會要求政府採行反傾銷管制（Antidumping Regulations）。

　　除了上述的六種非關稅貿易障礙外，還有經濟制裁、互購協定與貿易法案等其他政府在技術上或行政上的措施所形成的貿易障礙。而關稅暨貿易總協定（General Agreements on Tariffs and Trade，簡稱GATT）簽訂之目的，即在消除貿易障礙以促進自由貿易的進行，期能增進世界之經濟福利。

第十四章　經濟結合與國際貿易

一、經濟結合之型態

　　前面第11至13章所分析的關稅與非關稅理論，可用來做為一種差別性、歧視性的貿易政策，而被世界各國所應用。與此不同，經濟結合則是一種合作性的貿易政策。經濟結合依其緊密程度可以分為下列五種型態：即①自由貿易區（Free Trade Area）、②關稅同盟（Customs Union）、③共同市場（Common Market）、④經濟同盟（Economic Union）與⑤完全經濟同盟（Perfectly Economic Union）。這五種型態都是以各參與國之間的優惠貿易為主旨，但因各會員國間之相互依存程度的不同而有差異。

㈠自由貿易地區（Free Trade Area）

　　這是指一群國家結合起來，他們之間廢除關稅障礙及其他貿易限制，使各會員國間之貿易完全自由，但他們對地區外的其他國家卻共同課以高額的關稅。如果會員國之間的對外關稅率不同，則區域外的物品將由關稅最低的國家進入區域內各國，因此採用所謂「產地證明」，以避免上述情形發生。但如果國與國之間不相連接，則問題較簡單，且易於

控制。例如歐洲自由貿易區域（European Free Trade Association）簡稱EFTA，其原始會員國包括奧地利、丹麥、挪威、葡萄牙、瑞典、瑞士與英國等七國。

㈡關稅同盟（Customs Union）

與自由貿易區域不同，會員國之間有一共同關稅率以應用於對非會員國的進口關稅。但在會員國之間，他們的物品可以自由移動，所以同盟國間的商品貿易問題不會發生。

㈢共同市場（Common Market）

不但像自由貿易區與關稅同盟，准許物品在會員國間自由移動，而且也准許所有生產因素在各會員國之間自由移動。所以共同市場可以說比自由貿易區與關稅同盟更進步更完整的經濟結合，例如歐洲共同市場（The European Economic Community）簡稱EEC，包括比利時、法國、德國、義大利、盧森堡、荷蘭、英國、丹麥與愛爾蘭。共同市場亦將於最近改組成為歐洲共同體，組織中不但是完整的關稅同盟而且將包括貨幣同盟，甚至可能使用共同貨幣。

㈣經濟同盟（Economic Union）

不但各會員國之間廢除貿易障礙，設定共同對外關稅，准許物品與生產因素如資本、勞動等可以自由移動，而且對於各種經濟問題由各會員國互相調整，採取一致的經濟政策（財政政策、金融政策）。

㈤完全經濟同盟（Perfectly Economic Union）

不但各會員國之間的經濟政策完全相同，社會政策也一致，並且設立一個超國家機構來做為決策機關，各會員國共同遵守其決定。

前述的四種型態（㈠至㈣）可以說是達到完全經濟同盟的中間階

段，而且其結合的程度愈來愈高，最後是達到完全經濟同盟。此時，不但經濟利益相同，而且他們之間國民交流密切，政治利害一致。所以除非他們的社會文化結構相同，很難達到如此境界。

在經濟結合的經濟效果分析上，我們將針對關稅同盟理論作分析，因其他型態之經濟結合是以關稅同盟爲基礎而逐步擴大其領域及擴充其內涵而成。

二、關稅同盟理論（The Theory of Customs Union）

如上所述，在關稅同盟中，各國互相免除關稅，使貿易自由進行，但對外卻共同設定關稅，各國都應用此種關稅對同盟國以外的國家之輸入課徵，因此對貿易有很大的影響。這種貿易上的影響我們可以進一步把它區分成創造貿易的效果（Trade Creation Effect）與轉換貿易的效果（Trade Diversion Effect）。

我們應用J. Viner（The Customs Union Issue，1950）的說法：設有A、B、C三國，都可以生產X物品，其生產成本在A國爲35元，B國爲26元，C國爲20元，因此B、C二國比A國便宜，C國又比B國便宜。在自由貿易下，X物品可以從C國輸入A、B二國，亦可以從B、C二國輸入A國。A國爲保護國內生產，對B、C二國的輸入課徵100％的關稅，所以B國的價格變爲52元而C國變爲40元，都比A國國內爲貴，故不能進行貿易。現在如果A與B結爲關稅同盟，互相免除關稅，則B國的X商品可以輸到A國去，因此A、B二國可以發生貿易，這就是創造貿易的效果（Trade Creation Effect）。如果在關稅同盟前，A的關稅爲50％時，則B的X物品輸入A國時之價格變爲39元，A、B二國不能發生貿易，C國被課50％的關稅，其X的價格爲30元，比A國國內價格便宜，故

可以輸入A國，但現在A、B二國結為關稅同盟，B國因為不用付關稅，故其X物品的價格較C國便宜，所以A國就以B國的輸入代替從C國的輸入。因為A國價格為35元，從B國輸入為26元，從C國輸入為30元（20元＋20元×50％），故B較C便宜4元，亦即C國的貿易被B國所取代，而無法將產品輸出到A國，這種現象就叫做關稅同盟的轉換貿易的效果。如下面圖14-1所表示：

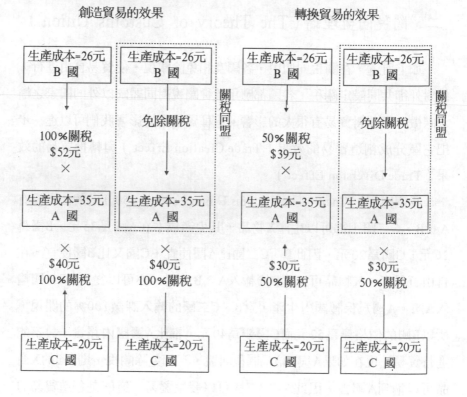

圖 14-1

由這一例子可知，在結成關稅同盟前，如果關稅稅率愈高，則在同盟後所產生的創造貿易的效果，可以看做是使A國獲得更便宜的X物品

的供給，而可以提高A國的經濟福利。至於轉換貿易的效果則表示，以
成本較高的供給來源代替成本較低的供給來源，所以是不經濟的變換。
因此，關稅同盟的經濟效果如何，是要比較其創造貿易的效果與轉換貿
易的效果之相對大小後才能論斷。對於這一點，通常都認爲關稅同盟能
夠減少貿易障礙，並產生創造貿易與轉換貿易二種效果，而能促進貿易
的擴大，故常具有經濟利益。

　　對此，J. E. Meade（The Theory of Customs Unions，1955）曾舉下
例：假定A國對商品的需要並不固定，而可以依據價格的高低變動，是
有彈性的，設在同盟前A國對X物品的需要爲100單位，同盟後由於價
格下跌需要量增加爲500，新增加消費的400單位，在同盟前因從C國輸
入，其輸入成本爲$ 30×400＝12,000元，而在同盟後從B國輸入，每
單位價格爲26元，其進口成本爲$ 26×400＝10,400元，故A國的消費
者可獲得1,600元的利益。就是將A國消費者因購買量增加而使邊際價
值（Marginal Value）下降的情況加以考慮，則其邊際價值也必爲$\frac{1}{2}$·
（12,000－10,400）＝800（元），亦即有800元之利益可得。

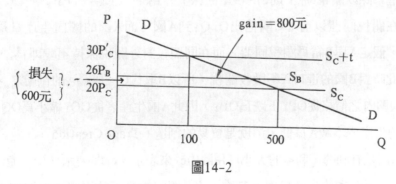

圖14-2

而從前100單位的貿易量所產生的成本面的損失$ 26－$ 20＝$ 6元，
$ 6×100＝600元，可以相抵消。故就轉換貿易的效果與擴大貿易的效
果同時考慮後，經濟福利便不會有太大的變化。

　　至於，單一物品的創造貿易效果與貿易轉換效果，可以圖示如下：

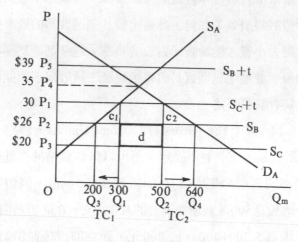

圖14–3

　　假定A國（本國）對X物品的需要曲線爲D_A，供給曲線爲S_A（表示生產成本遞增），假定B、C二國之生產成本固定，故B、C之供給曲線爲S_B及S_C，從圖中可知C國的生產成本最低（S_C），如果A國對B、C二國之進口課以關稅t時，則C的供給曲線上升爲S_C+t（$t=P_1P_3$）。

　　在關稅同盟以前，C國輸出Q_1Q_2到A國，而A國的國內生產量爲OQ_1，假定A與B結爲關稅同盟，而在同盟後對外關稅保持不變即爲t，因爲此時對B國的進口A不徵收關稅，所以B取代C，成爲A的供給者。在A國國內之價格從OP_1下跌爲OP_2，因此A國生產者從OQ_1縮小爲OQ_3，B的生產成本較A爲低，這就是貿易的創造（Trade Creation）。這一點對A國是有利的，利益的大小可用圖中c_1來表示。c_1即表示減少生產Q_1Q_3時，所節省的生產成本。其次，在A國的價格下跌引起消費增加，從OQ_2增加爲OQ_4，這一增加的部份同樣由B國所供給，故也是貿易的創造（Trade Creation）。由於增加消費所得到的淨利益爲c_2，這是消

費者剩餘增加的一部份，所以創造貿易的效果（$Q_3Q_1 + Q_2Q_4$）等於c_1 $+c_2$，這也就是A國的利益。其中，c_1是生產者由於生產成本降低得到的利益，而c_2則是由於消費者因價格降低所得到的利益。所以創造貿易的總效果＝生產效果（c_1）＋消費效果（c_2）。但另一方面，因貿易轉換之效果使A國蒙受損失，當創造貿易效果所引起的貿易數量的增加，其中一部份即Q_1Q_2是從生產成本最低的C國移轉給生產成本較高的B國生產，結果B國生產Q_1Q_2時所增加的成本如d所表示，這不但是A國的損失，也是世界的損失。因爲我們假定B、C二國的生產成本不變，所以B、C二國並不因爲變動而獲得利益或發生損失，因此A國的利益或損失即爲全世界的利益或損失。

　　在本例中，A國之「轉換貿易」所招致的損失會大於「創造貿易」所獲得的利益，即$d > c_1 + c_2$。但就一般情形而言，並非一定如此。如果A國的供給曲線S_A較有彈性，創造貿易之效果將較大；又在同盟之前，若關稅與B國之供給價格的相對比率較高時（即P_1與P_2之距離愈大），創造貿易之效果也較大。此外，如果B國與C國的生產成本差異愈小，那轉換貿易的損失也愈小。最後，如果A國之供需彈性都等於零（$e_d = 0$，$e_s = 0$），那麼，創造貿易的效果將等於零（$c_1 = 0$，$c_2 = 0$）。

　　以上只是就A國加以討論，至於B、C二國則其情況如下：在關稅同盟前C國爲A國的供給國，現因貿易轉換，其輸出數量勢必減少，不管A國的福利如何，C國由於輸出數量的減少，其價格必定下跌，而其經濟福利必因而降低。而在A國除了創造貿易與轉換貿易的效果外，A國與C國之間尚有貿易條件效果（Terms of Trade Effect），因爲C國的輸出價格下跌，所以同盟後A國如繼續從C國進口任何物品，則必有利益產生。就B國而言，B國的生產擴張，價格上漲，B國獲利。但B國的物品是輸到A國去的，所以B國的利益就是A國所付出去的代價。

經過前面的分析，我們可扼要的總結如下：

(1)貿易創造的效果＝$Q_1 Q_3 + Q_2 Q_4 = 100 + 140 = 240$

　　貿易轉換的效果＝$Q_1 Q_2 = 200$

(2)福利方面：

　　創造貿易的福利＝$c_1 + c_2 = \frac{1}{2}(100 \times 4 + 140 \times 4) = 480$元

　　轉換貿易的損失＝$d = 200(26 - 20) = 1,200$元

　　關稅同盟的淨福利＝$480 - 1,200 = -720$元＝$c_1 + c_2 - d$

(3)關稅同盟的福利效果受以下三種因素的影響：

　　a.同盟前A國所徵收的關稅之高低。

　　b.A國供給曲線的斜率，即供給彈性的大小。

　　c.A國需要曲線的斜率，即需要彈性的大小。

如果同盟前關稅愈高，則同盟後創造貿易所獲得的福利也愈大。因為關稅愈高，則P_1與P_2之差愈大，而$c_1 = (Q_1 Q_3 \times P_1 P_2)$，$c_2 = (Q_2 Q_4 \times P_1 P_2)$，當$P_1 P_2$愈大時，$c_1$與$c_2$愈大。再者，當供給曲線與需要曲線的斜率愈小，即供需彈性愈大，則c_1與c_2之面積也愈大，因為$P_1 P_2$是取決於關稅的高低，當關稅固定，則$P_1 P_2$也隨之固定，但$Q_1 Q_3$與$Q_2 Q_4$的大小則取決於$S_A S_A$與$D_A D_A$曲線，S_A與D_A愈平坦，$Q_1 Q_3$與$Q_2 Q_4$就愈大。

(4)S_B與S_C愈接近，則$P_2 P_3$愈小，故d亦愈小，損失愈小，福利愈大。

綜合上述結果，關稅同盟之創造貿易的效果所獲得的福利增加，未必會大於由轉換貿易的效果所引起的福利損失。因此，關稅同盟並不一定能夠增進經濟福利。所以，在現實世界上，有些國家希望結成關稅同盟，而另外一些國家則持反對的態度。

至於外國的供給曲線其彈性不是無窮大時，即S_B與S_C向右上方傾斜，則情形較複雜，可參考H. G. Johnson, "The Economic Theory of Customs Unions," in *Money, Trade, and Economic Growth* (1962), Ch.3 。

三、關稅同盟之利弊

在此我們將利用H. G. Johnson的局部均衡分析法來探討關稅同盟的得失：

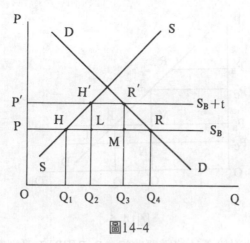

圖14-4

假定國內需要曲線爲DD，國內的供給曲線爲SS，同盟國（即B國）的供給曲線爲S_B，並假定同盟國的生產成本不變，則在同盟前A國對B國課徵關稅，所以B國在A國的供給曲線變爲S_B+t。同盟前A國的消費量在價格OP′之下爲P′R′即等於OQ_3，其中P′H′（$=OQ_2$）爲國內自己生產，其餘H′R′$=Q_2Q_3$則從B國輸入。

如果現在A、B二國互相結爲關稅同盟，則PP′的關稅被取消。因此，該物品的價格下跌爲OP，國內生產量從OQ_2減少爲OQ_1，消費量則從OQ_3增加爲OQ_4，所以從B國輸入Q_1Q_4。這樣以輸入Q_1Q_2以代替國內生產的結果，使成本節省了△HLH′，而由於物價下跌使輸入品相對便宜，使消費者剩餘增加了△R′MR。這樣由於國內生產縮小而引起輸入的增加，即構成創造貿易的效果。其大小爲這二個三角形的和（

△HLH′＋△R′MR ），輸入的增加量爲Q_1Q_2＋Q_3Q_4，此增加量與關稅額PP′的乘積的二分之一等於△HLH′＋△R′MR。而消費者剩餘的增加爲▱PP′R′R，其中▱PP′H′H被生產者剩餘的損失所抵消，而▱ H′LMR′被關稅收入的減少所抵消。

　　至於轉換貿易的效果，則如下圖所示：

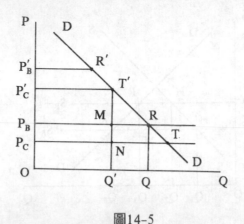

圖14-5

　　DD爲A國的對輸入品的需要曲線，P_BR與P_CT 爲課徵關稅前B國與C國的供給曲線。對B、C二國課徵關稅後，其供給曲線上升爲P'_bR′與P'_cT′。假定A國的生產成本很高，所以A不生產，而從C國輸入P'_cT′＝OQ′，以供國內消費。此時生產成本爲▱OQ′NP_c，現在A、B二國結爲關稅同盟，則A、B二國之貿易免除關稅，OP_B較OP'_c爲便宜，故A國從B國輸入所需商品。此時，A的消費量增加爲OQ，但生產成本卻較前提高，即跟以前同一數量OQ′的生產成本爲▱OQ′MP_B相較，計增加了▱ P_cNMP_B。另一方面，消費者剩餘增加了▱P_BRT′P'_c，但其中▱P_BMT′P'_c爲關稅收入之減少所抵消，所以淨增加了△MRT′。從而，關稅同盟的結果，由創造貿易的效果使消費者剩餘淨增加了△MRT′，以及轉換貿易的效果使生產成本增加▱P_cNMP_B。所以關稅同盟的利弊，從

福利觀點來看，可以用 $\triangle MRT' - \square P_C NMP_B \gtrless 0$ 來判斷。如爲負，則將造成經濟福利的損失。

四、關稅同盟之一般均衡分析

在三個國家（A、B、C），二種物品（X、Y）的貿易模型中，假定A對Y的生產享有比較利益，而B、C二國在X物品的生產上享有比較利益，並假定運費爲零，各國的生產成本遞增。

在A、B二國未結成關稅同盟之前，A國從C國進口X物品，亦可能同時從B、C二國進口X，而輸出Y至B、C二國。A、B二國之提供曲線如下圖所示：

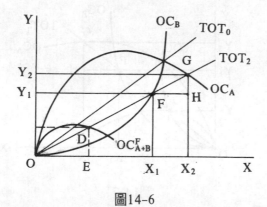

圖14-6

在自由貿易下，當貿易比率爲 TOT_0 時，A、B二國之間的貿易達到均衡，但在貿易比率爲 TOT_2 時，則A國將輸出 OY_2 的Y物品，而輸入 OX_2 的X物品。但B國只願意輸出 OX_1 的X以交換 OY_1 的Y物品。所以，在國際市場上，因 $OY_2 > OY_1$，即 $S_Y > D_Y$，而產生超額供給（$OY_2 - OY_1 = Y_1Y_2$）；$OX_2 > OX_1$，即 $S_X < D_X$，而產生超額需要（$OX_2 - OX_1 = X_1X_2$）。因此，必須從C國輸入 X_1X_2 的X，並向C國輸出 Y_1Y_2

的 Y。在TOT_2上取一段OD＝FG，則A、B二國的超額提供曲線便可以畫出來，如圖中的OC_{A+B}^F，DE＝$Y_1 Y_2$，OE＝$X_1 X_2$，此即爲A、B二國與C國進行貿易的超額提供曲線（Excess Offer Curve）。如果$TOT_1 >$ TOT_0即在TOT_0之上方時，也可依同樣方法畫出超額提供曲線，不過方向與圖中OC_{A+B}^F相反。在後一情況下，Y物品產生超額需要，而X物品產生超額供給。不過，此種現象與我們最初的假定相反，故不加討論。

在上圖中，只要我們把C國的提供曲線畫上去，則可得到在自由貿易之下，世界貿易的均衡（圖14-7及表一），即C國將輸出OE＝$X_1 X_2$ ＝FH的X物品以交換DE＝$Y_1 Y_2$＝GH的Y物品之輸入（在此假定，在X物品之比較利益上A＜C＜B，而在Y物品之比較利益上A＞C＞B）。

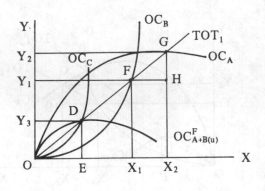

圖14-7

表一

商品 國家	X 商 品		Y 商 品	
	輸出	輸入	輸出	輸入
A 國		OX_2	OY_2	
B 國	OX_1			OY_1
C 國	$X_1 X_2$			$Y_1 Y_2$
世 界	OX_2	OX_2	OY_2	OY_2

表一說明A、B、C三國之間的貿易關係如下：

A的輸出（OY_2）＝B的輸入（OY_1）＋C的輸入（Y_1Y_2）

A的輸入（OX_2）＝B的輸出（OX_1）＋C的輸出（X_1X_2）

現在假定A、B二國結成關稅同盟，則世界貿易的均衡將如下圖所示，OC_C為C國的提供曲線，$OC_{A+B(u)}^F$為自由貿易（沒有關稅）下A、B二國的超額提供曲線，OC_{A+B}^T表示在同盟之前A、B二國互課關稅時，二國的超額提供曲線，$OC_{A+B(u)}^T$表示A、B二國成立關稅同盟時的超額提供曲線。

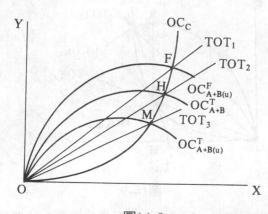

圖14-8

在關稅同盟前，A、B、C三國的貿易均衡點在H，貿易條件為TOT_2。在關稅同盟後，A、B、C三國不課關稅（自由貿易），則A、B二國的超額提供曲線$OC_{A+B(u)}^F$與C國的提供曲線OC_C相交於F點，三國達到貿易均衡，其貿易條件為TOT_1。如果A、B二國成立關稅同盟後，對外（對C國）課徵關稅，則同盟國的超額提供曲線為$OC_{A+B(u)}^T$與OC_C相交於M點，即在M點上達到世界貿易均衡，其貿易條件為TOT_3。

由上面分析可知，關稅同盟對C國（同盟外的國家）的影響是使C國的輸出、輸入均減少，且貿易條件變為對C國不利。但應注意的是並

不是所有情況都是如此，而是取決於對外關稅的水準。如果同盟國對外
（C國）不徵收關稅則均衡點在F點，此時，貿易條件轉而對C國有利（
$TOT_1 > TOT_2$）。實際情形如何，則要看同盟國（A＋B）對外關稅的
高低而定。

　　我們以前所討論的最適關稅理論亦可以應用在關稅同盟的對外關稅
上面，即同盟國將設定一個對外關稅率而使同盟國能達到最高一條貿易
無異曲線上，即追求同盟國的最大福利（見下圖）。

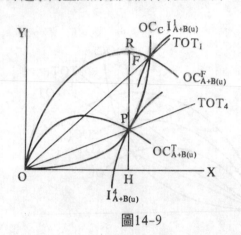

圖14-9

A、B二國成立關稅同盟，同時共同對外設定關稅，其稅率爲RP/PH時
，則A、B二國的無異曲線$I_{A+B(u)}^4$與OC_C相切於P點，這時候同盟國的福
利達到最大。關稅＝PR，即爲最適關稅。

　　經由以上的分析，我們可獲致以下六點結論：

　　(1)在同盟之內A國（本國）的福利可能增加，亦可能減少。A與B
　　　的貿易條件（$P_A P_B$）將變爲對A不利，因爲轉換貿易的效果使A
　　　從世界上成本最低的供給者轉向B國購買。但創造貿易的效果（
　　　Trade Creation Effect）所得到的利益可抵消這種損失。而A國對
　　　C國的貿易條件（$P_A P_C$）將變爲對A有利。

⑵B國的福利將獲得改善，因爲它對A的貿易條件變爲對B有利（由於轉換貿易的效果）。但在某種情況下，B也可能發生損失。

⑶以同盟的整體觀之，在正常情形下，其福利將增加。

⑷C國將因A、B結爲同盟而蒙受損失，因爲C對同盟國（A與B）的貿易條件變爲對C不利。但在某種情形下，例如A、B二國的對外關稅如果比同盟前二國個別關稅爲低時，則C國的貿易條件將獲得改善。

⑸對世界福利有何影響？這是有關次佳（Second Best）選擇的問題。如果自由貿易使世界福利達到最大，則關稅同盟一方面使貿易更趨向自由，而另一方面又增加保護與差別而妨礙自由貿易的進行。一般言之，對外關稅愈低而同盟涵蓋的範圍（參加國）愈廣，則世界福利愈有可能增加。

⑹如上面圖14-9所示，同盟國的對外關稅率如果增加，例如從F點移向P點，則整個同盟的福利將增加（較在F點時爲多）於P點達到最大，而後開始下降。換言之，從同盟的觀點看，可達到最適對外關稅（Optimum External Tariff）的境地。

五、關稅同盟之動態效果（The Dynamic Effects）

關稅同盟除了上述的靜態效果（Static Effect）以外，尚有其動態效果。上述靜態效果對國民所得的影響並不大，然經濟結合對於各同盟國的經濟成長卻有重大的影響。

關稅同盟的動態效果，綜合言之，約有以下各點：

⑴經濟結合可以使國內市場的幅度擴大，使市場擴大到包括所有會員國家。因此，可以使生產者享受大規模生產的經濟利益（

Economies of Large-Scale Production）。此外，擴大生產亦可以產生外部經濟（External Economies）。這一種說法是與前面的保護幼稚工業理論（Infant Industry Argument）有關，瑞士或瑞典的經濟就是一個很好的例子。他們雖然國內市場不大，但並不使他們限制於無效率（Inefficiency）與小規模的生產。一個經濟的高度成長，除源於因素投入成長率的增加與技術進步率的增加外，規模經濟也是促進效率、降低生產成本的主要因素。這種規模經濟效果理論（Scale Effects Argument）與幼稚工業理論相似，較適合於落後國家的情況。

(2)關稅同盟的另一動態效果是可以增加對停滯的產業或廠商的競爭壓力。因為關稅障礙給予這些壟斷性廠商從國外的價格競爭與產品競爭上獲得保護，在經濟結合中，各同盟國的關稅及其他障礙消除，所以他們的市場壟斷力（Monopoly Power）將被打破，至少也會被削弱。而市場壟斷力的消除或削弱，將使他們的邊際成本與價格的差距縮小〔因為$MC = P\left(1 - \dfrac{1}{e_d}\right)$，$\dfrac{1}{e_d} =$ 市場壟斷力，當 $\dfrac{1}{e_d} \to 0$ 時，則 $P = MC$〕。如此一來，與免除關稅障礙以提高經濟效率具有同一意義。這種競爭的效果具有真正的動態特性，它能促進廠商提高投資報酬率並使用更多資源去從事研究以促進技術的進步。

(3)因為大廠商較有能力從事更多的研究與發展（R&D）的工作，所以經濟結合具有鼓勵（刺激）廠商成長的作用，結果將促成技術進步率的提高與帶動經濟的成長。這一說法的基礎是根據美國的經驗，廠商高度集中或寡頭壟斷的產業可能更注意於從事研究與發展，而在R&D大量支出的結果將促成技術的快速進步。

(4)經濟結合也可以刺激投資，但投資與經濟結合的密切關聯性的研

究已超出本章範圍。值得一提的是，當歐洲共同市場成立以後，美國對西歐的投資便大量地增加，這事實反映他們希望在關稅壁壘的後面建立生產以避掉同盟的對外關稅。不過，這種情形對長期的經濟成長率並沒有影響。事實上，它是一種伴隨著貿易的轉移所產生的資本移動。

⑸最後，經濟結合所產生的提高長期經濟成長率的作用並不以同盟國爲限。因爲，同盟國的高度成長率將刺激他們對進口需要的急劇增長，結果將刺激世界各國的所得與經濟的成長。在長期中，世界性的快速成長，將使這些同盟外的國家由於貿易移轉的靜態效果（Static Efficiency Losses Due to Trade Diversion）所蒙受的損失獲得補償。

第十五章　經濟成長對國際貿易的影響

一般而言，開發中國家在產業發展初期，因國內市場的需求力量不足，便想利用廣大的國際市場，以貿易的方式來促成國內產業的發展與帶動經濟的成長。本章所要討論的是：在一國經濟成長之後，對於國際貿易的進行將有何影響。

我們利用國際貿易部門變動的大小來做爲判斷經濟成長模式的標準：如果，國際貿易對國民總生產的比率與以前相同，則稱之爲「中性的經濟成長」（ Neutral Economic Growth ）；如果比率是增加，則爲「順貿易偏向的經濟成長」（ Pro-Trade Biased Economic Growth ）；如果，相對比率減少，則爲「逆貿易偏向的經濟成長」（ Anti-Trade Biased Economic Growth ）。此外，尚有二種可能，即不用相對比率而用其絕對額。如國際貿易的增加額大過於國民生產的增加額時，稱爲「超順貿易偏向的經濟成長」（ Ultra Pro-Trade Biased Economic Growth ）；反之，則稱之爲「超逆貿易偏向的經濟成長」（ Ultra Anti-Trade Biased Economic Growth ）。

一、小型經濟之經濟成長與貿易

㈠消費成長的貿易效果（ The Trade Effect of Consumption Growth ）

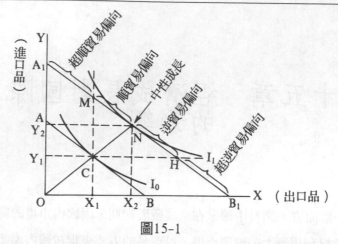

圖15-1

在圖15-1中，假定在經濟成長前其價格線或消費可能曲線爲$\overline{AB}$，並假定X商品爲可輸出品，Y商品爲可輸入品，且$\overline{AB}$與無異曲線I_0相切於C點，表示該國在貿易條件（相對價格）等於$\dfrac{OA}{OB}$時，將消費OX_1的X商品與OY_1的Y商品，即在無異曲線I_0上之C點消費。現在，發生經濟成長，所得增加但相對價格（即貿易條件TOT）保持不變，消費可能曲線從AB平行移到A_1B_1，因而消費可達到A_1B_1線上的任一點組合。在比I_0高的另一條無異曲線I_1與價格線A_1B_1之切點，即爲均衡之所在。

若A_1B_1與I_1相切之點是在原點（O）與成長前消費點（C）之連線$\overline{OC}$之延長線上，則在消費上爲中性的成長，如圖15-1中之N點。因爲：

$$國民所得增加率（經濟成長率）= \dfrac{\Delta I}{I} = \dfrac{BB_1}{OB}$$

$$可輸出品(X商品)之消費增加率 = \dfrac{\Delta X}{X} = \dfrac{OX_2 - OX_1}{OX_1} = \dfrac{X_1 X_2}{OX_1} = \dfrac{CN}{OC} = \dfrac{BB_1}{OB}$$

$$可輸入品(Y商品)之消費增加率 = \dfrac{\Delta Y}{Y} = \dfrac{OY_2 - OY_1}{OY_1} = \dfrac{Y_1 Y_2}{OY_1} = \dfrac{CN}{OC} = \dfrac{BB_1}{OB}$$

由上面可知，國民所得增加率、輸出品消費增加率與輸入品消費增加率都相等，表示經濟成長使這三者均做同一比率之增加，因而成長前與成長後對貿易之依存度並不改變，故稱爲中性的成長。中性成長從消費點來看，新消費點會落在原點與原消費點連線（OC）之延長線上。

即新消費點與原消費點及原點可連成一直線。

至於，非中性成長的各種情形（以新消費點的位置來看），我們亦以圖15-1爲例，說明如下：

1.順貿易偏向

如果 $\overline{A_1 B_1}$ 與無異曲線 I_1 相切於M點與N點之間，即新消費點落在MN之間，代表輸出品消費成長率小於所得成長率（ $\dot{X} < \dot{I}$ ），輸入品消費之成長率大於所得成長率（ $\dot{Y} > \dot{I}$ ）。因而，將大量增加輸入品的消費，而輸出品的消費則增加較少，依賴國際市場的程度上升，故稱之爲輸入偏向或順貿易偏向的成長。

2.逆貿易偏向

如果 $A_1 B_1$ 與無異曲線 I_1 相切於N點與H點之間，則新消費點落在NH之間，代表輸出品消費成長率大於所得成長率（ $\dot{X} > \dot{I}$ ），而輸入品消費成長率小於所得成長率（ $\dot{Y} < \dot{I}$ ），表示經濟成長的結果使國內大量增加輸出品的消費，而輸入品消費則增加不多。因而，消費由國內供給即可，對國際市場的依賴度下降，故稱之爲輸出偏向或逆貿易偏向的成長。

3.超順貿易偏向

如果 $A_1 B_1$ 與無異曲線 I_1 相切於M點以上，則新消費點落在 $A_1 M$ 之間，表示可輸入品消費成長率大於所得成長率（ $\dot{Y} > \dot{I}$ ），大量增加對輸入品的消費，故須從國際市場增加輸入以供應國內需要。同時，輸出品消費成長率小於所得成長率（ $\dot{X} < \dot{I}$ ），而且國內對X商品之需求比成長前減少，剩餘之輸出品更需向國際市場銷售。因而，對國際市場依賴程度更深，故稱爲超輸入偏向或超順貿易偏向的成長。

4.超逆貿易偏向

如果 $A_1 B_1$ 與無異曲線 I_1 相切於H點以下，則新消費點落在 HB_1 之間，

此時，輸出品消費的成長率大於所得成長率（$\dot{X} > \dot{I}$），而輸入品消費成長率不但小於所得成長率（$\dot{Y} < \dot{I}$），且對Y商品的消費量比經濟成長前減少，對X商品的消費則大量增加。因而對國際市場的依賴程度下降，故稱為超輸出偏向或超逆貿易偏向的成長。

此外，我們亦可利用平均輸入傾向（APM）與邊際輸入傾向（MPM）做為判斷的標準，如下表所示：

表 15-1

成 長 模 型	輸入品之消費傾向	輸入品之需要所得彈性
超順貿易偏向	MPM ＞ 1	$e_I > 1$
順貿易偏向	MPM ＞ APM	$e_I > 1$
中性	MPM ＝ APM	$e_I = 1$
逆貿易偏向	MPM ＜ APM	$e_I < 1$
超逆貿易偏向	MPM ＜ 0	$e_I < 0$

MPM：邊際輸入傾向，　APM：平均輸入傾向

其中，$MPM = \dfrac{\Delta M}{\Delta I}$　；　M：表示輸入金額，I：代表所得

$APM = \dfrac{M}{I}$

以中性成長為例：

$MPM = APM$

故 $\dfrac{\Delta M}{\Delta I} = \dfrac{M}{I}$

即 $\dfrac{\Delta M}{M} = \dfrac{\Delta I}{I}$

與前述之輸入品消費成長率等於所得成長率之條件相同。

另，e_I 為輸入品的需要的所得彈性

$e_I = \dfrac{\Delta M}{\Delta I} \cdot \dfrac{I}{M} = \dfrac{MPM}{APM}$

因而，輸入品的需要的所得彈性（e_1）亦可做爲我們成長模型分類的標準。如果，對進口物品的需要之增加與所得之增加比率相同時，即 e_1 ＝ 1 時，則爲中性經濟成長；如果 $e_1 > 1$ 時則爲順貿易偏向成長；而在 $e_1 < 1$ 時爲逆貿易偏向之成長。

在順貿易偏向、中性與逆貿易偏向的經濟成長下，由於經濟成長所引起之所得增加，其一部份將被用於購買進口物品。如果輸入品爲高級物品（Superior Goods）時，則成爲超順貿易偏向，因爲高級物品係指當所得增加時，用於這種物品的支出要比所得增加率爲大之物品。同理，超逆貿易偏向發生在輸入品爲劣等物品（Inferior Goods）時之情形，因爲隨著所得的增加，人們用於這種物品支出反而會愈來愈少。

(二)**生產成長的貿易效果**（The Trade Effect of Production Growth）

我們現在假定該國在經濟成長前之生產可能曲線爲MN，如圖15-2所示。則在成長後，由於生產型態的變動對該國之對外貿易將有何影響？

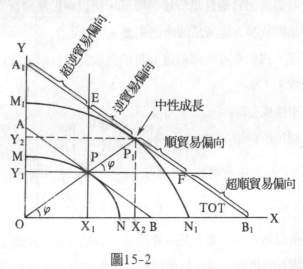

圖15-2

圖15-2中AB及A_1B_1表示在成長前與成長後之貿易條件（TOT），A_1B_1與AB平行代表其保持不變。如果經濟成長發生，則生產可能曲線

向外移動而爲M_1N_1，M_1N_1與TOT的切點即爲經濟成長後的生產點（如P_1）。如果新的生產點表示成長後要比成長前生產更多輸入品，則表示此國之自給自足能力提高。這種生產型態叫做逆貿易偏向的經濟成長，因爲國際貿易量佔國內總生產量的比率愈來愈小。如果是超逆貿易偏向的成長，則生產點（M_1N_1與TOT之切點）必落在A_1E線上。此即表示成長後進口品之國內生產量增加很多，而其他商品（X）之生產反而減少。換言之，經濟成長的結果，使X物品的生產量少於OX_1時稱爲超逆貿易偏向的成長。如果經濟成長的結果使X、Y二物品之產量結構保持不變，則爲中性成長（Neutral Growth）。如上圖中的P_1點。如果一國經濟成長的結果使其輸入品（Y）的生產量（與總產量比較）反而減少時，則爲順貿易偏向的成長，如上圖中在P_1F線上的任一點均屬之。如果一國在經濟成長後其進口品生產的絕對數量比以前減少時（即生產點在FB_1範圍內，Y的產量少於OY_1時）則爲超順貿易偏向的經濟成長。此時該國之自給自足程度將降低，所以叫做超順貿易偏向，即表示要更加依賴貿易方能滿足國內的需要。

同理，我們亦可利用前述分析消費成長的效果之方式，來說明生產成長的效果：

在中性成長時：

國民所得增加率（$\dot{I}$）$\dfrac{\Delta I}{I} = \dfrac{N_1N_2}{ON} = \dfrac{PP_1}{OP}$

X商品之生產增加率（$\dot{X}$）$\dfrac{\Delta X}{X} = \dfrac{X_1X_2}{OX_1} = \dfrac{PP_1}{OP}$

Y商品之生產增加率（$\dot{Y}$）$\dfrac{\Delta Y}{Y} = \dfrac{Y_1Y_2}{OY_1} = \dfrac{PP_1}{OP}$

若國民所得增加率、輸入品生產增加率與輸出品生產增加率皆相等，亦即中性成長的情形，則成長前與成長後對貿易的依存度保持不變。

至於非中性成長時的各種狀況，可分別說明如下：

1. 順貿易偏向

如果M_1N_1與P_1F相切，則新生產點落在P_1F之間。此時X商品生產增加率大於國民所得增加率，而Y商品生產增加率則小於國民所得增加率。由於輸出產業部門大爲擴張，且$\dot{X}>\dot{i}$，輸出品有剩餘，要依賴國際市場消費，而$\dot{Y}<\dot{i}$國內可輸入品之生產不足，亦是要依賴國際市場輸入。綜合而言，對國際市場依賴加深，故稱之爲輸出偏向成長或順貿易偏向成長。

2. 逆貿易偏向

如果生產可能曲線M_1N_1與TOT線相切於EP_1一段，則新生產點落在E、P_1之間。因X商品增加率小於國民所得增加率，且Y商品增加率大於國民所得增加率，輸入產業部門大幅度的擴張，國內可輸入品供給增加，輸出品所剩有限，不必依賴國際市場消費或供給。本國自給自足能力提高，故稱爲輸入偏向成長或逆貿易偏向成長。

3. 超順貿易偏向

如果M_1N_1與TOT相切於FB_1線段，則新生產點落在F、B_1之間，因輸出產業部門的大幅度擴張，而輸入競爭產業部門反而縮小，更需依賴國際市場，故稱爲超輸出偏向成長或超順貿易偏向成長。

4. 超逆貿易偏向

新生產點落在E、A_1之間，因輸入產業部門的大幅度擴張及輸出產業部門的縮小，使對國際市場的依賴下降，因而稱爲超輸入偏向成長或超逆貿易偏向成長。

(三)經濟成長的淨效果（Net Effects of Growth）

決定經濟成長形態爲中性，貿易偏向，或超貿易偏向，必須綜合生產效果與消費效果才能決定。因此由經濟成長所導致的消費與生產變動的淨效果方是決定經濟成長對國外部門的影響之主要因素。

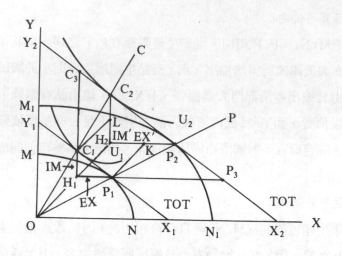

圖15-3

在圖15-3中，MN表示在經濟成長前之生產可能曲線，TOT代表貿易條件，TOT與MN相切於 P_1 點，與無異曲線 U_1 相切於 C_1 點，表示經濟成長前在 P_1 點生產，在 C_1 點消費。現在發生中性的經濟成長，使生產可能曲線從MN外移至 $M_1 N_1$，假定TOT保持不變，而其 $M_1 N_1$ 相切於 P_2，與較高一條無異曲線 U_2 相切於 C_2。因此，中性的成長使生產從 P_1 移至 P_2，消費從 C_1 移到 C_2，因為 P_1，P_2 在OP線上，C_1，C_2 在OC線上，所以經濟成長的淨效果表示國際貿易的擴張率與國民所得成長率相同。茲證明如下：

成長前貿易三角形為 $\triangle C_1 H_1 P_1$，成長後貿易三角形為 $\triangle C_2 H_2 P_2$

生產增加率：X商品：$P_1 P_2 / OP_1$

Y商品：$P_1 P_2 / OP_1$

消費增加率：X商品：$C_1 C_2 / OC_1$

Y商品：$C_1 C_2 / OC_1$

國民所得增加率（經濟成長率）$= \dfrac{X_1 X_2}{OX_1} = \dfrac{Y_1 Y_2}{OY_1} = \dfrac{P_1 P_2}{OP_1} = \dfrac{C_1 C_2}{OC_1}$

$$輸出增加率 = \frac{H_2 P_2 - H_1 P_1}{H_1 P_1} = \frac{P_1 P_2}{OP_1} \quad (\text{作} P_1 K \mathbin{/\mkern-5mu/} H_1 H_2)$$

$$輸入增加率 = \frac{C_2 H_2 - C_1 H_1}{C_1 H_1} = \frac{C_2 L}{LH_2} = \frac{C_1 C_2}{OC_1} = \frac{P_1 P_2}{OP_1} (\text{作} C_1 L \mathbin{/\mkern-5mu/} H_1 H_2)$$

由上面分析可知，經濟成長的淨效果可以直接比較$C_1 P_1$及$C_2 P_2$與經濟成長後，生產與消費點的距離而得知；①如果經濟成長後生產點與消費點的距離大於$C_2 P_2$時爲順貿易偏向的成長；②如果經濟成長後，生產點與消費點的距離小於$C_2 P_2$時則爲逆貿易偏向的成長；③如果成長後生產點與消費點的距離大於$C_3 P_3$時爲超順貿易偏向的成長；④如果經濟成長後生產點與消費點的距離小於$C_1 P_1$時，則爲超逆貿易偏向的成長。

二、因素數量變動之影響

經濟成長的二種基本形態是：①可供利用之生產因素數量的增加（如資本累積，勞動力增加等），即因素數量變動；②技術進步（生產方法改進、創新、生產力提高），亦即生產函數變動。

首先分析因素數量增加的影響：令產品價格固定（P_x，P_y不變），$TOT = \dfrac{P_x}{P_y} = MRT_{XY}$（X代表輸出品，Y代表輸入品，$P_x$爲輸出價格，$P_y$爲輸入價格）。假設勞動力增加$\Delta L$，則對生產與貿易之影響可用Edgeworth箱形圖及生產可能曲線說明如下：

㈠只有一種生產因素（L或K）增加時（稱爲Rybczynski案例）

圖15-4表示，在成長前勞動力爲L_1，生產可能曲線爲AB，資源分配點爲R_1，生產點爲P_1。此時，生產X_1的輸出品與Y_1之輸入品。現勞動力增加爲$L_1 + \Delta L = L_2$時，則爲了使新增加的勞動（ΔL）能全部參與生產活動，以保持經濟社會的充分就業（貿易理論的基本假設），就必須使其能被勞動密集的產業部門（假定爲X產業部門）所吸收，但X產業部門要吸收新增加的勞動ΔL，則需要有ΔK的資本量來與其相配

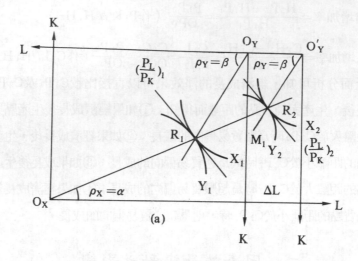

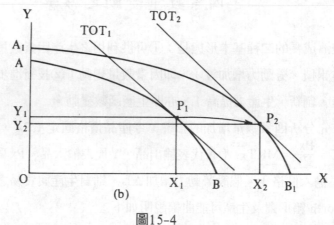

圖15-4

合方能維持其因素密集度於不變。所以,將從Y產業部門(資本密集產業)吸收 ΔK,因而導致Y產業部門的萎縮,但Y部門縮小生產時會同時釋放出 ΔK_Y 與 ΔL_Y 之資本與勞動,所以 ΔL_Y 也要由X部門所吸收,最後達到以下狀態:

$$\rho_X = \frac{K_X}{L_X} = \frac{\Delta K_Y}{\Delta L + \Delta L_Y} = \frac{K_X + \Delta K_Y}{L_X + \Delta L + \Delta L_Y} = \alpha$$

$$\rho_Y = \frac{K_Y}{L_Y} = \frac{K_Y - \Delta K_Y}{L_Y - \Delta L_Y} = \beta$$

結果使X產業部門擴張，X商品之生產增加，Y產業部門縮小，Y商品之生產減少。但產品價格（$\frac{Px}{Py}$），因素價格（$\frac{P_L}{P_K}$）及因素密集度（ρ_X、ρ_Y）均保持不變。如圖15-4(a)所示，當勞動增加△L以後，資源分配點即從箱形圖中的R_1點移到R_2點，R_1點所表示的因素價格（$\frac{P_L}{P_K}$）$_1$必等於R_2點所表示的因素價格（$\frac{P_L}{P_K}$）$_2$。而且，R_2點是在$O_X R_1$的延長線上，所以 $\rho_X = \frac{K_X}{L_X}$保持不變。又$R_2 O'_Y$平行於$R_1 O_Y$，因而，$\rho_Y = \frac{K_Y}{L_Y}$也保持不變。$R_2 O_X$大於$R_1 O_X$，所以X_2大於X_1，表示X商品產量增加。$R_2 O'_Y$小於$R_1 O_Y$，故Y_2小於Y_1，表示Y商品之產量減少。又從圖15-4(b)生產可能曲線的變動可知，貿易條件保持不變（$TOT_1 = TOT_2$），生產點由AB線上的P_1移到$A_1 B_1$線上的P_2，表示X商品的生產增加，Y商品的生產減少，且P_1點之$MRT_{XY} = （\frac{Px}{Py}）_1 = TOT_1$必等於$P_2$點之$MRT_{XY} = （\frac{Px}{Py}）_2 = TOT_2$。結果我們發現：當一種生產因素增加而另一種生產因素保持不變時，將導致密集使用數量增加的生產因素之產業部門（X）擴張，並使非密集使用這種生產因素之產業部門（Y）縮小，亦即發生超偏向的成長（Ultra Biased Growth）。本例X為勞動密集產品，X產業部門為輸出產業部門，故當勞動增加，即會發生超輸出偏向的成長（Ultra Export Biased Growth）或超順貿易偏向的成長（Ultra Pro-Trade Biased Growth）。

(二)兩種生產因素同時增加且其增加量之比（$\frac{\Delta K}{\Delta L}$）等於某一產業部門之（資本／勞動）比例

假定K與L同時增加，而且，其增加量之比等於Y產業部門之（資本／勞動）比率，即：$\frac{\Delta K}{\Delta L} = \frac{K_Y}{L_Y} = \frac{K_Y + \Delta K}{L_Y + \Delta L} = \rho_Y$。因為資本增加△K，勞動增加△L，且二種因素增加量之比恰好等於Y產業部門（輸入產業部門）之（資本／勞動）比例，所以這些新增加的資本（△K）與勞動（△L）會全部被Y產業部門所吸收，Y商品生產時之因素密集度（ρ_Y

）保持不變，但就產業部門加以觀察，則Y產業部門擴張，而X產業部門保持不變，所以是一種偏向的成長（Biased Growth）。因為，本例Y產業部門是輸入產業部門，故又稱為輸入偏向成長（Import Biased Growth），或逆貿易偏向的成長（Anti-Trade Biased Growth）。從圖15-5(a)可知，當勞動增加 ΔL，資本增加 ΔK 時，Y的原點 O_Y 便沿 $R_1 O_Y$ 向外直線延伸而移到 O'_Y，此時 $O'_Y H = \Delta K$，$O_Y H = \Delta L$，因 $\dfrac{\Delta K}{\Delta L} = \dfrac{O'_Y H}{O_Y H} = \dfrac{K_Y}{L_Y} = \rho_Y$，故資源分配點 R_1 保持不變。但因 $R_1 O'_Y$ 大於 $R_1 O_Y$，表示Y商品的產量增加而X商品的生產量保持不變，生產可能曲線將從AB移到 $A_1 B_1$，TOT保持不變，但生產點由AB線上的 P_1 移至 $A_1 B_1$ 線上之 P_2，表示Y產品之產量增加，X產品之生產量不變，所以是一種輸入偏向的成長或逆貿易偏向的成長。

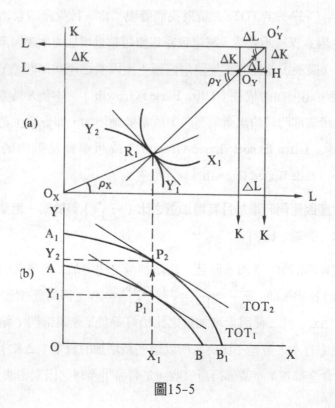

圖15-5

　　現在假定資本增加量（ΔK）與勞動增加量（ΔL）之比等於X產業部門（輸出產業）的（資本／勞動）比例，如圖15-6所示。在箱形圖右上角所代表Y之原點O_Y將移至O'_Y，而且$O_Y O'_Y$平行於$O_X R_2$，表示$\Delta L = O_Y H$，$\Delta K = O'_Y H$，$\dfrac{\Delta K}{\Delta L} = \dfrac{O'_Y H}{O_Y H} = \dfrac{K_X}{L_X} = \rho_X$代表資源分配與生產情況的$R_1$點將沿著$O_X M$移至$R_2$。在此種情形下，X產業部門擴張，X商品之生產量增加，Y產業部門保持不變（因$R_1 O_Y = R_2 O'_Y$，所以$Y_2 = Y_1$），所以是輸出偏向成長（Export Biased Growth）或順貿易偏向成長（Pro-Trade Biased Growth）。

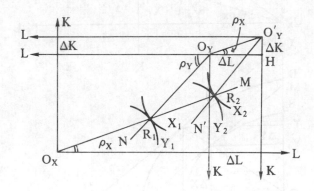

圖15-6

⑵兩種生產因素同時增加，但其增量比（$\dfrac{\Delta K}{\Delta L}$）等於因素稟賦比（$\dfrac{K}{L}$）

　　假定資本量增加ΔK，勞動量增加ΔL，而且$\dfrac{\Delta K}{\Delta L} = \dfrac{K}{L}$時，在此一情況下新增加之資本量與勞動量將分別地依照X、Y兩個產業部門的（資本／勞動）比例或因素密集度（$\rho_X = \dfrac{K_X}{L_X}$，$\rho_Y = \dfrac{K_Y}{L_Y}$）被兩個產業部門所吸收，茲證明如下：

$$\rho_X = \frac{K_X}{L_X} = \frac{\Delta K_X}{\Delta L_X} = \frac{K_X + \Delta K_X}{L_X + \Delta L_X}, \quad \rho_Y = \frac{K_Y}{L_Y} = \frac{\Delta K_Y}{\Delta L_Y} = \frac{K_Y + \Delta K_Y}{L_Y + \Delta L_Y}$$

$$K_X + K_Y = K_1 \text{，} L_X + L_Y = L_1$$

$$\Delta K_X + \Delta K_Y = \Delta K \text{，} \Delta L_X + \Delta L_Y = \Delta L$$

$$K_X + K_Y + \Delta K = K_2，L_X + L_Y + \Delta L = L_2。$$

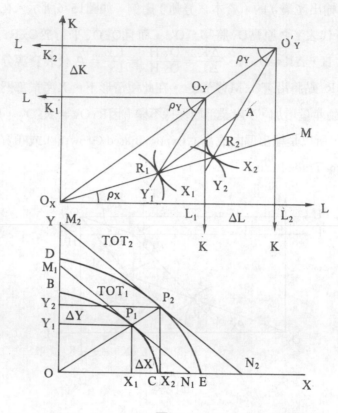

圖15-7

圖15-7表示，當資本量增加ΔK，勞動量增加ΔL時，O_Y便沿著原箱形圖□$O_X L_1 O_Y K_1$的對角線$O_X O_Y$（表相對因素秉賦）直線移到O'_Y而構成一個新箱形圖□$O_X L_2 O'_Y K_2$，資源分配點由R_1移至R_2。因$R_2 O_X > R_1 O_X$，所以X商品之生產量增加（$X_2 > X_1$）；$R_2 O'_Y > R_1 O_Y$，故Y商品之生產量也增加（$Y_2 > Y_1$）。生產可能曲線由BC外移到DE，生產點由P_1移至P_2，貿易條件保持不變（$TOT_1 = TOT_2$）。

再從R_1畫一直線$R_1 A$，使其平行於$O_X O_Y O'_Y$，而與$R_2 O'_Y$相交於A

點，則$AO'_Y = R_1O_Y$，由此可決定 X、Y 兩產業部門之成長情形如下：

$$X產業部門之成長率 = \frac{\Delta X}{OX_1} = \frac{OX_2 - OX_1}{OX_1} = \frac{R_2O_x - R_1O_x}{R_1O_x} = \frac{R_2R_1}{R_1O_x}$$

$$Y產業部門之成長率 = \frac{\Delta Y}{OY_1} = \frac{OY_2 - OY_1}{OY_1} = \frac{R_2O'_Y - R_1O_Y}{R_1O_Y}$$

$$= \frac{R_2O'_Y - AO'_Y}{AO'_Y} = \frac{R_2A}{AO'_Y}$$

因 $\dfrac{R_2R_1}{R_1O_x} = \dfrac{R_2A}{AO'_Y}$

$\therefore \dfrac{\Delta X}{OX_1} = \dfrac{\Delta Y}{OY_1}$

上式表示，在前述假設下，X產業部門之成長率＝Y產業部門之成長率。

當生產可能曲線從BC外移至DE時，實質國民所得之成長率如下：

$$國民所得成長率 = \frac{N_1N_2}{ON_1} = \frac{M_1M_2}{OM_1} = \frac{P_1P_2}{OP_1} = \frac{\Delta X}{OX_1} = \frac{\Delta Y}{OY_1}$$

由以上分析可知，當兩種生產因素之增加率相同（$\dfrac{\Delta K}{K_1} = \dfrac{\Delta L}{L_1}$，即 $\dfrac{\Delta K}{\Delta L} = \dfrac{K_1}{L_1}$）時，則不但X、Y兩個產業部門的成長率相同，而且其成長率恰等於國民所得增加率或經濟成長率，所以是中性的成長（Neutral Growth）。

三、技術進步（Technological Progress）的影響

㈠技術進步之意義與型態

所謂技術進步即指由於生產技術的改變使我們能以較少的生產因素（數量）去生產同一數量的產品。換言之，如果使用同一數量的生產因素，則要比以前生產出更多的產品。

在這裡我們假定技術進步是外在因素（變數），也就是說，我們假

定技術進步能供每一生產單位所使用,而不需支付任何代價。(我們有時假設技術進步是從事研究與發展的結果,如此就要把技術進步看做是內生變數,而必需對它支付報酬。)

技術進步可包括三種情況:

1. 中性的技術進步(Neutral Technological Progress)

即以同量的資本(K)與勞動(L)而能生產出更多的物品,而資本與勞動的邊際生產力的比率保持不變,即$\frac{MPP_{L1}}{MPP_{K1}} = \frac{MPP_{L2}}{MPP_{K2}}$。所以$MRTS_{LK}^1$(進步前)$=MRTS_{LK}^2$(進步後),如圖15-8中之$P_1$到$P_2$所示之情形。

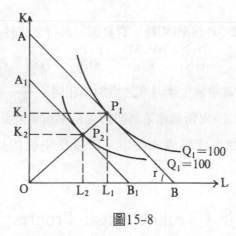

圖15-8

圖15-8表示,在技術進步前,使用OL_1的勞動與OK_1的資本,在P_1點生產,可獲得$Q_1 = 100$單位的產量。而在技術進步後,在P_2點生產,亦即使用OL_2的勞動與OK_2的資本也同樣可以獲得$Q_1 = 100$單位的產量,在P_1點及P_2點之切線斜率相同,其邊際技術代替率相等,且其勞動節省的比率與資本節省的比率也相同($\frac{\Delta K}{K} = \frac{K_1 K_2}{OK_1} = \frac{P_1 P_2}{OP_1} = \frac{L_1 L_2}{OL_1} = \frac{\Delta L}{L}$)。所以稱為中性的技術進步。

2. 勞動節約的技術進步(Labor Saving Technological Progress)

　　由於技術進步的結果，生產因素的投入數量保持不變，但生產量增加，而勞動與資本的邊際產量（MPP_L 與 MPP_K）之比例（MPP_L / MPP_K）變小，即以勞動代替資本的邊際技術代替率變小（$MRTS_{LK}^1 > MRTS_{LK}^2$），是爲勞動節約的技術進步。如圖15-9所示，在技術進步前因素價格線 $t_1 t_1$ 與等量曲線 Q_1 相切於 P_1 點，表示投入 OL_1 的勞動與 OK_1 的資本可生產 $Q_1 = 100$ 單位的產品。現在技術進步了，假定同樣投入 OL_1 的勞動與 OK_1 的資本，但可生產 $Q_2 = 200$ 單位的產品，因此代表產量 $Q_2 = 200$ 之等量曲線從 P_1 點通過，但在 P_1 點之切線變爲 $t_2 t_2$，其斜率較 $t_1 t_1$ 爲小，即 $t_2 t_2$ 斜率 $= MRTS_{LK}^2 < t_1 t_1$ 之斜率 $= MRTS_{LK}^1$（$MRTS_{LK}^1 = \dfrac{MPP_L^1}{MPP_K^1}$，$MRTS_{LK}^2 = \dfrac{MPP_L^2}{MPP_K^2}$）。可見技術進步的結果使 MPP_K 提高得多，MPP_L 提高得少或未提高，故生產者必增加資本的使用而減少勞動的使用。

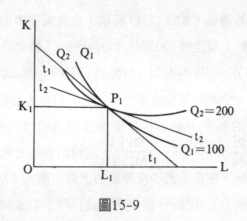

圖15-9

　　勞動節約的技術進步亦可用圖15-10來說明，如圖中所示，在技術進步前，要生產100單位的產品需投入 OK_1 的資本與 OL_1 的勞動，但在技術進步後，要生產同量（100單位）的產品只需投入 OK_2 的資本與 OL_2 的勞動，結果勞動節省 $L_1 L_2$，資本只節省 $K_1 K_2$ 或不節省或增加其投入。因此稱爲勞動節約或資本使用的技術進步（Capital Using Technological Progress）。發生這種技術進步時，生產上（資本／勞動）比例會變大（

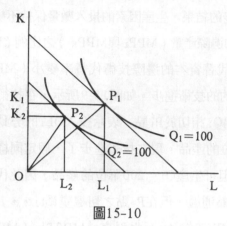

圖15-10

$OK_1 / OL_1 = OP_1$ 斜率 $< OP_2$ 斜率 $= OK_2 / OL_2$)。

3. 資本節約的技術進步（Capital Saving Technological Progress）

假設生產因素的投入數量保持不變，但由於技術進步的結果，可以生產更多數量的產品，如圖15-11所示，在技術進步前，投入OK_1的資本與OL_1的勞動，可生產100單位（$Q_1 = 100$）的產品。但在技術進步後，同樣投入OK_1的資本與OL_1的勞動，則可生產200單位的產品，因此代表產量$Q_2 = 200$的等量曲線從P_1通過，但在P_1點的切線$t_2 t_2$之斜率大於原來$t_1 t_1$的斜率，表示在技術進步後邊際技術代替率變大，即 $MRTS_{LK}^2 = \dfrac{MPP_L^2}{MPP_K^2} > MRTS_{LK}^1 = \dfrac{MPP_L^1}{MPP_K^1}$。這種情形稱之為資本節約的技術進步。由此可知，在技術進步後勞動的邊際生產力（MPP_L）提高，而資本的邊際生產力（MPP_K）提高有限或保持不變或相對地變小，因此生產者以多使用勞動，少使用資本較為有利。

另外我們亦可假定技術進步前與進步後生產量保持不變（即$Q_1 = Q_2 = 100$），則在技術進步後只要投入OK_2的資本與OL_2的勞動即可生產100單位的產品，而在進步前則需投入OK_1的資本與OL_1的勞動。從圖15-12可知：在技術進步後，使用較少的生產因素即可生產與技術進步

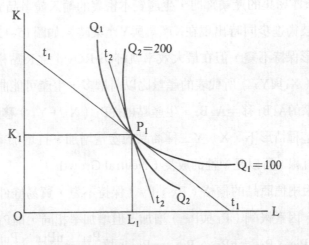

圖15-11

前同一數量的產品，而且資本量節省很多，勞動量只節省一點點或未減少。因此，這種技術進步就稱爲資本節約或勞動使用（Labor Using）的技術進步。

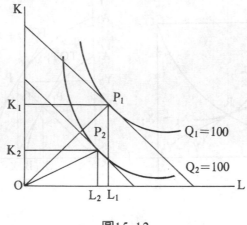

圖15-12

㈡兩個產業部門同時發生技術進步

假設X爲勞動密集的產業部門，生產勞動密集的可輸出品X商品，

Y為資本密集的產業部門，生產資本密集的輸入競爭品Y商品。現在中性的技術進步同時出現在X產業與Y產業時，如圖15-13所示，資源配置情形保持不變，但在最大效率軌跡$O_X R O_Y$上之R點相切的兩條等量曲線（X_1與Y_1）所代表的產量比以前增多，生產可能曲線向外移動，從原來的$A_1 B_1$移至$A_2 B_2$，生產點則從P_1（X_1，Y_1）移到P_2（X_2，Y_2）。這種情形下，X、Y二種商品的產量增加，且增加率相同，$OP_1 P_2$為一直線，所以是中性的成長（Neutral Growth）。

因兩種商品的價格（P_x，P_y）保持不變，貿易條件（TOT）保持不變，因素報酬（P_L與P_K）增加，但增加率相同，即P_{L1}，P_{K1}增加為P_{L2}與P_{K2}，$P_{L2}=nP_{L1}$，$P_{K2}=nP_{K1}$，故$\frac{P_{L1}}{P_{K1}}=\frac{nP_{L1}}{nP_{K1}}=\frac{P_{L2}}{P_{K2}}$，故生產因素之相對價格保持不變。兩個部門所得到的經濟成長利益相同，不發生資源移轉問題。因此，當中性的技術進步出現在兩個產業部門時，則兩個產業部門會產生相同比率的擴張。

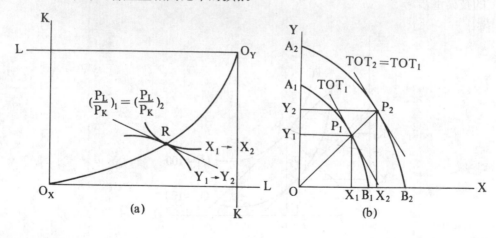

圖15-13

㈢技術進步只發生在某一產業部門

1.中性的技術進步

　　假定中性技術進步發生在勞動密集的X商品產業部門，而且產品價格（Px，Py）與貿易條件（$TOT = \frac{Px}{Py}$）保持不變。不過發生技術進步的這個產業部門，其生產成本將降低，結果只有技術進步的該產業部門其邊際利潤增加，而其他產業部門（Y）則保持不變。此時，技術進步的產業部門將擴張，較高的報酬會吸引更多的生產因素加入生產。在擴張過程中，密集使用的生產因素（勞動）之價格將上升，故因素相對價格升高，如圖15-14（a）所示（$\frac{P_L}{P_K}$）$_2$＞（$\frac{P_L}{P_K}$）$_1$表示勞動價格P_L上升，因為發生技術進步的X商品產業部門為勞動密集產業，又因技術進步為中性的，故最大效率軌跡保持不變，只有生產發生變動，生產點從P_1移到P_2（見圖15-14(b)），資源分配由R_1移到R_2。可見，當中性技術進步發生在某一產業部門時，將使該產業部門擴張，而使其他產業部門縮小。

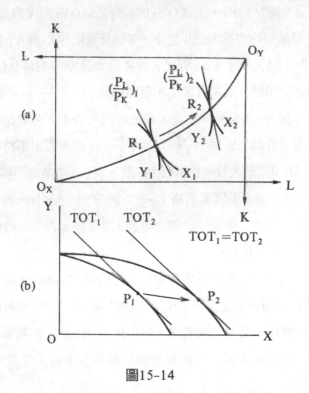

圖15-14

2.偏向的技術進步

偏向的技術進步係指由於技術的改進而能節省生產因素的使用量，便可生產同一數量的產品，但各生產因素節省的比率不同，可分爲勞動節約的技術進步與資本節約的技術進步。

現假定①勞動密集的產業部門發生勞動節約的技術進步。②因素價格（P_L及P_K）保持不變，輸入競爭品（Y）產業部門因不發生技術進步，所以在生產時，（資本／勞動）比例（$\frac{K_Y}{L_Y}$）保持不變。③勞動密集的產業（X）部門，因技術進步所節省的勞動無法在固定工資下充分就業，因此X產業部門必須從外界（其他產業部門）吸收資本以便與原有勞動配合擴大生產。

如圖15-15與圖15-16所示，在原來的資源分配點A時，生產可能曲線爲MN，生產點爲P_1，生產OX_1的X商品與OY_1的Y商品（見圖15-16）。在勞動節約的技術進步之下，X的等量曲線X_2與Y的等量曲線Y_1相切於B點，最大效率（X_2所代表的產量大於X_1）軌跡從$O_X AO_Y$移至$O_X BO_Y$。但在B點，生產因素之相對價格變小，$(\frac{P_L}{P_K})_2 < (\frac{P_L}{P_K})_1$此與假定不符；另外，B點所表示之Y產業部門的資本、勞動比例小於A點時之（資本／勞動）比例$(\frac{K_Y}{L_Y})_B < (\frac{K_Y}{L_Y})_A$亦與假定不符。因而，資源分配點必由B沿最大效率軌跡移到C點，表示X產業部門擴張，Y產業部門縮小生產。在C點因素價格$(\frac{P_L}{P_K})_3$將等於$(\frac{P_L}{P_K})_1$，而Y產業部門在生產上其（資本／勞動）比例必等於A點時之（資本／勞動）比例（因C點在AO_Y直線上）。

在圖15-16中生產可能曲線MP_1N係從圖15-15中之最大效率軌跡$O_X AO_Y$導出，而技術進步後之生產可能曲線$MP_2P_3N_1$係由最大效率軌跡$O_X BCO_Y$導出。其中，P_1點與A點，P_2點與B點，P_3點與C點相互對應。總之，當X產業部門發生勞動節約技術進步時，生產可能曲線從

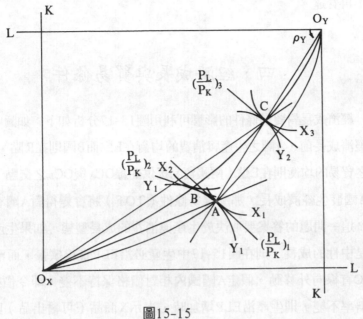

圖15-15

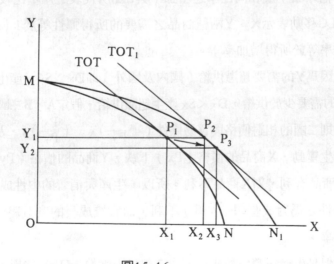

圖15-16

MN外移至 MN_1 而生產點由P_1移到P_3，所以呈現超（輸出）偏向的成

長。至於資本密集的產業部門發生資本節約技術進步時，其結果雷同，

故不再贅述。

四、經濟成長與貿易條件

　　經濟成長對貿易條件的影響可利用圖15-17分析如下：如圖中所示，在經濟成長前，A國之生產與消費的均衡在L點而B國則在R點，A、B兩國之貿易的均衡則在E點（兩國貿易提供曲線OC_A與OC_B之交點）。現假定A國發生經濟成長，那麼貿易條件（TOT）將會變得對A國有利或不利？這一問題的答案要取決於生產與消費的成長型態，如果生產與消費都是中性的成長，則在圖15-17中生產必沿ELP直線擴張，而消費則沿OLC直線向外移動。假定A國國內相對價格保持不變，即令價格線mm的斜率不變，則生產沿ELP增加時，表示X商品（可輸出品）與Y商品（可輸入品）成相同比率之增加（與L點所代表之產量比較），而消費沿OLC移動表示X、Y兩種商品之需要的所得彈性等於1（表示需要的增加率等於所得增加率）。

　　因為Y的需要超過供給（國內及國外）即$D_Y > S_Y$，產生超額需要，而X的需要少於供給，$D_X < S_X$產生超額供給。假定A、B二國進行自由貿易，則二國的相對價格與貿易條件（$(\frac{P_X}{P_Y})_A$，$(\frac{P_X}{P_Y})_B$，及TOT_1）均將發生變動，X商品的價格（P_X）下跌，Y商品的價格（P_Y）上漲，而對Y商品有利，對X商品不利。所以，生產與消費的中性成長，將使貿易條件變為對成長國（A國）不利，而實質成長的利益將由A、B兩國所共享。

　　但是生產或消費的成長不一定都是中性的，Hicks曾舉美國（A國）與歐洲（B國）的貿易為例，而認為美國在生產方面的成長是輸入偏向模型（Import-biased），即其LP線向上移動而接近LC，甚至超過LC（

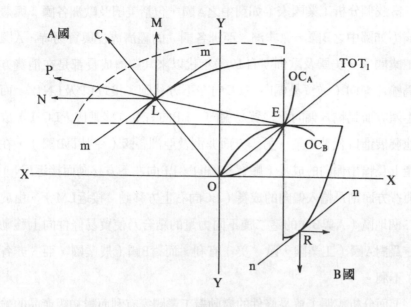

圖15-17

在LC的右方），因爲它的進口代替品的技術成長要比可輸出品的生產技術成長爲快速。這種情況下，貿易條件就要向對美國有利的方向移動。因此美元短缺（Dollar Shortage）的現象就會繼續存在而且不斷地惡化下去。不過實際上Hicks對歐洲及世界其他各地的這種悲觀看法並未普遍發生。因爲在1955年到1965年這段期間，歐洲的成長要比美國爲快速，而且又是趨向於輸入偏向的生產成長，這原因在於美國的製造業者把他們的高度的技術水準經由直接投資的方式帶往歐洲。歐洲的生產者受到這種刺激，就以歐洲的主要六個國家爲中心，組成共同市場（法、德、義大利、荷蘭、比利時、盧森堡）。與此情形類似，另外的七國（英、挪威、丹麥、瑞典、奧地利、瑞士、葡萄牙）亦組成自由貿易區（Free Trade Area）。伴隨這兩個經濟合作組織的出現，美元亦由短缺變而成爲過剩。

當我們分析工業國家（如圖中之A國，包括美國及歐洲各國）與農業國（如圖中之B國，像非洲、亞洲各國）的經濟成長與貿易時，A國（工業國家，美國及歐洲）自1960年代以來其經濟成長都是在消費方面爲輸出偏向（逆貿易偏向，LC向左下方移動，接近LP及LN），而在生產方面爲輸入偏向（逆貿易偏向，LP向右上方移動接近LC），成功地發展進口代替工業。另一方面非洲及亞洲各國（令其爲B國），在生產上爲輸出偏向的成長（順貿易偏向，LP向左下方移動而接近LN），消費方面則爲輸入偏向的成長（LC向右上方移動，接近LM）。由於這二個地區（A與B）的這二種不同力量的結合乃使貿易條件向上移動，變爲對A國（工業國，歐、美）有利，而對B國（農業國，亞、非各國）不利。

上面分析說明了貿易條件的變動對工業國家有利而對初級產品的輸出國家不利的主要原因。至於貿易條件的長期趨勢，尚有下列各種不同看法：

(1)初級產品的生產成本遞增，工業品的生產成本遞減，所以貿易條件對初級產品有利，而對工業品不利。

(2)景氣好時，投資增加，貿易條件對初級產品有利；不景氣時，投資減少，貿易條件轉爲對工業品有利。

以上二點是從供給方面來分析的，工業品的供給彈性較大、初級產品的供給彈性小，所以當需要增加時，初級產品的價格上漲幅度比數量之增加率爲大，工業品的情形恰好相反。

(3)從需要面加以分析，假定初級產品與工業品的供給條件相同，則當實質所得增加時，根據Engel法則，對工業品及勞務的需要將大量增加，而對初級產品的需要增加較小。因此，貿易條件對工業品有利。

⑷工業國家在國際市場上的壟斷力較大，所以貿易條件對初級產品較不利。

⑸如果把技術進步區分爲輸入偏向、中性的與輸出偏向，則依據J. Hicks的看法，認爲先進工業國家的貿易條件因其技術進步爲輸入偏向（逆貿易偏向）所以變爲有利。如果爲輸出偏向的技術進步，則貿易條件將變爲不利。例如19世紀時的先進國家——英國，其技術進步就是屬於輸入偏向，而20世紀的美國也是輸入偏向的技術進步。

依據Harry G. Johnson的分析認爲「一國之經濟成長率如果很高則貿易收支將惡化，爲防止貿易收支的惡化，貿易條件將變爲不利」。現假定有A、B二國，以 η_1，η_2 代表二國之輸入品需要的價格彈性，e_1、e_2 代表二國輸入品需要的所得彈性，γ_{P1} 及 γ_{P2} 代表二國之價格變動率，R_1，R_2 表示二國之所得成長率，R_{T1} 表示A國的貿易收支之變動率，則得到下面關係式：

$$R_{T1} = (\eta_1 + \eta_2 - 1)(\gamma_{P2} - \gamma_{P1}) + e_2 R_2 - e_1 R_1$$

此式稱爲Harry Johnson的基本方程式。

其證明如下：假設有二國A、B及兩種商品Y_1、Y_2，兩國之生產達完全專業化——A國生產Y_1，故Y_1即等於A國之國民所得，Y_1之一部分供國內消費，另一部分輸出到B國，令其輸出量爲X_1，B國生產Y_2，故B國之國民所得等於Y_2，Y_2之一部分在國內消費，另一部分輸出（其數量爲X_2）。Y_1、Y_2二種物品之生產量（國民所得）之成長率爲

$$R_1 = \frac{1}{Y_1} \cdot \frac{dY_1}{dt}, \quad R_2 = \frac{1}{Y_2} \cdot \frac{dY_2}{dt}$$

設二物品之價格爲P_1、P_2，貿易條件爲$TOT = \dfrac{P_1}{P_2}$，二國之輸出受對手國家之生產量、國民所得與貿易條件之影響。

又假設：

A國之輸出函數（B國之輸入函數）$X_1 = M_2 = f_2\left(\dfrac{1}{TOT}，Y_2\right)$

B國之輸出函數（A國之輸入函數）$X_2 = M_1 = f_1\left(TOT，Y_1\right)$

故二物品之彈性如下：

輸入需要的價格彈性：$\eta_1 = \dfrac{+TOT}{X_2} \cdot \dfrac{\partial X_2}{\partial TOT}$

$$\eta_2 = \dfrac{-TOT}{X_1} \cdot \dfrac{\partial X_1}{\partial TOT}$$

輸入需要的所得彈性：$e_1 = \dfrac{\Delta M_1}{M_1} \bigg/ \dfrac{\Delta Y_1}{Y_1} = \dfrac{\Delta X_2}{X_2} \bigg/ \dfrac{\Delta Y_1}{Y_1}$

$$e_2 = \dfrac{\Delta M_2}{M_2} \bigg/ \dfrac{\Delta Y_2}{Y_2} = \dfrac{\Delta X_1}{X_1} \bigg/ \dfrac{\Delta Y_2}{Y_2}$$

A國的輸出入比率（Export-import Ratio）即A之輸出額／A之輸入額。此一比率如果增加，則表示A國之貿易收支改善；反之，若此一比率下降，則表示貿易收支發生赤字。

A之輸出額$= P_1 X_1$；A之輸入額$= P_2 X_2$

$\therefore$A之輸出入比率$T_1 = \dfrac{P_1 X_1}{P_2 X_2} = \left(\dfrac{P_1}{P_2}\right)\left(\dfrac{X_1}{X_2}\right) = TOT\left(\dfrac{X_1}{X_2}\right)$

商品貿易條件$TOT = \dfrac{P_1}{P_2}$，$\dfrac{1}{TOT} = \dfrac{P_2}{P_1}$，其成長率如下：

$$\gamma_{TOT} = \dfrac{1}{TOT} \cdot \dfrac{dTOT}{dt}$$

A國之輸出入比率（T_1）之成長率：

$$R_{T1} = \dfrac{1}{T_1} \cdot \dfrac{dT_1}{dt} = \dfrac{1}{TOT\left(\dfrac{X_1}{X_2}\right)} \cdot \dfrac{d\left(TOT \cdot \dfrac{X_1}{X_2}\right)}{dt}$$

以兩國之輸出函數代入上式而求得

$$R_{T1} = (1 - \eta_1 - \eta_2)\gamma_{TOT} + e_2 R_2 - e_1 R_1$$

並以γ_{p1}及γ_{p2}代表二物品價格之成長率（價格變動率）

$$\gamma_{p1} = \dfrac{1}{p_1} \cdot \dfrac{dp_1}{dt} \quad ; \quad \gamma_{p2} = \dfrac{1}{p_2} \cdot \dfrac{dp_2}{dt}$$

$$\therefore \gamma_{TOT} = \gamma_{p1} - \gamma_{p2}$$

以上式代入R_{T1}式中，得到Johnson之基本公式如下：

$$R_{T1} = (\eta_1 + \eta_2 - 1)(\gamma_{P2} - \gamma_{P1}) + e_2 R_2 - e_1 R_1$$

上式所表示之意義如下：

①當二國之物價水準不變時，貿易條件也不變（$\gamma_{P1} = \gamma_{P2} = 0$，$\therefore$ $\gamma_{TOT} = 0$）。故上式變成$R_{T1} = e_2 R_2 - e_1 R_1$，表示如果A國輸入的所得彈性與國民所得成長率之乘積大於B國時（$e_2 R_2 < e_1 R_1$，$\therefore R_{T1} < 0$），A國變成入超國。如果$e_1 = e_2$，$R_2 < R_1$時，其結果與上面相同。反之，A國之國民所得不變而B國增加，即$R_1 = 0$，$R_2 > 0$，A國的貿易收支將得到改善，這就是經濟成長率之不同經由所得效果影響貿易收支。

②貿易條件發生變動：A國因 $e_2 R_2 < e_1 R_1$，而經由所得效果產生入超的壓力。爲保持輸出入均衡（$R_{T1} = 0$），就必須調整貿易條件。如果A國的輸出價格（P_1）降低，則$\gamma_{P1} < 0$，$\gamma_{P2} = 0$時，$\gamma_{P2} - \gamma_{P1} > 0$，因此A國之貿易條件變爲不利（$\gamma_{TOT} = \gamma_{P1} - \gamma_{P2} < 0$）。如果方程式中 $\eta_1 + \eta_2 > 1$，則

$$[(\eta_1 + \eta_2 - 1)(\gamma_{P2} - \gamma_{P1})] > 0$$
$$\quad\quad (+)\quad\quad\quad\quad\quad\quad (+)$$

因此，如果上式數值夠大，則可與所得效果所產生的入超傾向相抵消，使輸出入均衡。另外，若兩國輸入需要的價格彈性和大於1，即 $\eta_1 + \eta_2 > 1$，則國際收支的穩定條件可以達成（即滿足Marshall-Lerner Condition）。

總之，A國的經濟成長率如果大於B國，而二國之物價水準保持不變，e_1與e_2相差不大時，則A國將入超。與此情形不同，如果$e_2 > e_1$則所得效果所產生的作用與經濟成長率的差異互相抵消，而使入超降低或消失。下面我們檢討由於技術進步所導致的經濟成長對貿易條件的影

響，這種效果隨技術進步型態的不同而有所不同。

　　如果技術進步是中性，則輸出、輸入二個產業部門的產品價格不致發生變動。此時，上式中的 $e_2 < e_1$ 時，則A國將產生入超現象，為防止入超壓力，則成長率高的國家(A)非降低價格（P_1）不可。因此，A國的貿易條件惡化。如果中性技術進步，但 $e_2 > e_1$ 時，經濟成長率雖高，貿易條件也可能不致惡化。至於輸出入價格及數量的變動，我們可利用各產品的供需曲線之變動來加以分析。

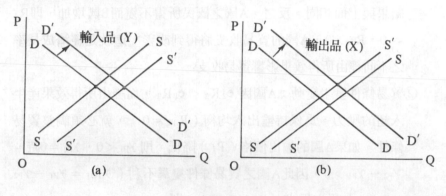

圖15-18

(1)輸入偏向的技術進步：如圖15-18所示，由於經濟成長的結果，在需要方面，因所得水準提高、需要增加，而使需要曲線向右上方移動（如圖15-18，DD→D′D′），但這種移動的程度是依據需要的所得彈性之大小而不同。另一方面，供給曲線則因生產力提高的產業部門，工資與所得水準提高，生產增加，而使供給曲線向右下方移動（如圖15-18（a），SS→S′S′）。但生產力沒有提高的產業部門（輸出品）則因全國工資的提高，其生產必縮小，故供給曲線向左上方移動（如圖15-18（b）中之SS→S′S′）。因此，輸入偏向的技術進步會使輸入代替品的產業部門之供給曲線向右下方移動，而使輸出品產業的供給曲線向

左上方移動。結果，輸出價格上漲，輸入價格下跌（或不變，或略微上升），貿易條件變爲有利。

(2)輸出偏向的技術進步：如果技術進步發生在輸出產業部門時，則由於生產力提高、生產成本降低、供給增加。因此，輸出品的供給曲線將向右下方移動，如圖15-19(b)之所示。另一方面，輸入競爭產業部門因爲沒有技術進步，而且由於經濟成長、工資提高，其生產成本必將上升，供給隨之減少，其供給曲線將向左上方移動，如圖15-19(a)所示。在需要方面，因經濟成長、所得水準提高，引起對輸入品及輸出品需要增加（假定輸出品與輸入品均非劣等財），故其需要曲線均向右上方移動（由DD移到D'D'），結果導致輸入品價格上漲。輸出品價格則與輸入品情況不同，它可能保持不變，亦可能下跌或上漲（但幅度不大）。整體而言，將對貿易條件產生不利的影響。

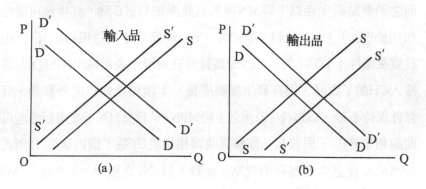

圖15-19

五、經濟成長對貿易之影響：彈性分析

經濟成長對貿易之影響可分爲五種模型來探討，即超順貿易偏向、

順貿易偏向、中性、逆貿易偏向與超逆貿易偏向。假定經濟成長使所得增加百分之一（國民所得增加率1％）時，則可分別從生產面與消費面探討經濟成長對貿易的影響。

在生產方面，如果國內可輸入品的生產增加率達1％以上則為逆貿易偏向的成長，等於1％時為中性成長，小於1％時為順貿易偏向成長。如果輸入品的生產增加，而輸出品的生產反而減少，則為超逆貿易偏向成長。如果輸入品的生產量比成長前減少，則為超順貿易偏向成長。在消費方面，如果國內需要增加率大於1％時為順貿易偏向的成長，等於1％時為中性成長，小於1％時則為逆貿易偏向成長。如果對輸出品需要量減少，而對輸入品需要量增加，則為超順貿易偏向成長。如果，對輸入品的需要量比成長之前為少時則為超逆貿易偏向成長。上面關係可用圖15-20表示之。

就圖15-20加以分析，在價格線MN線上之C點與P點分別表示成長前之消費點與生產點（即MN與無異曲線相切於C點，與生產可能曲線相切於P點），MN的斜率等於X、Y二種商品之相對價格（$\frac{Px}{Py}$）也等於貿易條件（TOT_1），$\triangle CHP$為貿易三角形，表示輸出HP的X商品而輸入CH的Y商品。現在發生經濟成長，生產可能曲線向外移動，貿易條件保持不變，以$M_1 N_1$表示之，則$M_1 N_1$平行於MN，並與新生產可能曲線相切於P_1，與較高一條無異曲線相切於C_1點，則P_1與C_1分別代表經濟成長後之生產點與消費點。此時，$M_1 N_1$之斜率＝MRS_{xy}＝MRT_{xy}＝$(\frac{Px}{Py})_d$＝$(\frac{Px}{Py})_w$＝TOT_1，$\triangle C_1 H_1 P_1$為成長後之貿易三角形，表示輸出$H_1 P_1$的X商品，輸入$C_1 H_1$的Y商品。

現在從圖15-20之原點作一直線$\overline{OO'}$平行於MN，並連結$\overline{C_1 C}$與$\overline{P_1 P}$使其向左下方延伸，則二條直線必相交於K點而與橫軸相交於F點與G點。由於經濟成長的發生，我們可以從圖15-20獲知如下之結果：

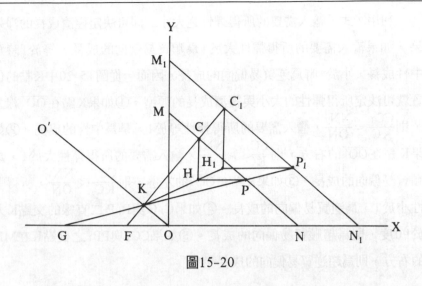

圖15-20

可輸入品（Y）之消費增加率$= \dfrac{CC_1}{FC} = \dfrac{NN_1}{FN}$ ························①

可輸入品（Y）之生產增加率$= \dfrac{PP_1}{GP} = \dfrac{NN_1}{GN}$ ························②

所得增加率$= \dfrac{MM_1}{OM} = \dfrac{NN_1}{ON}$ ·······························③

輸入需要增加率$= \dfrac{CC_1}{KC} = \dfrac{PP_1}{KP} = \dfrac{HH_1}{KH}$ ···············④

①÷③得

可輸入品（Y）之需要的所得彈性$= \dfrac{\dfrac{CC_1}{FC}}{\dfrac{NN_1}{ON}} = \dfrac{\dfrac{NN_1}{FN}}{\dfrac{NN_1}{ON}} = \dfrac{ON}{FN}$ ······⑤

②÷③得

可輸入品（Y）之生產所得彈性$= \dfrac{\dfrac{NN_1}{GN}}{\dfrac{NN_1}{ON}} = \dfrac{ON}{GN}$ ·················⑥

④÷③得

輸入需要的所得彈性$= \dfrac{\dfrac{CC_1}{KC}}{\dfrac{NN_1}{ON}}$ ····························⑦

利用⑦式，輸入需要的所得彈性之大小，即可決定經濟成長的淨效果。如果輸入需要的所得彈性大於1為順貿易偏向的成長，等於1時為中性成長，小於1時為逆貿易偏向的成長。因而，從圖15-20中K點的位置就可決定所得彈性的大小與經濟成長的類型。①如果K點在$\overline{OO'}$線上，則$\frac{CC_1}{KC}=\frac{NN_1}{ON}$，輸入需要的所得彈性等於1，是為中性的成長。②如果K點在$\overline{OO'}$的右方，則$\frac{CC_1}{KC}>\frac{NN_1}{ON}$，輸入需要的所得彈性大於1，為順貿易偏向的成長。③如果K點在$\overline{OO'}$的左邊，則$\frac{CC_1}{KC}<\frac{NN_1}{ON}$，所得彈性小於1，為逆貿易偏向的成長。④如果$C_1C$與$P_1P$二直線的交點K大於90度，則為超順貿易偏向的成長。⑤如果CC_1與PP_1之交點K在MN的右方，則為超逆貿易偏向的成長。

六、經濟成長與比較利益

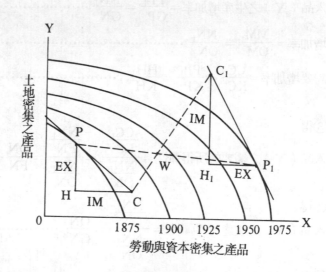

圖15-21

經濟成長會改變一國的比較利益型態，即以前具有比較利益的產品（輸出品），現在由於經濟的成長可能變為比較不利（輸入品）。反之

，以前比較不利的物品，現在也可能變為具有比較利益而可以輸出。美國的經濟成長過程，就是一個典型的例子。如圖15-21所示，美國在1920年以前，因為地廣人稀，土地豐富，故土地密集之產品具有比較利益，而勞動與資本密集產品則為比較不利。但由於技術不斷地進步所帶來的經濟成長，不惟使勞動生產力不斷提高，而且也使得資本可以不斷地累積，所以到了1920年代以後，勞動與資本密集的產品變為具有比較利益（輸出品）。另一方面，土地密集產品變為比較不利，而成為輸入品。這是因為生產因素成長與技術進步的結果。土地數量是固定的並不成長，故在1920年以前地廣人稀的時代，以生產土地密集產品而把它輸出較為有利（生產點在P，消費點在C），但到1970年代，人口增加、資本累積，故資本與勞動密集產品享有比較利益，而變為美國之輸出品，土地密集產品則變為輸入品。此時，生產在P_1點，消費在C_1點，即輸出H_1P_1的X商品而輸入H_1C_1的Y商品。

參考文獻

Appleyard D. R. & Field, JR. A. J.; *International Economics*, (Homewood, Ill.: Richard D. Irwin, Inc., 1992).

Carbaugh R. J., *International Economics*, Third Edition, (Belmont, Calif.: Wadsworth Publishing Co., 1989).

Caves R. E., Frankel J. A. & Jones R. W., *World Trade and Payments*: *An Introduction*, (Glenview, Ill.: Scatt, Foresman and Co., 1990).

Chacholiades, M., *International Trade Theory and Policy*, (New York, NY: McGraw-Hill, 1978).

El-Agraa, A. M. : *International Trade*, (London : The Macmillan Press Ltd., 1989).

Ethier, W. J., *Modern International Economics*, Second Edition, (New York: W. W. Norton & Co. Inc., 1988).

Greenaway, David : *International Trade Policy* : *from Tariffs to the New Protectionism*, (London : The Macmillan Press Ltd., 1983).

Haberler, G., *The Theory of International Trade with Its Applications to Commercial Policy*, (London : William Hadge and Co., 1936).

Heller, H. R., *International Trade* : *Theory and Empirical Evidence*, Second Edition, (Englewood Cliffs, N. J. : Prentice-Hall, 1973).

Johnson, Harry G., *International Trade and Economic Growth*, (Cambridge : Harvard University Press, 1965).

Johnson, Harry G., *Money, Trade and Economic Growth,* (Cambridge, Mass, Harvard University Press, 1967).

Krugman P. R. & Obstfeld M., *International Economics : Theory and Policy,* Second Edition, (New York, NY: Harper Collins Publishers Inc., 1991).

Lindert P. H., *International Economics,* Ninth Edition, (Homewood, Ill.: Richard D. Irwin, Inc., 1991).

Markusen, J. R. & Melvin, J. R., *The Theory of International Trade,* (Singapore: Harper and Row., 1989).

Meade, James E., *A Geometry of International Trade,* (London: George Allen and Urwin, 1952).

Meier, Gerald M., *The International Economics of Development : Theory and Policy,* (New York : Harper and Row, 1968).

Mill, John Stuart, *Principles of Political Economy,* (London: Longmans, Grean and Co., 1920).

Salavatore, Dominick, *International Economics,* (New York: Macmillan Publishing Co., 1983).

Scitovsky, T., " A Reconsideration of the Theory of Tariffs, " *Review of Economic Studies* 9, no. 2, (1942).

Winters, L. A.; *International Economics,* Third Edition, (London : George Allen & Urwin, 1985).

小島　清：《外國貿易》，春秋社，1973。

小島清、松永嘉夫：《世界經濟と貿易政策》，ダイヤモンド社，1972。

小宮隆太郎、天野明弘：《國際經濟學》，岩波書店，1973。

小田正雄：《國際貿易論の展開》，國元書房，1985。

小宮隆太郎：《國際經濟學研究》，岩波書店，1975。

天野明弘、渡部福太郎：《國際經濟論》，有斐閣，1981。

山本繁綽：《貿易政策の理論》，東洋經濟新報社，1974。

山本繁綽：《國際經濟學》，同文館，1980。

久保新一、中川信義：《國際貿易論》，有斐閣，1981。

池間　誠：《國際貿易の理論》，ダイヤモンド社，1979。

英文名詞索引

中文名詞索引